Desenvolvimento do procedimento licitatório

FUNDAÇÃO EDITORA DA UNESP

Presidente do Conselho Curador
José Carlos Souza Trindade

Diretor-Presidente
José Castilho Marques Neto

Editor Executivo
Jézio Hernani Bomfim Gutierre

Assessor Editorial
João Luís C. T. Ceccantini

Conselho Editorial Acadêmico
Alberto Ikeda
Alfredo Pereira Junior
Antonio Carlos Carrera de Souza
Elizabeth Berwerth Stucchi
Kester Carrara
Lourdes A. M. dos Santos Pinto
Maria Heloísa Martins Dias
Paulo José Brando Santilli
Ruben Aldrovandi
Tania Regina de Luca

Editora Assistente
Denise Katchuian Dognini

João Ribeiro Mathias Duarte

Desenvolvimento do procedimento licitatório

Convite – Tomada de Preços – Concorrência
Doutrina – Jurisprudência – Prática

© 2004 Editora UNESP

Direitos de publicação reservados à:
Fundação Editora da UNESP (FEU)
Praça da Sé, 108
01001-900 – São Paulo – SP
Tel.: (0xx11) 3242-7171
Fax: (0xx11) 3242-7172
www.editoraunesp.com.br
feu@editora.unesp.br

CIP – Brasil. Catalogação na fonte
Sindicato Nacional dos Editores de Livros, RJ.

D872d

Duarte, João Ribeiro Mathias
   Desenvolvimento do procedimento licitatório: convite, tomada de preços, concorrência, doutrina, jurisprudência, prática / João Ribeiro Mathias Duarte. – São Paulo: Editora UNESP, 2004.

Inclui bibliografia
ISBN 85-7139-539-X

1. Licitação pública. 2. Contrato público. I. Título.

04-1870.   CDU 34:351.712

Editora afiliada:

Asociación de Editoriales Universitarias
de América Latina y el Caribe

Associação Brasileira de
Editoras Universitárias

AGRADECIMENTOS

Aos meus queridos pais, João Mathias Duarte (*in memoriam*)
e Lucy Ribeiro Mathias, responsáveis por minha formação.
À minha querida esposa Maria Lúcia e aos nossos adorados filhos
Marcelo, Luciana e João, que sempre incentivaram a realização deste livro.
Aos servidores do Grupo de Documentação e Legislação da Reitoria
da Universidade Estadual Paulista "Júlio de Mesquita Filho" (UNESP),
que muito colaboraram para a elaboração deste trabalho.

Sumário

Prefácio   17

A palavra do autor   19

Capítulo 1
Procedimento interno da licitação   21

A – Requisição: descrição indispensável à caracterização do objeto, acompanhada de justificativa   21
   Observação 1 – Indicação do objeto a ser licitado   21
   Observação 2 – Indicação de marca do objeto a ser licitado   23

B – Em se tratando de compras, manifestação do almoxarifado sobre a existência ou não do bem requisitado   25
   Observação 3 – Prévio pronunciamento do almoxarifado sobre a existência ou não do bem requisitado   25

C – Abertura e desenvolvimento do processo administrativo, devidamente autuado, protocolado e numerado   25
   Observação 4 – Abertura e desenvolvimento do processo administrativo   25

D – Estimativa da importância a ser despendida para a efetivação da contratação   35
   Observação 5 – Pesquisa de mercado para compras   35

Observação 6 – Pesquisa de mercado para obras e serviços de engenharia   36
E – Exigências envolvendo licitação de obras e serviços de engenharia, bem como compras e realização de outros serviços   36
Observação 7 – Obras e serviços de engenharia   36
Observação 8 – Compras e realização de outros serviços   36
Observação 9 – Inexistência de recursos orçamentários no exercício acarreta anulação da licitação   37
Observação 10 – Proibição do objeto da licitação (obras, serviços de engenharia e compras) de contemplar a obtenção de recursos financeiros para a sua execução   38

F – Indicação da modalidade e do tipo de licitação   42
Observação 11 – Escolha da modalidade de licitação   42
Observação 12 – Substituição de uma modalidade de licitação por outra   44
Observação 13 – Erro do valor estimado da modalidade de licitação   44
Observação 14 – Modalidade de licitação para concessão e permissão de uso de bem público   45
Observação 15 – Modalidade de licitação em função do parcelamento de compras, obras e serviços   47
Observação 16 – Modalidade de licitação para execução de serviços contínuos   48
Observação 17 – Modalidade de licitação para venda de bens pela Administração   49
Observação 18 – Definição do tipo de licitação: "menor preço" (inclusive para aquisição de bens de informática), "melhor técnica", "técnica e preço" e "maior lance ou oferta"   50
Observação 19 – Licitação "técnica e preço" e "melhor técnica"   53
Observação 20 – Adoção do tipo "técnica e preço" ou "melhor técnica" na modalidade convite   58
Observação 21 – Tipo de licitação para obras e serviços de engenharia e elaboração de projeto executivo   59

G – Autorização para a abertura da modalidade de licitação escolhida, bem como para a realização da despesa   60
Observação 22 – Autorização para a abertura do procedimento licitatório e para a despesa   60
Observação 23 – Possibilidade de autorização e abertura de licitação em final de exercício financeiro, para que a contratação decorrente seja objeto de formalização somente no exercício seguinte   61

H – Encaminhamento do processo à Comissão Permanente de Licitação ou designação de Comissão Especial   62

Desenvolvimento do procedimento licitatório

Observação 24 – Investidura e recondução dos membros da Comissão de Licitação   62
Observação 25 – Número mínimo de membros da Comissão de Licitação e posição de cada um deles   62
Observação 26 – Substituição da Comissão de Licitação por servidor designado   63
Observação 27 – Substituição do presidente e/ou de membro da Comissão no decorrer da licitação   63
Observação 28 – Impedimento e suspeição de membro da Comissão de Licitação   64
Observação 29 – Desenvolvimento da licitação e término da investidura dos membros da Comissão Permanente   64

I – Preparação e elaboração do instrumento de convocação: convite/edital e correspondentes anexos   65
Observação 30 – Disposições editalícias obrigatórias   65
Observação 31 – Exclusão de documentação   79
Observação 32 – Obediência às regras editalícias, ainda que irrelevantes   85
Observação 33 – Exigência de apresentação de propostas em duas vias   86
Observação 34 – Utilização de *fac-símile* no procedimento licitatório   87
Observação 35 – Cobrança pelo fornecimento do instrumento convocatório   89
Observação 36 – Fornecimento de instrumento convocatório por meio de disquete e possibilidade de cobrança   90
Observação 37 – Fixação de prazo para aquisição/retirada de edital   90
Observação 38 – Possibilidade de o edital de licitação contemplar a aquisição de bens móveis, com o oferecimento, a título de pagamento, de parte em dinheiro e parte pela entrega daqueles considerados inservíveis   92
Observação 39 – Possibilidade de pedido de amostras sem qualquer previsão no instrumento convocatório   93
Observação 40 – Possibilidade ou não de previsão editalícia, contemplando o pagamento anterior ao adimplemento da obrigação contratual   94
Observação 41 – Compras de bens de natureza divisível. Cotação de quantidade mínima à demandada na licitação. Faculdade da administração ou direito do licitante. Forma de classificação das propostas   96
Observação 42 – Registro cadastral informatizado   102
Observação 43 – Previsão de preços máximos   105
Observação 44 – Licitação de menor preço para obras e serviços de engenharia. Cálculo de exeqüibilidade e inexeqüibilidade. Necessidade ou não de garantia adicional. Cálculo de garantia adicional, se devida   105
Observação 45 – Aquisição com base no "menor preço", sem relegar a segundo plano a qualidade do bem a ser adquirido   111

Observação 46 – Casos de obrigatoriedade do anexo referente à
  minuta de contrato   112
Observação 47 – Declaração de concordância com o edital/convite   114

J – Exame e aprovação do convite/edital por parte da Assessoria Jurídica
da Administração   115
  Observação 48 – Exame e aprovação do instrumento convocatório pelo
    órgão jurídico   115
  Observação 49 – Exame e aprovação do convite pelo órgão jurídico   118
  Observação 50 – Padronização do instrumento convocatório   118

Capítulo 2
Procedimento externo da licitação   121

A – Divulgação das modalidades de licitação, participação, apresentação
e prazo para entrega dos envelopes de documentação e de proposta.
Definição do objeto   121
  Observação 51 – Divulgação do convite   121
  Observação 52 – Divulgação do convite por meio da imprensa oficial   121
  Observação 53 – Participação no convite de empresas não convidadas   122
  Observação 54 – Convite: exibição do certificado de registro cadastral
    por parte de empresa não convidada   122
  Observação 55 – Convite: apresentação dos envelopes e prazos   122
  Observação 56 – Desenvolvimento do convite com número inferior de
    licitantes ao mínimo exigido   123
  Observação 57 – Divulgação da tomada de preços   125
  Observação 58 – Tomada de preços: participação de empresas,
    cadastradas ou não   125
  Observação 59 – Tomada de preços: prazo para apresentação dos envelopes   126
  Observação 60 – Divulgação da concorrência   127
  Observação 61 – Concorrência: participação   127
  Observação 62 – Concorrência: prazo para apresentação dos envelopes   127
  Observação 63 – Exata descrição do objeto para efeito de divulgação
    da licitação   128

B – Impugnação ao convite/edital   129
  Observação 64 – Delineamento da impugnação   129
  Observação 65 – Impugnação intempestiva   131
  Observação 66 – Impugnação não decidida ou julgada improcedente   134

C – Alteração do instrumento convocatório: convite/edital   134
  Observação 67 – Impugnação procedente   134

Desenvolvimento do procedimento licitatório

Observação 68 – Reconhecimento da procedência da impugnação e o exercício do contraditório e da ampla defesa, anteriormente à alteração do convite/edital   135
Observação 69 – Alteração em razão de fato superveniente e o exercício do contraditório e ampla defesa   135
Observação 70 – Alteração em decorrência de erros que não afetem a apresentação de documentos e a elaboração de propostas   135
Observação 71 – Alteração do instrumento e o exercício do contraditório e da ampla defesa, independentemente da validade das propostas   136
Observação 72 – Alteração do ato convocatório por meio de comunicação interna   136
Observação 73 – Alteração do edital, no curso da licitação, com a anuência de todos os participantes   137

D – Habilitação e inabilitação   137
Observação 74 – Apresentação e abertura do envelope documentação e condições de habilitação   137
Observação 75 – Habilitação jurídica: exigências e conteúdo   138
Observação 76 – Habilitação jurídica e alteração do contrato social   138
Observação 77 – Habilitação jurídica e inscrição do ato constitutivo   139
Observação 78 – Habilitação jurídica e empresa estrangeira   139
Observação 79 – Regularidade fiscal: exigências e conteúdo   139
Observação 80 – Regularidade fiscal para com a Fazenda Federal   139
Observação 81 – Regularidade fiscal para com a Fazenda Federal e greve na Receita Federal   140
Observação 82 – Regularidade fiscal relativa à Seguridade Social e ao Fundo de Garantia do Tempo de Serviço   142
Observação 83 – Regularidade fiscal e prazo de validade da Certidão Negativa de Débito expedida pelo Instituto Nacional do Seguro Social (INSS)   144
Observação 84 – Regularidade fiscal relativa à Seguridade Social e greve no Instituto Nacional do Seguro Social (INSS)   144
Observação 85 – Empresa recém-criada, sem empregados registrados, e expedição da Certidão Negativa de Débito pelo Instituto Nacional do Seguro Social (INSS)   145
Observação 86 – Qualificação técnica: exigências e conteúdo   146
Observação 87 – Qualificação técnica e prova de filiação a Sindicato e de quitação da contribuição sindical   146
Observação 88 – Qualificação técnica e registro no Conselho Regional de Engenharia, Arquitetura e Agronomia da região onde se localizarem as obras e os serviços   147

Observação 89 – Qualificação técnica e comprovação de atividade pertinente e compatível   148
Observação 90 – Qualificação técnica diretamente relacionada com aptidão técnica da empresa licitante e com capacidade técnico-profissional dos seus empregados   151
Observação 91 – Qualificação técnica e comprovação, por parte de empresa recém-criada, de desempenho de atividades pertinentes e compatíveis com o objeto da licitação   155
Observação 92 – Qualificação econômico-financeira: exigências e conteúdo   155
Observação 93 – Qualificação econômico-financeira e balanço patrimonial e demonstrações contábeis do último exercício social   156
Observação 94 – Qualificação econômico-financeira e empresa recém-criada   159
Observação 95 – Qualificação econômico-financeira e certidão de falência ou concordata ou de execução patrimonial   161
Observação 96 – Qualificação econômico-financeira e exigência de garantia para participar de licitação   163
Observação 97 – Qualificação econômico-financeira e devolução de garantia exigida para participação de licitação   165
Observação 98 – Qualificação econômico-financeira e apresentação de cheque sem fundos a título de garantia para participar de licitação   165
Observação 99 – Qualificação econômico-financeira e possibilidade de oferecimento de título da dívida agrária como garantia   166
Observação 100 – Habilitação de empresas em consórcio   167
Observação 101 – Habilitação e necessidade de especificação do documento exigido pela Administração   169
Observação 102 – Habilitação. Forma de apresentação dos documentos necessários para tanto. Prazo de validade de certidões que não estabeleçam previsão. Utilização da internet para efeito de comprovação da regularidade fiscal   171
Observação 103 – Habilitação e devolução dos documentos originais apresentados   173
Observação 104 – Habilitação e apresentação de documento irregular, porém não exigido   174
Observação 105 – Habilitação de proponente atrasado   175
Observação 106 – Habilitação por evidência   176
Observação 107 – Habilitação e apresentação de documentos complementares   177
Observação 108 – Apresentação da documentação indispensável à habilitação, e da própria proposta, em um único envelope   179
Observação 109 – Troca do conteúdo dos envelopes de habilitação e de proposta   182
Observação 110 – Habilitação de pessoa física na licitação   184

Desenvolvimento do procedimento licitatório

Observação 111 – Habilitação de cooperativa em procedimento licitatório   185
Observação 112 – Habilitação em convite   190
Observação 113 – Habilitação em tomada de preços   191
Observação 114 – Habilitação em concorrência   192
Observação 115 – Licitante habilitado   192
Observação 116 – Licitante inabilitado   192
Observação 117 – Apresentação de nova documentação   193
Observação 118 – Apresentação de nova documentação quando se tratar de única empresa participante da licitação   193
Observação 119 – Devolução do envelope proposta   194
Observação 120 – Lavratura de ata   194

E – Propostas – Julgamento: classificação e desclassificação   195
Observação 121 – Apresentação e conteúdo do envelope proposta   195
Observação 122 – Abertura dos envelopes proposta   196
Observação 123 – Exame de propostas   196
Observação 124 – Julgamento, classificação e desclassificação de propostas   197
Observação 125 – Publicidade do julgamento das propostas   197
Observação 126 – Desclassificação de propostas   197
Observação 127 – Apresentação de outras propostas   198
Observação 128 – Apresentação de outra proposta quando se tratar de única empresa participante da licitação   198
Observação 129 – Apresentação de outras propostas técnicas, em se tratando de licitação do tipo "técnica e preço" ou "melhor técnica"   199
Observação 130 – Desempate entre propostas   199
Observação 131 – Necessidade de desempate entre todas as propostas classificadas, e não apenas para a indicação do vencedor   200
Observação 132 – Obrigatoriedade ou não do comparecimento da empresa na realização do sorteio   201
Observação 133 – Julgamento das propostas por meio de ato reservado   202

F – Recurso, representação e pedido de reconsideração   202
Observação 134 – Recurso administrativo. Modalidades e cabimento   202
Observação 135 – Interposição de recurso hierárquico   204
Observação 136 – Prazo para interposição de recurso hierárquico   204
Observação 137 – Prazo para interposição de recurso hierárquico em convite   205
Observação 138 – Início do prazo para interposição de recurso hierárquico   206
Observação 139 – Contagem dos prazos recursais, em razão de suspensão do expediente do órgão ou de encerramento antecipado   207
Observação 140 – Interposição de recurso e prazo de validade da proposta   208
Observação 141 – Pedido de cópia para interposição de recurso administrativo   209

Observação 142 – Apresentação oral de recurso hierárquico   209
Observação 143 – Recurso hierárquico em licitação do tipo "melhor técnica" ou "técnica e preço"   211
Observação 144 – Efeito do recurso hierárquico   211
Observação 145 – Efeito do recurso hierárquico em licitação cujo objeto está dividido em itens   212
Observação 146 – Comunicação aos demais licitantes   213
Observação 147 – Obrigatoriedade de a Administração responder a todos os aspectos do recurso   213
Observação 148 – Possibilidade de oferecimento de recurso em razão de fatos supervenientes, ou só conhecidos após o julgamento, que afetem a habilitação do licitante   214
Observação 149 – Tramitação do recurso, prazo para decisão e reconsideração ou não da decisão   215
Observação 150 – Representação, prazo, efeito e tramitação   217
Observação 151 – Representação contra atos de homologação, adjudicação e celebração do contrato   218
Observação 152 – Pedido de reconsideração   219
Observação 153 – Ciência da decisão da Administração   219

G – Homologação   220
Observação 154 – Fase de homologação   220
Observação 155 – Condições para homologação   221
Observação 156 – Efeitos da homologação   221

H – Adjudicação   222
Observação 157 – Fase de adjudicação   222
Observação 158 – Direito à adjudicação   222
Observação 159 – Direito à contratação em decorrência da adjudicação   223
Observação 160 – Efeitos jurídicos decorrentes da adjudicação   223

I – Contratação   224
Observação 161 – Contratação   224
Observação 162 – Contratação do segundo classificado   224
Observação 163 – Prazo para celebração do contrato   225
Observação 164 – Documentos exigidos para a celebração do contrato   225
Observação 165 – Pedido de reajuste no ato de assinatura do contrato   225
Observação 166 – Recusa de retirada da nota de empenho e/ou de assinatura do contrato   226
Observação 167 – Serviços contínuos: duração e prorrogação excepcional do prazo contratual   228

Observação 168 – Supressões contratuais   229
Observação 169 – Conciliação do cumprimento do prazo de pagamento, com o desenvolvimento regular das medidas indispensáveis para a aplicação da penalidade de multa   231

J – Desfazimento da licitação: anulação ou revogação   232
  Observação 170 – Anulação ou revogação da licitação   232
  Observação 171 – Licitação fracassada e licitação deserta   236
  Observação 172 – Anulação ou revogação de itens da licitação   237

Capítulo 3
Exame das demais disposições da Lei n. 9.648/1998   239

Observação 173 – Prazo de pagamento: despesas cujos valores não ultrapassem o limite de que trata o inciso II do artigo 24   239
Observação 174 – Conceito de investidura: ampliação   240
Observação 175 – Limite de valores para as modalidades de licitação   241
Observação 176 – Dispensa de licitação: elevação de limites   242
Observação 177 – Dispensa de licitação: novas hipóteses   244
Observação 178 – Dispensa de licitação para aquisição de bens destinados exclusivamente à pesquisa científica e tecnológica   244
Observação 179 – Dispensa de licitação para contratação de fornecimento ou suprimento de energia elétrica   247
Observação 180 – Dispensa de licitação para contratação de bens ou serviços de subsidiárias e controladas   247
Observação 181 – Dispensa de licitação para contratação de prestação de serviços com organizações sociais   248

Capítulo 4
Exame das disposições da Lei n. 9.854/1999   249

Observação 182 – Regularidade do trabalho do menor como exigência para habilitação e para a própria execução contratual   249

Capítulo 5
Sugestão de alteração de fases do procedimento licitatório   251

Observação 183 – Proposta de alteração das fases de habilitação dos licitantes, classificação e julgamento das propostas   251

Capítulo 6
Decisões do Poder Judiciário e dos Tribunais de Contas   255

Observações 184 a 201 – Objeto/Edital   255

Observações 202 a 212 – Impugnação/Edital   262
Observações 213 a 236 – Habilitação/Inabilitação   267
Observações 237 a 253 – Julgamento/Classificação/Desclassificação   279
Observações 254 a 256 – Adjudicação   286
Observações 257 a 284 – Anulação/Revogação   287

Capítulo 7
Minutas de convite/edital e de contratos (disponível em CD)   297

Observação 285 – Convite (um envelope) do tipo "menor preço" para compras de material divisível, ensejando cotação de quantidade máxima do objeto licitado, bem como da quantidade mínima estabelecida, nos termos da Lei n. 9.648/1998   297

Observação 286 – Convite (dois envelopes) e tomada de preços para aquisição de materiais/equipamentos, envolvendo o tipo de licitação "menor preço" por item   297

Observação 287 – Convite (dois envelopes) – "menor preço" e tomada de preços do tipo "técnica e preço", para aquisição de produtos de informática (microcomputadores/impressoras)   297

Observação 288 – Convite, tomada de preços e concorrência do tipo "menor preço" para obras e serviços de engenharia, envolvendo cálculo de exeqüibilidade/inexeqüibilidade da proposta, necessidade ou não da garantia adicional e cálculo da garantia adicional, se devida, nos termos da Lei n. 9.648/1998   297

Referências bibliográficas   301

Prefácio

O tema proposto – Desenvolvimento do Procedimento Licitatório –, trabalhado pelo autor, João Ribeiro Mathias Duarte, com esmero, foge da vala comum das obras existentes, uma vez que, como o próprio autor aduz na sua palavra, ele procurou reunir nesta obra parte da experiência vivida.

Traz para este seu livro a vivência do seu dia-a-dia com a temática, construída ao longo de cerca de 30 anos, aliada à sólida base científica, fruto de exaustiva pesquisa na doutrina e na jurisprudência pátrias.

Destaque-se que o autor não se restringiu à jurisprudência dos nossos tribunais judiciais; ao contrário, enriqueceu o trabalho, também, com as decisões administrativas dos Tribunais de Contas da União e dos Estados. Ao final, adicionou minutas de peças administrativas de grande utilidade aos operadores da legislação licitatória, imprimindo mais ainda o caráter prático à obra.

Estrutura o livro em sete capítulos e, de maneira singular, trata do procedimento interno da licitação, de grande valia aos estudiosos do tema, aspecto esse geralmente relegado ao esquecimento em trabalhos similares. No Capítulo 2, percorre todas as fases do procedimento externo; no subseqüente, examina os aspectos da Lei n. 9.648, de 27.5.1998, que introduziu substanciais alterações na Lei n. 8.666, de 21.6.1993, e que não foram objeto de considerações nos capítulos anteriores. No Capítulo 4, estuda a Lei n. 9.854, de 27.10.1999, que dispõe sobre a regularidade do trabalho do menor como exigência para a habilitação no procedimento licitatório e para a própria execução contratual. Assunto de suma relevância, até porque a não-observância das disposições legais acarreta nulidade contratual e conseqüente responsabilização dos agentes públicos envolvidos. Já no Capítulo 5, o autor, com sua vasta experiência, propõe sugestões para melhoria do processo licitatório, com a alteração de suas fases. No Capítulo 6, arrola farto ementário jurisprudencial para orientação segura ao aplicador da lei. Finalmente, no Capítulo 7, apresenta minutas exemplificativas de peças administrativas pertinentes à licitação.

Todas essas questões são objeto da pesquisa realizada pelo autor, em profundidade e com grande objetividade prática decorrente de sua experiência adquirida, conforme ressaltado, ao longo de cerca de 30 anos de trabalho profícuo na Administração Pública, como auxiliar jurídico, assistente jurídico, assessor jurídico, procurador de Universidade – assessor jurídico subchefe e procurador de Universidade – assessor jurídico chefe, da Universidade Estadual Paulista "Júlio de Mesquita Filho" (UNESP), sem considerar outras tantas funções e comissões desempenhadas. Falo, com satisfação e pleno conhecimento de causa, porque acompanhei o autor, João Ribeiro Mathias Duarte, desde o início de sua carreira até os dias de hoje.

Todas essas razões, e muitas outras, avalizam minha convicção que a consulta deste livro, que tenho a honra de prefaciar, é obrigatória para todos os que atuam na área de procedimento licitatório. Obra jurídica relevante, verdadeiro instrumento de trabalho que amenizará a faina diária dos operadores de direito e dos agentes públicos envolvidos com a licitação pública.

Roberto Ribeiro Bazilli
Pró-reitor de Administração

Palavra do autor

Durante mais de 30 anos, e até me aposentar, desempenhei as funções públicas de auxiliar jurídico, assistente jurídico, assessor jurídico, procurador de Universidade – assessor jurídico subchefe, e procurador de Universidade – assessor jurídico chefe da Universidade Estadual Paulista "Júlio de Mesquita Filho" (UNESP).

Nesse período, coordenei a implantação do Câmpus Universitário de Ilha Solteira, na condição de responsável pelo Escritório da Reitoria da UNESP, tendo, também, exercido a função autárquica de procurador-chefe do Centro Estadual de Educação Tecnológica "Paula Souza" (CEETEPS).

Embora envolvendo os vários ramos do Direito, minha atuação esteve mais voltada para o Direito Administrativo, em especial para a área de Licitações e Contratos Administrativos, cumprindo a honrosa designação para responder por licitações e contratos administrativos no âmbito da Reitoria da Universidade Estadual Paulista "Júlio de Mesquita Filho" (UNESP).

Foi no cumprimento dessa atribuição que, efetivamente, consegui avaliar os problemas que mais dificultam e criam embaraços para aqueles que atuam na área de licitação, quer na condição de agentes dos órgãos públicos quer como participantes do procedimento licitatório; sem contar, ainda, o conhecimento dos problemas de natureza semelhante como decorrência dos vários cursos e seminários de Licitação Pública já ministrados.

Assim é que procurei reunir neste livro parte da experiência vivida, de forma a retratar os vários aspectos integrantes, e também significativos, para o desenvolvimento do procedimento licitatório, buscando idealizar um guia de estudos para aqueles que atuam na área.

Colecionei, ainda, decisões judiciais e administrativas que, certamente, contribuirão decisivamente para o árduo trabalho levado a efeito por parte da Comissão de Licitação, e também para todos aqueles que, de uma forma ou de outra, tenham participação em licitações públicas.

Tendo em vista, sobretudo, a experiência obtida na área, percebi que o trabalho precisava de complemento para que, aliados às decisões judiciais e administrativas, e também aos aspectos doutrinários colacionados, trouxesse contribuição de ordem essencialmente prática, na forma de modelos de convite, tomada de preços e concorrência, envolvendo os tipos de licitação "menor preço" e "técnica e preço", bem como a indicação de objetos diversos.

Faz-se necessário, também, registrar que, de forma geral, com as devidas adaptações, foram adotados parte dos modelos de convites e editais existentes na Universidade Estadual Paulista "Júlio de Mesquita Filho" (UNESP), todos eles de minha autoria, com exceção das partes técnicas (anexos) do convite e dos editais para obras, elaborados pela equipe do engenheiro Brasilino Nildo de Rosa, responsável pelo Grupo Técnico de Investimento em Obras e Equipamentos (GOE – APLO) Reitoria da UNESP. A elaboração das Informações Econômico-Financeiras (Balanço Patrimonial – Demonstração de Resultados do Exercício – Avaliação Econômico-Financeira) é de autoria do economista Reinaldo Iapequino, assessor técnico de gabinete, também da Reitoria da UNESP. As Especificações Técnicas e o Critério de Julgamento das Propostas Técnica e Comercial para Convite e Tomada de Preços de microcomputadores e impressoras são de autoria do engenheiro Alberto Antonio de Souza, Analista de Informática, responsável pelo Grupo de Suporte e Manutenção da Assessoria de Informática da Reitoria da UNESP.

Finalmente, enfatizo que não pretendi atribuir cunho polêmico aos vários posicionamentos registrados e, muito menos, imprimir qualquer inovação aos argumentos colacionados. Pretendi, sim, equacionar as várias questões levantadas, na forma de Observações, transformando-as em respostas seguras, exatamente para conduzir agentes públicos e licitantes a completar, com sucesso, o procedimento licitatório.

Capítulo 1
Procedimento interno da licitação

A – Requisição: descrição indispensável à caracterização do objeto, acompanhada de justificativa

Observação 1 – Indicação do objeto a ser licitado

A indicação do objeto a ser licitado deve ser levada a efeito com absoluta clareza, afastando qualquer dúvida que, de uma maneira ou de outra, possa dificultar o oferecimento da proposta e o próprio julgamento; deve comportar, nos exatos termos da Lei n. 8.666/1993, descrição sucinta e clara (artigo 40, inciso I).

Ainda que a descrição do objeto tenha de se apresentar em poucas palavras, isto é, de forma sucinta, o fato é que ela deve reunir todos os elementos que o caracterizam, propiciando, com isso, efetivas e reais condições para que os licitantes possam cotá-lo sem qualquer dificuldade. Tanto que, se para atingir a recomendação legal houver necessidade de indicação detalhada do objeto, a Administração deve fazê-lo, sempre, porém, de forma clara.

Atente-se também para a circunstância que a expedição do convite, ou a publicação do edital, impede qualquer complementação, sob pena de nulidade, exceto se a alteração for formalizada nos exatos termos do artigo 21, § 4º, da Lei n. 8.666/1993.

Considere-se, ainda, que a descrição do objeto está diretamente vinculada à necessidade a ser suprida pela Administração, impedindo, todavia, a inclusão de exigências que possam, de uma forma ou de outra, direcioná-lo a determinado licitante ou até mesmo criar embaraços aos eventuais interessados, sob pena de afrontar a previsão no artigo 3º, § 1º, inciso I.

Assim, devem ser especificadas todas as características indispensáveis à apresentação da proposta. Na verdade, os licitantes devem ter muito claro como cotar o objeto licitado, para que todos apresentem propostas que possam ser comparadas, analisadas e julgadas, sob pena do aparecimento de proposições distantes da efetiva e real necessidade da Administração, envolvendo aspectos distintos e, nestes termos, impossíveis de qualquer comparação.

Todavia, em que pese o fato de a imprescindibilidade da descrição do objeto da licitação reunir todas as características indispensáveis para apresentação de propostas, essa mesma especificação não pode singularizar um objeto que não seja, por si mesmo, singular.

A esse respeito, Celso Antônio Bandeira de Mello enfrenta a questão com a maestria que lhe é peculiar, assinalando que "A Administração não pode incidir em especificações até o ponto de singularizar um objeto que não seja, de si mesmo, singular em uma das três hipóteses cogitadas". A seguir, questiona qual seria o limite para a interferência desse critério administrativo de especificação, concluindo que:

> Só se pode fazer uma especificação de ordem genérica. A Administração tem discricionariedade e ao falar em discricionariedade, *ipso facto* está falando em limites, porque a discricionariedade é um poder intrajurídico, logo um poder limitado. A Administração tem discricionariedade para interferir com seu critério administrativo, mas, como toda e qualquer discricionariedade, ela existe para atender a uma finalidade, um bem jurídico, um interesse jurídico. Portanto, é necessário que esta discrição esteja no intervalo da correlação lógica da especificação estabelecida com a necessidade administrativa a ser suprida. Em última instância, é a necessidade objetiva, real, a ser suprida, que fornece o critério de extensão da discricionariedade, sendo certo que um mínimo de especificação será necessário, sob pena de o edital ser viciado, por falta de condições objetivas no exame das propostas.[1]

---

[1] O edital na licitação, in: SEMINÁRIO NACIONAL SOBRE LICITAÇÃO, p.128.

Hely Lopes Meirelles esclarece que

> A definição do objeto é, pois, condição de legitimidade da licitação, sem a qual não pode prosperar o procedimento licitatório, qualquer que seja a modalidade de licitação. É assim porque sem ela torna-se inviável a formulação das ofertas, bem como seu julgamento, e irrealizável o contrato subseqüente. Entenda-se, entretanto, que, para os objetos padronizados ou normatizados, basta sua indicação oficial, porque nela se compreendem todas as características definidoras. Nos demais casos haverá sempre necessidade de projeto básico da obra ou serviço posto em licitação, assim como da especificação detalhada do bem a ser alienado, adquirido ou alugado, ou do serviço a ser concedido.[2]

De qualquer forma, porém, é preciso ter sempre presente que, ao lado desses aspectos que hão de ser satisfeitos, a descrição do objeto deve estar inteiramente vinculada ao interesse e à necessidade da Administração, destinando-se, impreterivelmente, ao atendimento de suas próprias finalidades.

Observação 2 – Indicação de marca do objeto a ser licitado

Somente é admissível a indicação de marca quando se tratar de bem padronizado ou, em situações excepcionais, quando a opção pela marca constituir, em função de razões técnicas, elemento simplesmente imprescindível ao próprio funcionamento e desempenho do objeto e para o próprio desenvolvimento da atividade, sob pena de impedir ou até mesmo de criar entraves para o progresso e o desenvolvimento tecnológico da Administração.

Marçal Justem Filho ensina que

> A referência à vedação de preferência por marcas deve ser interpretada segundo a finalidade do dispositivo. Visa a eliminar escolhas meramente subjetivas, não justificadas por critérios técnicos, econômicos ou jurídicos. A Lei n. 8.666 não exclui a possibilidade de escolher produto identificado por certa marca. Problema haverá somente quando a escolha for motivada exclusiva (ou preponderantemente) pela marca. A marca não pode ser critério de decisão da Administração Pública. A escolha do produto ou do serviço deve fazer-se em função de critérios econômicos e técnicos, que evidenciam objetivamente a van-

---

2 *Licitação e contrato...*, p.42-3.

tagem da escolha. Efetivada a seleção, poderá constatar-se que o produto ou o serviço possuem certa marca.[3]

Nessa mesma linha, J. Cretella Junior mostra que:

A escolha de marca, quando comprovada a vantagem para a Administração, em regular processo de aquisição, não constitui discriminação ilegal, mas justa e legítima opção do Administrador entre o que mais convém para o serviço público.[4]

Também Roberto Ribeiro Bazilli e Sandra Julien Miranda enfatizam que:

Contudo, embora a regra seja a vedação de indicação da marca, admite-se referência à marca como exceção. Havendo justificativa técnica para sua indicação, a Administração pode perfeitamente indicá-la; é a exegese que se extrai do disposto no art. 15, § 7º, I, combinado com o art. 7º, § 5º, ambos do estatuto licitatório. Neste caso, a justificativa da indicação de marca deve constar dos próprios autos do procedimento licitatório, a fim de que a justeza da medida possa ser avaliada por quem de direito.[5]

Em função das considerações apresentadas, e, sobretudo, tendo em vista as disposições legais referidas, acrescida da previsão contemplada no artigo 3º, § 1º, inciso I, a especificação de marca do objeto não deve ser a regra. Para a indicação correspondente, razões técnicas devem prevalecer, de forma a justificar sua escolha.

A vedação contida em lei não pode ser entendida como inflexível, impedindo a escolha de marca em qualquer hipótese. Quando a lei proíbe a indicação de marca, ela o faz em sentido genérico, ou seja, em termos, não querendo com isso sacramentar a vedação absoluta para todas as hipóteses, pretendendo chegar ao absurdo de prejudicar o próprio desenvolvimento do serviço público.

Existindo razões técnicas que justifiquem a escolha de marca, deve a Administração, após a devida justificativa, formalizar a eleição e proceder à aquisição, evidentemente que observando os parâmetros legais.

---

3 *Comentários...*, p.261.
4 *Das licitações públicas*, p.242.
5 *Licitação à luz..*, p.94.

B – Em se tratando de compras, manifestação do almoxarifado sobre a existência ou não do bem requisitado

Observação 3 – Prévio pronunciamento do almoxarifado sobre a existência ou não do bem requisitado

Qualquer pedido de compra deve ser objeto, antes da respectiva formalização, de manifestação expressa do almoxarifado, esclarecendo a existência ou não do bem requisitado. Na hipótese de existir bem capaz de atender à finalidade, ainda que não se situe exatamente no âmbito das especificações apontadas, o aspecto precisa ser impreterivelmente indicado, de forma a ensejar à autoridade competente o exame da conveniência ou não de seu aproveitamento, podendo não autorizar, em conseqüência, a aquisição requerida.

C – Abertura e desenvolvimento do processo administrativo, devidamente autuado, protocolado e numerado

Observação 4 – Abertura e desenvolvimento do processo administrativo

Os documentos relacionados nos itens A e B, envolvendo as *Observações 1, 2 e 3*, constituirão as peças iniciais do Processo a ser aberto, mediante despacho da autoridade competente para tanto, devidamente autuado e protocolado, recebendo a numeração correspondente (artigo 38, *caput*).

É exatamente neste processo que serão juntados todos os documentos pertinentes à licitação, refletindo, assim, a própria seqüência da modalidade e do tipo de licitação levados a efeito, com o registro de suas ocorrências, implicando, portanto, a demonstração alusiva à prática e ao cumprimento de seus atos e fases, consubstanciados nos passos a seguir.

1 – Procedimento Interno – Fase Preparatória:
1.1 – requisição do material, serviço ou obra, acompanhada dos elementos necessários e imprescindíveis à elaboração do convite/edital *(Observações 1, 2, 7, 8, 10 e 63)*;
1.2 – em se tratando de aquisição, prévio pronunciamento do almoxarifado sobre a existência ou não do bem requisitado *(Observação 3)*;

1.3 – abertura do Processo Administrativo, devidamente autuado, protocolado e numerado *(Observação 4)*;
1.4 – definição precisa do objeto da licitação *(Observações 1, 2, 7, 8, 10 e 63)*;
1.5 – realização da pesquisa de mercado *(Observações 5 e 6)*;
1.6 – demonstração da existência de recursos orçamentários *(Observações 7, 8, 9, 10, 23 e 30)*;
1.7 – indicação da modalidade e tipo de licitação *(Observações 11, 12, 13, 14, 15, 16, 17, 18, 19, 20 e 21)*;
1.8 – autorização para abertura de modalidade e tipo de licitação, bem como para a realização da despesa *(Observações 22 e 23)*;
1.9 – convocação da Comissão Permanente ou indicação da Comissão Especial de Licitação *(Observações 24, 25, 26, 27, 28 e 29)*.

2 – Procedimento Interno – Preparação do Edital:
2.1 – elaboração do convite/edital pelo órgão competente *(Observações 30, 31, 32, 33, 34, 35, 36, 37, 38, 39, 40, 41, 42, 43, 44, 45, 46 e 47)*;
2.2 – aprovação do convite/edital por parte do órgão jurídico *(Observações 48, 49 e 50)*.

3 – Procedimento Externo:
3.1 – divulgação do convite/edital *(Observações 51, 52, 53, 54, 55, 56, 57, 58, 59, 60, 61, 62 e 63)*;
3.2 – eventualidade de impugnação ao convite/edital *(Observações 64, 65 e 66)*;
3.3 – decisão a respeito da impugnação (manutenção das regras editalícias impugnadas, ou republicação do convite/edital com as alterações decorrentes da impugnação *(Observações 67, 68, 69, 70, 71, 72 e 73)*;
3.4 – apresentação e recebimento dos envelopes-proposta, em se tratando de convite do tipo menor preço (SOMENTE UM ENVELOPE-PROPOSTA). Nesta situação, as exigências pertinentes à HABILITAÇÃO somente serão apresentadas pela empresa vencedora por ocasião da formalização contratual) *(Observação 55)*;
3.5 – recebimento dos envelopes "documentação" e "proposta", para as modalidades de licitação convite (COM ENVELOPES DOCUMENTAÇÃO E PROPOSTA), tomada de preços e concorrência por "menor preço" ou "maior lance ou oferta"; recebimento dos envelopes "documentação", "proposta técnica" e "proposta de preço", quando do envolvimento de licitação do tipo de "melhor técnica" ou de "técnica e preço" *(Observações 19, 55, 74 e 121)*.

4 – Procedimento Externo – julgamento: licitação na modalidade convite – um envelope (PROPOSTA) – tipo menor preço:

4.1 – abertura dos envelopes-proposta *(Observações 55 e 122)*;

4.2 – facultar a todos os proponentes o exame das propostas *(Observação 123)*;

4.3 – registro em ata das eventuais impugnações apresentadas pelos licitantes, diretamente relacionadas com as propostas *(Observação 123)*;

4.5 – facultar aos licitantes, cujas propostas foram objeto de impugnação, a oportunidade de apresentação de esclarecimentos, formalizando-se o registro em ata *(Observação 123)*;

4.6 – exame das propostas, eventual ocorrência de empate, bem como decisão motivada da Comissão de Licitação envolvendo a classificação e a desclassificação de proponentes/propostas *(Observações 123, 124, 126, 130, 131, 132 e 133)*;

4.7 – desclassificadas TODAS as propostas apresentadas, a Administração poderá facultar a apresentação de outras, eliminadas as causas que deram origem às desclassificações *(Observação 127)*. Ainda que se trate de proposta única, o procedimento indicado também poderá ser levado a efeito *(Observação 128)*;

4.8 – publicidade da decisão da Comissão de Licitação *(Observação 125)*;

4.9 – possibilidade de interposição de recurso por parte das empresas licitantes desclassificadas e até mesmo por aquelas classificadas, pleiteando a desclassificação daquelas que tenham sido classificadas *(Observações 126, 134, 135, 136, 137, 138, 139, 140, 141, 142, 144, 145, 148, 150, 151 e 152)*;

4.10 – comunicação aos demais licitantes sobre a interposição de recurso, para fins de impugnação *(Observação 146)*;

4.11 – após o oferecimento da impugnação por parte dos demais licitantes, ou do decurso do prazo estabelecido para tanto, podem ocorrer as seguintes hipóteses:

4.11.1 – reconsideração da decisão objeto do recurso por parte da Comissão de Licitação (nesta circunstância, além de o recurso não ser encaminhado à autoridade superior, proporciona a oportunidade de outros licitantes também manifestarem seu inconformismo por meio de idêntica medida);

4.11.2 – desclassificar outra proposta anteriormente classificada (também nesta hipótese a decisão da Comissão não será submetida à autoridade superior, exceto em caso de recurso que não tenha sido objeto de provimento);

4.11.3 – mantença da decisão e remessa dos autos à autoridade superior, para fins de decisão – em caso de provimento ao recurso por parte da autoridade maior, é impossível alterar a ordem de classificação, porém, perfeitamente válida a anulação do ato questionado ou da própria licitação *(Observações 147, 149, 170 e 172)*;

4.12 – em caso de indeferimento do recurso, e após a publicidade do correspondente ato, formalizar-se-ão os atos de homologação do certame *(Observações 154, 155 e 156)* e de adjudicação do objeto licitado *(Observações 157, 158, 159 e 160)*;

4.13 – em seguida, celebrar-se-ão a contratação, quando deverá ocorrer a apresentação, por parte da empresa vencedora, da documentação de habilitação prevista para o convite *(Observações 55, 75, 76, 77, 78, 79, 80, 81, 82, 83, 84, 85, 86, 87, 88, 89, 90, 91, 92, 93, 94, 95, 96, 97, 98, 99, 100, 101, 102, 103, 104, 106, 110, 111, 112, 161, 162, 163, 164, 165, 166, 167, 168 e 169)* – a não regularidade da documentação exigida implicará o afastamento da empresa primeira classificada, com a convocação da segunda, e assim por diante, até que se consiga formalizar a contratação, tudo nos termos do § 2º do artigo 64 *(Observação 55)* – e a publicação do extrato do contrato *(Observação 161)*.

5 – Procedimento Externo – habilitação – licitação (convite – dois envelopes, tomada de preços e concorrência) do tipo "menor preço", "maior lance ou oferta", "melhor técnica" e "técnica e preço":

5.1 – após a abertura do envelope documentação, deve ser facultado a todos os participantes o exame da documentação de seus concorrentes, procedendo-se, em seguida, ao registro em ata das eventuais impugnações apresentadas pelos licitantes, diretamente relacionadas aos documentos questionados *(Observações 55 e 74)*;

5.2 – facultar aos concorrentes o uso da palavra, para efeito de esclarecimentos ou defesa da documentação impugnada, bem como o registro em ata dos eventuais argumentos colacionados *(Observação 74)*;

5.3 – exame da documentação apresentada e decisão motivada da Comissão de Licitação, com indicação das empresas habilitadas e inabilitadas *(Observações 75, 76, 77, 78, 79, 80, 81, 82, 83, 84, 85, 86, 87, 88, 89, 90, 91, 92, 93, 94, 95, 96, 97, 98, 99, 100, 101, 102, 103, 104, 105, 106, 107, 108, 109, 110, 111, 112, 113 e 114)*;

5.4 – inabilitadas TODAS as empresas licitantes, a Administração poderá facultar a apresentação de nova documentação, eliminadas as causas que deram origem às correspondentes inabilitações *(Observação 117)*. Mesmo na hipótese de participação de uma única empresa na licitação, e ocorrendo sua inabilitação, o procedimento indicado pode ser perfeitamente desenvolvido, levando-se em conta as recomendações sugeridas na *Observação 118*;

5.5 – publicidade da decisão da Comissão de Licitação, culminando com a indicação das empresas habilitadas e inabilitadas *(Observações 112, 113, 114, 115 e 116)*;

5.6 – possibilidade de interposição de recurso por parte das empresas licitantes inabilitadas e até mesmo por aquelas habilitadas, pleiteando a inabilitação daquelas que tenham sido habilitadas *(Observações 134, 135, 136, 137, 138, 139, 140, 141, 142, 143, 144, 145 e 148)*;

5.7 – comunicação aos demais licitantes sobre a interposição de recursos, para fins de impugnação *(Observação 146)*;

5.8 – após o oferecimento da impugnação por parte dos demais licitantes, ou do decurso do prazo para tanto, podem ocorrer as seguintes hipóteses:

5.8.1 – reconsideração da decisão objeto do recurso por parte da Comissão de Licitação (nesta hipótese, além de o recurso não ser encaminhado à autoridade superior, proporciona a oportunidade de outros licitantes também manifestarem seu inconformismo por meio de recurso);

5.8.2 – inabilitar outra empresa anteriormente habilitada (também nesta hipótese, a decisão da Comissão não será submetida à autoridade superior, a não ser em caso de recurso contra este ato, que não tenha sido objeto de provimento);

5.8.3 – mantença da decisão e remessa dos autos à autoridade superior, com o fim de confirmá-la ou não, a quem compete também anular a fase correspondente ou a própria licitação *(Observações 53, 147, 149, 170 e 172)*;

5.9 – em caso de indeferimento do recurso, e após a publicidade do correspondente ato *(Observação 153)*, definidas estão a habilitação e a inabilitação dos licitantes, com a devolução dos envelopes proposta àqueles que foram excluídos da licitação do tipo "menor preço", "maior lance ou oferta", e dos envelopes "proposta técnica" e "proposta de preço", em se tratando de licitação da "melhor técnica" e "técnica e preço" *(Observações 19 e 119;*

6 – Procedimento Externo – julgamento – licitação (convite – dois envelopes, tomada de preços e concorrência) do tipo "menor preço" ou "maior lance ou oferta":

6.1 – procede-se à abertura dos envelopes proposta, facultando aos participantes o exame de todas, procedendo-se, em seguida, ao registro em ata das eventuais impugnações apresentadas pelos licitantes a elas relacionados *(Observações 121, 122 e 123)*;

6.2 – facultar aos concorrentes o uso da palavra, para efeito de defesa das "propostas" questionadas, bem como do registro em ata dos eventuais esclarecimentos prestados *(Observação 123)*;

6.3 – examinam-se as propostas, a eventual ocorrência de empate, bem como a decisão motivada da Comissão de Licitação, com indicação das empresas classificadas e desclassificadas, e respectiva ordem de classificação *(Observações 123, 124, 126, 130, 131, 132 e 133)*;

6.4 – desclassificadas TODAS as propostas apresentadas, a Administração poderá facultar a apresentação de outras, eliminadas as causas que deram origem às desclassificações *(Observação 127)*. Ainda que se trate de proposta única, o procedimento indicado também poderá ser levado a efeito *(Observação 128)*;

6.5 – publicidade da decisão da Comissão de Licitação *(Observação 125)*;

6.6 – possibilidade de interposição de recurso por parte das empresas licitantes desclassificadas e até mesmo por aquelas classificadas, pleiteando a desclassificação de quaisquer daquelas que tenham sido classificadas *(Observações 126, 134, 135, 136, 137, 138, 139, 140, 141, 142, 144, 145 e 148)*;

6.7 – comunicação aos demais licitantes sobre a interposição de recursos, para fim de impugnação *(Observação 146)*;

6.8 – após o oferecimento da impugnação por parte dos demais licitantes, ou do decurso do prazo para tanto, podem ocorrer as seguintes hipóteses:

6.8.1 – reconsideração da decisão objeto do recurso por parte da Comissão de Licitação (nesta circunstância, além de o recurso não ser encaminhado à autoridade superior, proporciona a oportunidade de outros licitantes também manifestarem seu inconformismo por meio de recurso);

6.8.2 – desclassificar outra proposta anteriormente classificada (também nesta hipótese a decisão da Comissão não será submetida à autoridade superior, exceto em caso de recurso que não tenha sido objeto de provimento);

6.8.3 – mantença do posicionamento da Comissão e remessa dos autos à autoridade superior, para fim de decisão (em caso de provimento ao recurso por parte da autoridade maior, é impossível alterar a ordem de classificação, porém, perfeitamente válida a anulação do ato questionado ou da própria licitação) *(Observações 147, 149, 170 e 172)*;

6.9 – em caso de indeferimento do recurso, e após a publicidade do correspondente ato, formalizar-se-ão os atos de homologação do certame *(Observações 154, 155 e 156)* e de adjudicação do objeto licitado *(Observações 157, 158, 159 e 160)*;

6.10 – em seguida, impõem-se a formalização contratual e a publicação do extrato do contrato ou instrumento equivalente *(Observações 161, 162, 163, 164, 165, 166, 167, 168 e 169)*.

7 – Procedimento Externo – julgamento da "proposta técnica" – licitação do tipo "melhor técnica" ou "técnica e preço":

7.1 – procede-se à abertura dos envelopes "proposta técnica" das empresas habilitadas, facultando-se aos participantes o exame de todas e procedendo-se, em seguida, ao registro em ata das eventuais impugnações apresentadas pelos licitantes, diretamente a elas relacionadas *(Observações 19, 122 e 123)*;

7.2 – facultar aos concorrentes o uso da palavra, para efeito de defesa das "propostas técnicas" questionadas, bem como o registro em ata dos eventuais esclarecimentos prestados *(Observações 19 e 123)*;

7.3 – exame das propostas e decisão motivada da Comissão de Licitação, com indicação das empresas classificadas e desclassificadas, e respectiva ordem de classificação *(Observação 19)*;

7.4 – desclassificadas TODAS as propostas técnicas, a Administração poderá facultar a apresentação de outras propostas dessa espécie, eliminadas as causas que deram origem às desclassificações, e daquelas referentes aos preços cotados (propostas de preço), que certamente sofrerão influências das alterações concretizadas nas primeiras (propostas técnicas) *(Observação 127)*. Ainda que se trate de única empresa licitante, o procedimento indicado também poderá ser levado a efeito *(Observação 129)*;

7.5 – publicidade da decisão da Comissão de Licitação *(Observação 19)*;

7.6 – possibilidade de interposição de recurso por parte das empresas licitantes que tiveram suas propostas técnicas desclassificadas e por aquelas classificadas, pleiteando a desclassificação daquelas outras classificadas *(Observações 19, 134, 135, 136, 137, 138, 139, 140, 141, 142, 143, 144, 145 e 148)*;

7.7 – comunicação aos demais licitantes sobre a interposição de recursos, para fins de impugnação *(Observação 146)*;

7.8 – após o oferecimento da impugnação por parte dos demais licitantes, ou do decurso do prazo para tanto, podem ocorrer as seguintes hipóteses:

7.8.1 – reconsideração da decisão objeto do recurso por parte da Comissão de Licitação (nesta circunstância, além de o recurso não ser encaminhado à autoridade superior, proporciona a oportunidade de outros licitantes também manifestarem seu inconformismo por meio de recurso);

7.8.2 – desclassificar outra proposta anteriormente classificada (também nesta hipótese a decisão da Comissão não será submetida à autoridade superior, exceto em caso de recurso que não tenha sido objeto de provimento);

7.8.3 – mantença do posicionamento da Comissão e remessa dos autos à autoridade superior, para fim de decisão (em caso de provimento ao recurso por parte da autoridade maior, é impossível alterar a ordem de classificação, porém, perfeitamente válida a anulação do ato questionado ou da própria licitação) *(Observações 19, 147, 149, 170 e 172)*;

7.9 – em caso de indeferimento do recurso, e após a publicidade da referida decisão, procede-se à convocação dos licitantes classificados quanto ao aspecto "técnico", para abertura dos envelopes "proposta de preço"; sem contar, ainda, a obrigatoriedade de devolução dos envelopes "proposta de preço" às empresas desclassificadas *(Observações 19 e 119)*.

8 – **Procedimento Externo** – "julgamento da proposta de preço" – licitação do tipo "melhor técnica" ou "técnica e preço":

8.1 – procede-se à abertura dos envelopes "proposta de preço", facultando-se aos participantes o exame de todas e procedendo-se, em seguida, ao registro em ata das eventuais impugnações apresentadas pelos licitantes diretamente a elas relacionadas *(Observações 19, 122 e 123)*;

8.2 – facultar aos concorrentes o uso da palavra, para efeito de defesa das "propostas de preço" questionadas, bem como o registro em ata dos eventuais esclarecimentos prestados *(Observações 19 e 123)*;

8.3 – exame das propostas e decisão motivada da Comissão de Licitação, com indicação das empresas classificadas e desclassificadas, e respectiva ordem de classificação *(Observação 19)*;

8.4 – desclassificadas TODAS as propostas de preço, porém sem alcance ou reflexo nas propostas técnicas, a Administração poderá solicitar a apresentação de nova proposta de preço, eliminadas as causas que deram origem às desclassificações *(Observação 127)*. Ocorrendo a desclassificação de todas as propostas de preço, porém com alcance ou reflexo nas propostas técnicas, a Administração poderá solicitar a apresentação de nova proposta técnica e proposta de preço. Ainda que se trate de única empresa licitante, os procedimentos indicados também poderão ser levados a efeito *(Observação 128)*;

8.5 – publicidade da decisão da Comissão de Licitação *(Observações 19 e 125)*;

8.6 – possibilidade de interposição de recurso por parte das empresas licitantes que tiveram suas propostas de preços desclassificadas e, inclusive, até mesmo por aquelas classificadas pleiteando a desclassificação de quaisquer outras também classificadas *(Observações 19, 135, 136, 137, 138, 139, 139, 140, 141, 142, 143, 144, 145 e 148)*;

8.7 – comunicação aos demais licitantes sobre a interposição de recursos, para fim de impugnação *(Observação 146)*;

8.8 – após o oferecimento da impugnação por parte dos demais licitantes, ou do decurso do prazo para tanto, podem ocorrer as seguintes hipóteses:

8.8.1 – reconsideração da decisão objeto do recurso por parte da Comissão de Licitação (nesta circunstância, além de o recurso não ser encaminhado à autoridade superior, proporciona a oportunidade de outros licitantes também manifestarem seu inconformismo por meio de recurso);

8.8.2 – desclassificar outra proposta anteriormente classificada (também nesta hipótese, a decisão da Comissão não será submetida à autoridade superior, exceto em caso de recurso que não tenha sido objeto de provimento);

8.8.3 – mantença do posicionamento da Comissão e remessa dos autos à autoridade superior, para fim de decisão (em caso de provimento ao recurso por parte da autoridade maior, é impossível alterar a ordem de classificação, porém, perfeitamente válida a anulação do ato questionado ou da própria licitação) *(Observações 19, 147, 149, 170 e 172)*;

8.9 – em caso de indeferimento do recurso, e após a publicidade da referida decisão, dar-se-á início à classificação final, nos termos reproduzidos a seguir.

9 – **Procedimento Externo – classificação final – licitação do tipo "melhor técnica" e "técnica e preço":**

9.1 – licitação do tipo "melhor técnica":

9.1.1 – sagrar-se-á vencedora a melhor proposta técnica que oferecer o menor preço *(Observação 19)*;

9.1.2 – na impossibilidade de ocorrência da hipótese, dar-se-á início à fase de negociação, convocando, para tanto, de início, o licitante que apresentou a melhor proposta técnica, para convencê-lo a reduzir seu preço até ao menor valor proposto na licitação. Havendo impasse na negociação, observada a ordem de classificação das propostas técnicas, os licitantes serão convocados, um a um, para a negociação, tomando-se como parâmetro o menor preço cotado, até a consecução do acordo *(Observação 19)*;

9.2 – licitação do tipo "técnica e preço":

9.2.1 – sagrar-se-á vencedora aquela licitante que apresentar o menor preço, como decorrência direta da classificação a ser levada a efeito, de acordo com a média ponderada das valorizações das propostas técnica e de preço, nos termos dos pesos preestabelecidos no instrumento convocatório, adotando-se, para tanto, uma equação matemática ou fórmula *(Observação 19)*;

9.2.2 – eventual ocorrência de empate entre propostas *(Observação 130)*;

9.3 – recurso – perfeitamente viável a interposição de recurso, para efeito de contestar o resultado da classificação final, com a adoção de procedimento idêntico àquele determinado para os outros tipos de licitação *(Observações 19, 134, 135, 136, 137, 138, 139, 140, 141, 142, 143, 144, 145 e 148)*;

9.4 – comunicação aos demais licitantes sobre interposição de recursos, para fim de impugnação *(Observações 19 e 146)*;

9.5 – após o oferecimento da impugnação por parte dos demais licitantes, ou do decurso do prazo para tanto, podem ocorrer as seguintes hipóteses:

9.5.1 – reconsideração da decisão objeto do recurso por parte da Comissão de Licitação (nesta circunstância, além de o recurso não ser encaminhado à autoridade superior, proporciona a oportunidade de outros licitantes também manifestarem seu inconformismo por meio de recurso);

9.5.2 – mantença do posicionamento da Comissão e remessa dos autos à autoridade superior, para fins de decisão (em caso de provimento ao recurso por parte da autoridade maior, é impossível alterar a ordem de classificação, porém, perfeitamente válida a anulação do ato questionado ou da própria licitação) *(Observações 19, 147, 148, 149, 170 e 172)*;

9.6 – em caso de indeferimento do recurso, sempre por meio de decisão motivada da Comissão de Licitação, e após a publicidade do ato *(Observação 19)*, pratica-se o ato de homologação e correspondente publicidade *(Observações 19, 154, 155 e 156)*, seguido do ato de adjudicação, também devidamente publicado *(Observações 19, 157, 158, 159 e 169)*;

9.7 – formalização contratual e publicação do extrato do contrato *(Observações 19, 161, 162, 163, 164, 165, 166, 167, 168 e 169)*.

Convém, ainda, alertar para a circunstância delineada na *Observação 151*, consistente na possibilidade de oferecimento de representação contra os atos de homologação, adjudicação e formalização contratual, porém, destituídos de efeito suspensivo; portanto, não impedindo a prática destes mesmos atos.

Por último, deve igualmente ser destacada a faculdade da Comissão de Licitação ou autoridade competente, em qualquer fase da licitação, de promover diligência destinada a esclarecer ou a complementar a instrução do processo, vedada a inclusão posterior de documento ou informação que deveria constar originariamente da proposta (§ 3º do artigo 43).

Embora a leitura da referida disposição indique que a realização de diligência esteja restrita à Comissão de Licitação ou à autoridade superior, em função da própria normatização contida no § 3º do artigo 43, entendo que até mesmo o licitante poderá requerer o desenvolvimento da aludida providência, devendo, é óbvio, justificá-la. Havendo negativa por parte da Comissão de Licitação ou da autoridade superior, o licitante poderá apresentar representação à autoridade competente, dada a inexistência de recurso hierárquico, nos termos do artigo 109, inciso II.

Deve-se ter presente, ainda, que a diligência pode ser realizada a qualquer tempo durante o transcorrer do procedimento licitatório, sempre com o objetivo de esclarecer dúvidas, eliminar pontos obscuros, servindo até mesmo para complementar a instrução do processo.

Não é admitido, contudo, que seja procedida, por meio de diligência, a juntada de documento ou informação que deveria ter sido entregue em oportunidade anterior. Aqui seria interessante registrar que, embora o dispositivo em questão faça referência ao "documento ou informação que deveria constar originariamente da proposta", o fato é que a diligência não se restringe tão-somente a essa fase. Ao envolver "documento", acaba abrangendo também a fase de habilitação. E ainda que assim não fosse, a faculdade atribuída à Comissão ou à autoridade competente abrange "qualquer fase da licitação" (§ 3º do artigo 43).

D – Estimativa da importância a ser despendida para a efetivação da contratação

Observação 5 – Pesquisa de mercado para compras

Para compras no serviço público prevalece, no âmbito do Estado de São Paulo, o Decreto n. 34.350, de 11.12.1991, preconizando a obrigatoriedade da realização de pesquisa de preços em estabelecimentos do ramo, consignando expressamente, em documento hábil, anteriormente ao ato de julgamento, todas as informações relativas, incluindo, entre outras, os nomes das firmas, dos informantes, os telefones, as datas e os valores apresentados (artigo 15, inciso V).

Observação 6 – Pesquisa de mercado para obras e serviços de engenharia

Para obras e serviços de engenharia, a planilha de custos deve ser integralmente preenchida, com o registro dos preços encontrados no mercado para cada item integrante do trabalho a ser licitado, demonstrando, afinal, que o preço é compatível com o mercado ou certo ou justo, isto é, equivalente àquele que uma avaliação técnica encontraria (artigo 7º, § 2º, inciso II).

E – Exigências envolvendo licitação de obras e serviços de engenharia, bem como compras e realização de outros serviços

Observação 7 – Obras e serviços de engenharia

Para a abertura da licitação, a lei exige **projeto básico** (aprovado pela autoridade competente e disponível para exame dos interessados em participar do processo licitatório), **orçamento detalhado** (em planilhas que expressem a composição de todos os seus custos unitários), **previsão de recursos orçamentários** (que assegurem o pagamento das obrigações decorrentes a serem executadas no exercício financeiro em curso, de acordo com o respectivo cronograma) e, quando for o caso, **prévia inclusão nas metas estabelecidas no plano plurianual** (artigo 6º, inciso IX, alínea "f", artigo 7º, § 2º, incisos I, II, III e IV, e artigo 40, § 2º, incisos I e II).

Observação 8 – Compras e realização de outros serviços

Além da descrição adequada da compra a ser realizada, impõe-se a indicação dos recursos orçamentários para seu pagamento, bem como a respectiva reserva, sob pena de nulidade do ato e responsabilidade de quem houver lhe dado causa (artigo 14).

Considere-se, ainda, que a descrição do objeto está diretamente vinculada à necessidade a ser suprida pela Administração, impedindo, todavia, a inclusão de exigências que possam, de uma forma ou de outra, direcioná-lo a determinado licitante ou até mesmo criar embaraços aos eventuais interessados, sob pena, inclusive, de afrontar a previsão disciplinada no artigo 3º, § 1º, inciso I.

No entanto, até o momento permanecem dúvidas quanto à necessidade ou não de projeto básico para o desenvolvimento de outros serviços, a exemplo de serviços contínuos.

Embora o Ministério de Administração e Reforma do Estado (Mare), hoje Secretaria do Estado da Administração e do Patrimônio, tenha feito consignar a exigência de projeto básico para as demais espécies de serviços, incluindo serviços contínuos (Instrução Normativa n. 18/1997), entendo que o posicionamento em questão é um verdadeiro exagero, resultante de interpretação errônea da legislação.

Com efeito, ainda que essa diretriz também seja adotada no âmbito do Tribunal de Contas da União, entendendo ser o projeto básico inafastável para obras e serviços, independentemente da natureza destes, a Consultoria Zênite mostra, por meio da *Súmula n. 047,* que

> A exigência imposta pela Lei de que as obras e serviços somente poderão ser licitados quando houver projeto básico disponível deve ser interpretada de forma lógica e sistemática. Assim, somente se exigirá, como condição para o desencadeamento do procedimento licitatório, a disponibilidade do projeto básico em se tratando de obras e serviços de engenharia ou serviços em geral de maior porte e complexidade. A licitação de serviços em geral, cujo objeto possa ser descrito de forma sucinta e clara no próprio ato convocatório do certame, prescinde de projeto básico. (artigo 7º, § 2º,I)[6]

Observação 9 – Inexistência de recursos orçamentários no exercício acarreta anulação da licitação

O Egrégio Superior Tribunal de Justiça, julgando Mandado de Segurança impetrado contra o ato de revogação da licitação, em razão de seu desenvolvimento ter ultrapassado o exercício financeiro, não estando prevista reserva orçamentária para o exercício seguinte, assim decidiu:

> Administrativo – Licitação – Revogação (Lei n. 8.666/1993, art. 49) – Procedimento que ultrapassou o exercício financeiro – Ausência de previsão orça-

---

6 *Informativo licitações e contratos* –, p.916-69, nov. 1999.

mentária no orçamento relativo ao ano subseqüente – Se o procedimento de licitação ultrapassou o exercício financeiro e no orçamento para o ano seguinte não existe reserva de verba, para enfrentar a despesa com a aquisição do bem objeto da concorrência, é lícito à Administração declarar extinto o certame – A inexistência de reserva orçamentária é mais que um motivo justo para revogar-se a licitação (Lei n. 8.666/1993) – Nela se traduz um impedimento absoluto ao avanço do procedimento.[7]

Ocorre porém que, a despeito da r. decisão, entendo que a não previsão de recursos orçamentários para a aquisição do bem objeto da concorrência, ou a inexistência de reserva de verba, como indicado no V. Acórdão, acarreta a nulidade do procedimento, e não a revogação, aliás, nos exatos termos da previsão contemplada no artigo 14, que assim dispõe: "Nenhuma compra será feita sem a adequada caracterização de seu objeto e indicação dos recursos orçamentários para seu pagamento, sob pena de nulidade do ato e responsabilidade de quem lhe tiver dado causa".

Tratando-se de obras e serviços, prevalece o mesmo entendimento, de sorte que, entre outras exigências, a licitação somente pode ser levada a efeito quando "houver previsão de recursos orçamentários que assegurem o pagamento das obrigações decorrentes de obras ou serviços a serem executados no exercício financeiro em curso, de acordo com o respectivo cronograma" (artigo 7º, § 2º, inciso III).

De qualquer forma, porém, ao que tudo indica, o V. Acórdão deve ter confundido revogação com anulação, como, aliás, tem ocorrido em outros julgados (Supremo Tribunal Federal – RDA n. 35/166 e n. 51/277 e Tribunal de Justiça do Estado de São Paulo – RF n. 96/307).

Observação 10 – Proibição do objeto da licitação (obras, serviços de engenharia e compras) de contemplar a obtenção de recursos financeiros para a sua execução

Em se tratando de obras e serviços de engenharia, o estatuto licitatório veda que se inclua no objeto do certame a obtenção de recursos financeiros

---

[7] RT 736/152.

para a sua execução (§ 3º, artigo 7º), impedindo, com isso, o aparecimento de práticas reprováveis, no sentido de evitar a restrição ao universo de licitantes, uma vez que a participação no procedimento estaria invariavelmente limitada a um pequeno número de participantes. Apenas aqueles que efetivamente ostentassem potencial econômico poderiam participar da licitação, de forma que, até mesmo antes da publicação do edital, já se saberia quem poderia disputar o objeto licitado.

No entanto, a lei fez uma ressalva envolvendo "empreendimentos executados e explorados sob o regime de concessão, nos termos da legislação específica", estabelecendo, em função dessa previsão, a possibilidade de que esses ajustes possam prever, por ocasião da elaboração do instrumento convocatório, a inclusão de obtenção de recursos financeiros para o seu desenvolvimento (artigo 7º, § 3º).

Aí surge uma indagação: a proibição abrangeria também as compras ou os fornecimentos? O entendimento não é pacífico, gerando posições diametralmente opostas.

Maria Sylvia Zanella Di Pietro entende que

> A restrição do art. 7º, § 3º, somente se aplica a contratos de obras e serviços, excluídos os de fornecimento. Se o contrato envolver obra ou serviço e, concomitantemente, fornecimento de material, poderá haver previsão de financiamento para este último, mas não para a obra ou serviço. Tratando-se de norma restritiva, sua interpretação não pode ser feita de forma extensiva, de modo a abranger outras hipóteses não expressamente previstas".[8]

Também Marçal Justen Filho comunga com essa tese e, após exame da particularidade, registra:

> Mas a Lei de Licitações não proíbe que o Estado contraia dívidas diante de instituições financeiras, através de operações de crédito interno ou externo. Aliás, esse campo sequer se insere no âmbito da legislação ora comentada. Portanto, o Estado, respeitadas as condições necessárias, pode contrair empréstimos. Surge, assim, uma situação paradoxal. Pode-se imaginar que o Estado obtenha, em um primeiro momento e mediante um contrato de mútuo, os recursos necessários para pagamento à vista dos equipamentos que desejar comprar. Em conseqüência, o Estado efetivaria a licitação e adquiriria o produto,

---

8 Obras e serviços. Obtenção de recursos financeiros. Restrição. In: *Temas polêmicos...*, p.46.

liquidando o preço e continuando devedor pelo financiamento. Essa solução não seria reprovada pela lei sob comentário. No entanto, o Estado não poderia efetivar a aquisição do mesmo bem mediante financiamento concedido, direta ou indiretamente, pelo próprio fornecedor do bem – eventualmente, em condições muito mais compensadoras e menos onerosas do que as obtidas em negociação autônoma com instituições financeiras. Essa comparação evidencia que a interpretação ortodoxa não é razoável e conduz a resultado disparatado.

Em seguida, e concluindo o exame do aspecto, enfatiza que,

> respeitadas as condições necessárias à realização de operação financeira por parte do Estado, é viável efetivar a aquisição mesmo não havendo recursos orçamentários disponíveis específicos. Será possível que a licitação compreenda não apenas os aspectos atinentes ao objeto a ser fornecido mas também as condições de financiamento, competindo os interessados para formular a proposta mais vantajosa (não apenas sob o ângulo do objeto a ser fornecido como também das condições de pagamento).[9]

Para sustentar o seu posicionamento, lança mão de acórdão prolatado pelo Superior Tribunal de Justiça (RMS n. 6.597 – MS, publicado no *DJU* de 14.4.1997), cujo trecho da ementa que interessa ao caso assim afirmou:

> II – A lei não veda o financiamento por organismo financeiro internacional para aquisição de bens e equipamentos. Ao contrário, estatui, no art. 42, parágrafo 5º, da Lei 8.666/93, regras para viabilizá-lo. Logo, a exigência editalícia de caráter genérico no sentido de as proponentes apresentarem proposta idônea de organismo financeiro internacional para financiamento dos bens e equipamentos objeto da concorrência não constitui ilegalidade nem fere o princípio da isonomia entre as empresas concorrentes. III – A vedação contida na regra prevista no parágrafo 3º do art. 7º da Lei 8.666/93 está na seção pertinente a obras e serviços e não se aplica às licitações para compras, disciplinadas na seção V. Tratando (a hipótese dos autos) de licitação pertinente a compras de materiais e equipamentos destinados a entidade hospitalar, a previsão de financiamento é perfeitamente legal, desde que haja recurso orçamentário para tanto.[10]

Por sua vez, Roberto Ribeiro Bazilli e Sandra Julien Miranda têm posicionamento em sentido contrário, sustentando que,

---

9 *Comentários...*, p.130-1.
10 Idem..., p.131, nota 142.

Nos termos do artigo 14 do estatuto, nenhuma compra será feita sem a indicação de recursos orçamentários. Só esse pressuposto afasta, desde logo, a interpretação de que para compras admite-se, no instrumento convocatório, cláusula permissiva de financiamento. O financiamento pelo próprio licitante vencedor jamais seria a caracterização de recursos orçamentários, sem dizer que a demonstração de recursos orçamentários precede a abertura da licitação, enquanto que os recursos de financiamento somente poderiam ser demonstrados a posteriori. Daí a ilegalidade de se incluir no objeto dos certames para fins de compras ou fornecimentos de bens a obtenção de recursos financeiros para a execução do contrato.[11]

Com efeito, também entendo que a previsão de financiamento não deve integrar o edital exatamente porque, à luz do disposto no artigo 14, aliás como muito bem esclarecido pelos autores do pronunciamento anterior, a demonstração obrigatória da existência de recursos orçamentários constitui requisito à própria abertura da licitação, "enquanto que os recursos de financiamento somente poderiam ser demonstrados a posteriori".

Com todo o respeito ao entendimento do jurista Marçal Justen Filho, ouso dele discordar, enfatizando, desde logo, que não se trata de interpretação ortodoxa e que conduz a resultado disparatado, mas sim, em entendimento lógico, aliás decorrente de expressa disposição de ordem legal (artigo 14). Não há que se falar também que o fundamento legal está contido no artigo 42, § 5º, porque esta norma contempla, ao envolver recursos de organismos estrangeiros para o desenvolvimento do procedimento licitatório, a possibilidade de admissão de regras que se refiram a prazos, tipos de licitação, critérios de julgamento, forma de publicidade e muitas outras, sem, contudo, aquela pertinente à inclusão no edital de regras para a obtenção do financiamento. Nesse caso, os financiamentos já foram aprovados anteriormente à abertura da licitação. Não há que falar ainda que a vedação cristalizada no artigo 7º, § 3º, diga respeito às obras e aos serviços de engenharia, porque o aspecto não traz qualquer discussão, mas sim em cumprimento do estabelecido no referido artigo 14.

Entendo, no entanto, que a questão proposta poderia ser equacionada de forma mais simples e, sobretudo, legal, ou seja, que, mais uma vez, se altere a Lei de Licitações, consagrando essa permissão e, o que é bem significativo, disciplinando as efetivas condições para sua concretização. Não se trata de

---

11 *Licitação à luz...*, p.71.

sugestão brilhante. Ou nunca antes imaginada. Enfim, embora a proposta não se traduza em "Ovo de Colombo", ao que tudo indica este é, sem dúvida, o melhor caminho a ser trilhado, evitando, com isso, que sejam escritas páginas e mais páginas, e que se acrescentem ainda outras tantas páginas sobre a particularidade, impedindo, especialmente, que o Judiciário, com suas atividades já sobrecarregadas, mais uma vez tenha que decidir a questão.

F – Indicação da modalidade e do tipo de licitação

Observação 11 – Escolha da modalidade de licitação

A Lei n. 8.666/1993 manteve as mesmas modalidades de licitação previstas no Decreto-Lei n. 2.300/1986, que, nos termos de seu artigo 22, são as seguintes: concorrência, tomada de preços, convite, concurso e leilão.

A concorrência, a tomada de preços e o convite destinam-se à contratação de obras e serviços, compras e demais serviços (artigo 22).

O concurso destina-se à escolha de trabalho técnico, científico ou artístico, com a estipulação de prêmio ou remuneração ao vencedor, uma vez que, "em se tratando de projeto, o vencedor deverá autorizar a Administração a executá-lo quando julgar conveniente" (§ 4º do artigo 22, combinado com o artigo 52, § 2º). Tudo isso sem contar ainda que, consoante previsão disciplinada no artigo 111, a Administração só poderá contratar, pagar, premiar ou receber projeto ou serviço técnico especializado desde que o autor ceda os direitos patrimoniais a ele relativos e a Administração possa utilizá-lo de acordo com o previsto no regulamento de concurso ou no ajuste para sua elaboração.

O leilão é a modalidade para a venda de bens móveis inservíveis para a Administração ou de produtos legalmente apreendidos ou penhorados, ou para a alienação de imóveis prevista no artigo 19, a quem oferecer o maior lance, igual ou superior ao valor da avaliação. Poder-se-á adotar o leilão para a venda de bens móveis avaliados, isolada ou globalmente, em valores não superiores aos limites de tomadas de preços para compras e serviços (artigo 23, inciso II, alínea "b").

Recentemente, foi instituída a modalidade de licitação denominada pregão, por força da Medida Provisória n. 2.026, de 4.5.2000, reeditada pelas Medidas Provisórias n. 2.026, de 4.5.2000, n. 2.108, de 27.12.2000, e n. 2.182, de 28.6.2001, finalmente convertida na Lei n. 10.520, de 17.7.2002, destinada à aquisição de bens e serviços comuns.

Além disso, a concorrência deve ser adotada, independentemente do valor estimado para a contratação, nos seguintes casos: licitação internacional, concessão de direito real de uso, concessão ou permissão de uso de bem público, instituição do sistema de registro de preços, compra ou alienação de bens imóveis, ressalvada esta última, cuja aquisição haja derivado de procedimentos judiciais ou de dação em pagamento, quando poder-se-á adotar também o leilão (§ 3º do artigo 23).

No que diz respeito à competição internacional, além da concorrência internacional, a legislação também permite a adoção da tomada de preços, observados os valores para a contratação, ou seja, os limites estabelecidos, e quando o órgão ou a entidade dispuser de cadastro internacional de fornecedores, ou o convite, quando não houver fornecedor do bem ou do serviço no país (artigos 2º, 15, § 3º, inciso I, 17, inciso I, 19 e 23, § 3º).

Observadas as exigências indicadas, e quando for o caso, para a abertura de procedimento licitatório, a Administração deve elaborar pesquisa de preços, exatamente para avaliar, ainda que por estimativa, o custo da contratação pretendida.

Após o desenvolvimento desse demonstrativo de preços, seguido da verificação da existência de recursos, a Administração poderá escolher, com mais segurança, a modalidade de licitação que, em tese, se adequaria ao valor do objeto a ser licitado (artigo 23).

A propósito, deve ser realçado que se o valor estimado para o convite se situar muito próximo do limite para a adoção da tomada de preços, por cautela, deve a Administração optar por essa modalidade, sob pena de ser obrigada, eventualmente, a anular o procedimento, na hipótese de as propostas apresentadas consignarem preços superiores ao limite estabelecido para o convite. O mesmo acontece com o valor estimado para a tomada de preços em relação à concorrência, quando então, exatamente para evitar a eventual anulação do primeiro procedimento, deve ser adotada a modalidade de maior valor, ou seja, a concorrência.

Deve-se ter presente, ainda, que a ocorrência apontada pode dar ensejo a duas situações díspares. Na primeira, a Administração foi efetivamente a responsável pela ocorrência, não realizando pesquisa de preços que viesse corresponder ao efetivo valor do objeto licitado. Nessa circunstância, a licitação deve ser anulada, *ex vi* do disposto nos artigos 7º, § 2º, inciso III, e 14. Na segunda, a responsabilidade é não da Administração, mas sim daqueles que participaram do procedimento licitatório. Havendo apresentação de propostas superfaturadas, com oferecimento de preços excessivos ou até mesmo que se situem acima da modalidade de licitação escolhida, o que implicará o reconhecimento de sua inexeqüibilidade, a Administração deverá desclassificar as empresas licitantes e, existindo interesse, facultar-lhes o prazo de oito dias úteis para a apresentação de outras propostas, cujos novos valores hão de se enquadrar como exeqüíveis ou dentro do limite da modalidade eleita. No caso de convite, esse prazo é reduzido para três dias úteis (artigo 48, § 3º).

Observação 12 – Substituição de uma modalidade de licitação por outra

Nos casos em que couber convite, a Administração poderá utilizar a tomada de preços e, em qualquer caso, a concorrência. Deve-se, no entanto, atentar para a circunstância de que não é possível a adoção do sistema inverso (convite em vez de tomada de preços, tomada de preços no lugar de concorrência), sob pena de dar ensejo à caracterização de burla à licitação (artigo 23, § 5º).

Ressalte-se que não é porque a legislação permite a utilização de modalidade cujos limites ultrapassem o valor da contratação que acaba justificando a adoção de outro procedimento.

Antônio Roque Citadini enfrenta a particularidade e observa que:

> Parece claro, no entanto, que a realização de licitação em modalidade mais complexa – e que maiores gastos impõe – deve ter justificado interesse, porque se a Administração comprometer o princípio da economicidade, sem razão, o gestor estará promovendo inadequadamente gastos maiores. Caberá, pois, ao responsável demonstrar a justificativa pela escolha do procedimento de maior complexidade.[12]

Observação 13 – Erro do valor estimado da modalidade de licitação

Além de definir precisamente o objeto, com o envolvimento da quantidade e de outras características indispensáveis, a Administração deve cercar-

---

12 *Comentários e jurisprudência*..., p.174.

se de todos os cuidados indispensáveis para a realização da pesquisa de mercado que, certamente, em função do valor obtido, indicará a modalidade de licitação a ser adotada.

Na hipótese de o preço encontrar-se elevado, além de obrigar o desenvolvimento de licitação de maior vulto, poderá, também, ensejar cotações desproporcionais ao efetivo e real valor do bem licitado, dando origem ao pagamento além do devido, o que pode acarretar a responsabilização do agente que praticou o ato. Da mesma forma, o valor estimado erroneamente pode implicar a abertura de modalidade de licitação não compatível com o valor da proposta, como, por exemplo, adotar-se a modalidade convite e o valor da proposta envolver o limite atribuído à tomada de preços. Essa situação pode ocasionar a apuração de responsabilidade, notadamente quando caracterizado qualquer prejuízo à Administração.

Observação 14 – Modalidade de licitação para concessão e permissão de uso de bem público

Embora já se tenha afirmado a obrigatoriedade de concorrência para a concessão e a permissão de uso de bem público, conforme registrado na *Observação 11*, como o assunto tem ensejado inúmeros debates, impõe-se esclarecer e, ao mesmo tempo, justificar as razões que sustentam o entendimento.

Assim, em que pese a conceituação doutrinária no sentido de que a Permissão de Uso é ato unilateral, discricionário e precário, gratuito ou remunerado, passível de alteração e revogação unilateralmente pela Administração, diferenciando-se da Concessão de Uso que apresenta caráter contratual, o artigo 2º da Lei n. 8.666/1993 determina a obrigatoriedade de a Administração Pública desenvolver prévio certame licitatório objetivando, também, a formalização de Concessões e Permissões.

Percebe-se, portanto, que se está diante de duas formas de Permissão, em que sua natureza encarregar-se-á de definir a necessidade ou não da celebração contratual e, conseqüentemente, da formalização, ou não, do antecedente procedimento licitatório.

A primeira envolve a Permissão de Uso, que tem nítido caráter contratual, estabelecendo direitos e obrigações entre as partes; a segunda é constituída por meio de ato unilateral e precário da Administração, assemelhando-se à Autorização de Uso.

Ora, em face das circunstâncias apontadas, no primeiro caso, a sujeição aos ditames da Lei n. 8.666/1993 é simplesmente inquestionável; no segundo, inexiste qualquer aplicação da referida lei.

Nestes termos, nas hipóteses que podem ser colacionadas no primeiro caso, constata-se que a Lei n. 8.666/1993, artigo 2º, exige prévia licitação para a permissão e a concessão levadas a efeito por qualquer órgão ou entidade da Administração Pública.

Definida a obrigatoriedade da prévia licitação, resta estabelecer qual a modalidade a ser adotada.

Ainda que exigida a licitação, nos termos do artigo 2º, a Lei é omissa a respeito, deixando de fixar qualquer modalidade, relegando ao intérprete a sua definição.

Nessas condições, e tendo em vista que o artigo 23, § 3º, contempla a obrigatoriedade de concorrência para a Concessão de Direito Real de Uso, por analogia, entendo que esta é a modalidade a ser adotada também para a Permissão e a Concessão de Uso de bem público.

Acrescente-se ainda que, independentemente da aplicação analógica, com amparo no artigo 4º da Lei de Introdução ao Código Civil, sem dúvida a concorrência é a modalidade mais apropriada para a finalidade, em função da ampliação da competitividade, uma vez que todos que atenderem às condições estabelecidas no instrumento convocatório poderão participar do certame, emprestando-lhe oportunidades maiores de obtenção de proposta vantajosa para a Administração.

O próprio Tribunal de Contas da União comunga desse entendimento, como pode-se verificar por meio de decisão a respeito, sacramentando que a Concessão de Uso de bem público, abrangendo também a Permissão, sujeita-se ao procedimento licitatório, ao destacar que "o estatuto jurídico das licitações e contratos exige a realização de concorrência para contratações dessa natureza".[13]

Registre-se, no entanto, que a definição da modalidade não equaciona de vez o problema. Resta, ainda, estabelecer qual o tipo de licitação.

Adotando-se, igualmente, o processo analógico, resultante da aplicação do disposto no artigo 45, § 1º, inciso IV, que consagra a licitação de "maior lance ou oferta" para Concessão de Direito Real de Uso, não resta outra al-

---

13 Publicado no *DOU*, de 11.10.1994, p.15.381.

ternativa senão estabelecer o mesmo "tipo" de procedimento para Permissão de Uso e Concessão de Uso de bem público.

Observação 15 – Modalidade de licitação em função do parcelamento de compras, obras e serviços

O estatuto licitatório recomenda parcelamento das compras, de forma a dividi-las em tantas parcelas quantas necessárias para o aproveitamento das peculiaridades do mercado, objetivando a sua economicidade (artigo 15, inciso IV).

No que diz respeito a obras e serviços, ao lado de determinar que sua programação envolva a sua totalidade, com o estabelecimento da estimativa dos custos atual e final, sem contar ainda a estipulação dos prazos para a execução (artigo 8º), igualmente consagra que

> serão divididas em tantas parcelas quantas se comprovarem técnica e economicamente viáveis, procedendo-se à licitação com vistas ao melhor aproveitamento dos recursos disponíveis no mercado e à ampliação da competitividade, sem perda da economia de escala. (artigo 23, § 1º)

Na hipótese de ocorrência do parcelamento, deverá ser desenvolvida uma licitação para cada etapa ou conjunto de etapas da obra, serviço ou compra, observando-se, todavia, em todas as licitações, independentemente do valor atribuído a qualquer delas, a modalidade devida sem o parcelamento (artigo 23, § 2º).

Em outras palavras, se a execução de uma obra ou um serviço, ou a aquisição de bens exigirem, em função do valor envolvido, a realização de licitação na modalidade concorrência, por exemplo, cada etapa ou conjunto de etapas que será licitada isoladamente, por razões técnicas e economicamente viáveis, deverá ser desencadeada, igualmente, pela modalidade concorrência, e nunca pela modalidade correspondente ao valor da etapa ou conjunto de etapas.

Por sua vez, o posicionamento trazido à colação não tem alcance para obras e serviços que: a) envolvam naturezas distintas; b) embora de mesma natureza, venham a ser executados em locais diferentes; c) em que pese a execução se situar no mesmo local, o objeto apresente parcelas de natureza específica que podem ser executadas por pessoas ou empresas de especialidade diversa daquela do executor da obra ou serviço (artigo 23, § 5º).

Observação 16 – Modalidade de licitação para execução de serviços contínuos

De início, impõe-se registrar que serviços contínuos são aqueles, como o próprio nome indica, que devem ser executados seguidamente, sem qualquer interrupção, sob pena de afetar o desenvolvimento das atividades da Administração, podendo, ainda, dar origem a prorrogações por iguais e sucessivos períodos, limitadas a sessenta meses, objetivando a obtenção de preços e condições mais vantajosos para a Administração (artigo 57, inciso II).

O artigo 23, *caput*, preconiza que as modalidades de licitação, incluindo aquela de execução de serviços contínuos, devem ser aferidas em função do valor estimado da contratação. Ora, nesses termos, se a contratação é normalmente prevista para 12 meses, será o valor desse período, ou seja, o valor estimado da contratação, que indicará a modalidade de licitação a ser adotada, independentemente da hipótese de prorrogação até o limite de sessenta meses.

Entendo que a importância a ser considerada, com amparo no *caput* do artigo 23, é aquela correspondente ao valor estimado da contratação, sendo normalmente de 12 meses, e não de sessenta meses, e por situar-se como uma faculdade, que poderá ou não ser exercitada pela Administração, e, mais ainda, que poderá ou não ser aceita pelo contratado, não deve ser levada a efeito para a finalidade objetivada. Isso, a despeito de posicionamentos contrários, no sentido de que a modalidade adequada deriva do valor total possível do futuro contrato a ser celebrado, envolvendo, portanto, o limite previsto para sua duração, que pode ser de até sessenta meses.

A previsão é clara: a modalidade de licitação será escolhida "tendo em vista o valor estimado da contratação" (artigo 23, *caput*). A contratação tem um tempo de duração situado em 12 meses, e não em sessenta meses. Os 48 meses restantes ainda poderão ser contratados, não integrando, dessa forma, "o valor estimado da contratação".

A faculdade inserida na norma contida no inciso II do artigo 57, ao contemplar a possibilidade de a duração do contrato ser prorrogada por iguais e sucessivos períodos com vistas à obtenção de preços e condições mais vantajosos para a Administração, limitada a sessenta meses, não autoriza o seu exercício objetivando a definição do valor da contratação, para efeito de indicação da modalidade; isso porque, além de se afigurar tão-somente como uma possibilidade, que poderá ou não se verificar, não tem vida própria, subordinando-se à vontade das partes, e, por isso mesmo, ao direito que lhe deu origem, ou seja, à contratação inicial de 12 meses.

Observação 17 – Modalidade de licitação para venda de bens pela Administração

O termo "venda" deve ser entendido como alienação, que, segundo De Plácido e Silva, "é o termo jurídico, de caráter genérico, pelo qual se designa todo e qualquer ato que tem o efeito de transferir o domínio de uma coisa para outra pessoa, seja por venda, por troca ou por doação".[14]

Hely Lopes Meirelles define a alienação como "toda transferência da propriedade de um bem sob a forma de venda, permuta, doação, dação em pagamento, investidura, cessão ou concessão de domínio".[15]

A alienação de bens, ou mais propriamente, adaptando-a ao objeto da *Observação*, a venda de bens pela Administração, está invariavelmente subordinada à existência de interesse público devidamente justificado, sendo precedida de avaliação, e observando, ainda, as seguintes determinações: em se tratando de BENS IMÓVEIS, além de se sujeitar à modalidade de concorrência, fica também condicionada à avaliação prévia e à autorização legislativa para órgãos da Administração direta e entidades autárquicas e fundacionais, inclusive as entidades paraestatais (artigo 17, inciso I).

Para a venda dos BENS IMÓVEIS, cuja aquisição tenha derivado de procedimentos judiciais ou de dação em pagamento, o procedimento licitatório será levado a efeito sob a modalidade de concorrência ou leilão, dispensando-se a autorização legislativa, exigindo-se, todavia, a prévia avaliação e a comprovação da necessidade ou utilidade da medida (artigo 19 e § 5º do artigo 22).

Em quaisquer das hipóteses colacionadas, a fase de habilitação limitar-se-á à comprovação do recolhimento da importância correspondente a 5% da avaliação (artigo 18).

No que diz respeito à venda de BENS MÓVEIS, a divergência de posicionamentos doutrinários está plenamente evidenciada. Entendem alguns juristas que só é permitida a adoção de concorrência e de leilão como formas capazes de atender ao princípio constitucional da isonomia, insculpido no artigo 5º, *caput*, da Constituição da República.

Outros, este autor inclusive, no entanto, professam posicionamento em sentido contrário, entendendo que, além de a Lei de Licitações não exigir a adoção das modalidades indicadas (concorrência e leilão), ela própria se en-

---

14 *Vocabulário jurídico*, p.105.
15 *Licitação e contrato...*, p.57.

carrega de estabelecer que a venda de BENS MÓVEIS dependerá, além de avaliação prévia, também de licitação (artigo 17, inciso II). Ora, nestes termos, e exatamente por empregar o vocábulo "licitação" no sentido genérico, sem indicação de qualquer modalidade, a escolha desta levará em conta, como parâmetro, os limites de valores contemplados no artigo 23, inciso II.

Aqui é importante acentuar que o posicionamento retro decorre da diferença entre as previsões dos incisos I e II do artigo 17. Para alienação de BENS IMÓVEIS, o inciso I do artigo 17 indica a licitação na modalidade concorrência. Para alienação de BENS MÓVEIS, o inciso II não especifica a modalidade, exigindo tão-somente a realização de licitação.

Assim é que a venda de BENS MÓVEIS poderá se concretizar, excluído o concurso em função de sua própria finalidade, por meio de licitação, em uma de suas modalidades: concorrência, tomada de preços, convite e leilão (artigo 17, inciso II). Tanto que a previsão do § 6º, do artigo 17, ao estabelecer que "a Administração poderá permitir o leilão", não obriga, porém faculta, sua adoção para a venda de bens móveis avaliados, isolada ou globalmente, até o limite do valor indicado para tomada de preços (compras e serviços), ou seja, para quantia não superior ao limite previsto no artigo 23, inciso II, alínea "b".

Observação 18 – Definição do tipo de licitação: "menor preço" (inclusive para aquisição de bens de informática), "melhor técnica", "técnica e preço" e "maior lance ou oferta"

É imperiosa a definição do TIPO de licitação, sob pena de acarretar sua nulidade. Entre as exigências para a elaboração do edital, consta expressamente a necessidade de indicação do TIPO de licitação (artigo 40, *caput*).

Por sua vez, os TIPOS de licitação que poderão ser adotados estão contemplados no § 1º, incisos I, II, III e IV, do artigo 45, resumindo-se, assim, em: menor preço, melhor técnica, técnica e preço e maior lance ou oferta – nos casos de alienação de bens ou concessão de direito real de uso.

A Lei de Licitações estabelece claramente preferência para adoção da licitação do tipo "menor preço", uma vez que circunscreve a utilização dos TIPOS "melhor técnica" e "técnica e preço" em um raio de ação limitado, restritos às hipóteses apontadas nos artigos 45, § 4º, e 46.

Assim é que, na licitação levada a efeito em função do menor preço, evidente que observadas as exigências para a formulação da proposta, será considerada vencedora aquela que apresentar a menor expressão numérica, ou, mais ainda, aquele preço que, do ponto de vista econômico, seja mais vantajoso para a Administração (artigo 45, § 1º, inciso I).

Tal critério não significa, contudo, que a Administração fique impedida de discriminar o objeto licitado, apontando suas características indispensáveis à satisfação das concretas e reais necessidades administrativas; não se olvide, porém, da proibição de singularizar um objeto que não seja, de si mesmo, singular, comprometendo irreversivelmente a competição *(Observação 1)*.

A licitação do TIPO "técnica e preço" deverá, além das hipóteses contempladas no artigo 46, ser adotada também para a contratação de bens e serviços de informática (artigo 45, § 4º), conforme delineamentos contidos nas **Observações 19 e 20**.

É interessante registrar que não é todo bem de informática, e nem mesmo qualquer trabalho para a área de informática, que, obrigatoriamente, deve sujeitar-se à licitação de técnica e preço.

A esse respeito, o Egrégio Tribunal de Contas do Estado de São Paulo decidiu que a aquisição de bens de informática (microcomputadores e impressoras) poderia ser objeto de licitação do tipo "menor preço" sem qualquer ofensa à previsão do § 4º, artigo 45, da Lei n. 8.666/1993.

Com efeito, por meio de decisão proferida no Processo TC-12.752/026/96 (Contratante – Ministério Público do Estado de São Paulo – e Contratada – Novadata Sistemas e Computadores S.A.), e considerando que não se trata de matéria uniforme,

> bem como por entender estar a tecnologia da informática num estágio avançado de domínio dos usuários, que permite ao Administrador especificar adequadamente os equipamentos de que necessita para satisfazer as necessidades de seu órgão, e assim o fazendo, ter perfeitamente caracterizado o que precisa, de forma que lhe possibilite a aquisição pelo menor preço, o referido Tribunal considerou REGULAR o Contrato n. 000277/95, e a licitação precedente, na modalidade de Concorrência Pública.

A propósito, impõe-se registrar que sempre mantive entendimento de que a licitação por "menor preço" é legal mesmo para aquisição de bens de informática, porquanto que, inexistindo regulamentação do § 4º do artigo 45, não há vinculação absoluta dos estados e municípios à referida previsão. Nestes termos, com exceção da Administração Federal direta ou indireta que, por força do Decreto n. 1.070/1994, praticamente só pode valer-se do tipo "menor preço" quando se tratar de convite, as Administrações Estaduais e

Municipais não estariam vinculadas ao tipo "técnica e preço", podendo servir-se do tipo "menor preço", exigindo-se, todavia, o apontamento, no edital, de todas as especificações técnicas indispensáveis, envolvendo até mesmo a padronização objetiva dos bens que serão adquiridos, o que resultaria na avaliação da proposta mais vantajosa, isto é, de menor preço, para a Administração.

No que tange aos serviços para a área de informática, destaco a recomendação proposta pela auditoria do Tribunal de Contas do Estado de São Paulo, posteriormente considerada indevida, no sentido de que os serviços de engenharia, para a instalação de uma rede local de computadores no edifício sede do órgão licitante, com a interligação de determinados pontos de rede, deveriam ter sido desenvolvidos por meio de licitação do TIPO "técnica e preço".

Na oportunidade, foi mostrado que os serviços licitados, para a instalação de rede local de computadores, situavam-se como de engenharia, para permitir o adequado funcionamento dos equipamentos, não integrantes do objeto licitado e já adquiridos. Os serviços de engenharia, tratados na licitação referida, não ostentavam tipicidade que os caracterizassem como serviços de informática.

Efetivamente, com muita precisão, Jessé Torres Pereira Junior mostra que,

> Ao fazer da "técnica e preço" o tipo obrigatório nas licitações para a contratação de bens e serviços de informática (art. 45, § 4º), a Lei nº 8.883/94 gerou impasses no concernente aos limites de seu campo de incidência, parecendo, a princípio, que todos os materiais relacionados com o uso da informática estariam sujeitos a licitação pelo tipo obrigatório. Viu-se a seguir que não, porquanto a própria Lei nº 8.248/91, a que se reporta o dispositivo, distingue o que se deve entender por bens e serviços de informática. A contrário senso, devem ser excluídos os materiais não referidos na lei específica, permanecendo a aquisição destes sujeita a licitação do tipo "menor preço".[16]

As licitações do TIPO "melhor técnica" e "técnica e preço" têm suas utilizações disciplinadas no artigo 46, *caput*, e seu § 3º, envolvendo, assim, o desenvolvimento de "serviços de natureza predominantemente intelectual, em especial na elaboração de projetos, cálculos, fiscalização, supervisão e gerenciamento e de engenharia consultiva em geral e, em particular, para a elaboração de estudos técnicos preliminares e projetos básicos e executivos" (artigo 46, *caput*), bem como "fornecimento de bens e execução de obras ou

---

16 *Comentários à lei...*, p.281.

prestação de serviços de grande vulto majoritariamente dependentes de tecnologia nitidamente sofisticada e de domínio restrito" (artigo 46, § 3º), objetos de exame por meio das *Observações 19 e 20*.

Aparece agora o TIPO de "maior lance ou oferta", para, como indicado na própria lei, os casos de alienação de bens ou concessão de direito real de uso (artigo 46, § 1º, inciso IV).

Surge, então, uma indagação: e as concessões e as permissões de uso de bens públicos feitas pela Administração? Como a disposição referida estabelece o TIPO de "maior lance ou oferta" para a concessão de direito real de uso, por analogia, entendo que este é o TIPO a ser utilizado para concessão e permissão de uso de bem público, conforme demonstrado na *Observação 14*.

Deve-se, ainda, acentuar a expressa proibição de utilização de outros TIPOS de licitação que não aqueles previstos no artigo 45, significando, com isso, que a lei houve por bem discriminá-los de forma exaustiva, não admitindo a inclusão de qualquer outro (artigo 45, § 5º).

Observação 19 – Licitação "técnica e preço" e "melhor técnica"

Conforme mostrado anteriormente, entre outras regras atinentes ao julgamento, o artigo 45 estabelece que constituem tipos de licitação, exceto na modalidade concurso, a de menor preço, a de melhor técnica, a de técnica e preço e a de maior lance ou oferta – nos casos de alienação de bens ou concessão de direito real de uso (artigo 45, § 1º, incisos I, II, III e IV).

Recorde-se, a propósito, que a indicação dos tipos de licitação é simplesmente exaustiva, e não meramente exemplificava, de forma a impossibilitar a adoção de qualquer outro tipo, ou até mesmo o apontamento de um determinado tipo de licitação, com o envolvimento de critérios dele divorciados. Tanto que o § 5º do artigo 45 proíbe taxativamente qualquer medida nesse sentido, vedando a utilização de outros tipos de licitação não previstos neste artigo.

Voltando a atenção para a licitação de "melhor técnica" e de "técnica e preço", impõe-se considerar de início que, na primeira delas, procura-se a melhor proposta em função de critérios de ordem técnica, que se sobrepõem ao preço cotado. Para efeito de atendimento do objeto licitado, nesse tipo de licitação procura-se, entre outros requisitos, melhor qualidade, mais eficiência, mais durabilidade, mais rentabilidade, mais aperfeiçoamento, diretamente vinculados à necessidade administrativa a ser preenchida. Por sua vez, em se tratando de "técnica e preço", muito embora ainda possam ser consideradas, entre outras, as exigências relativas à qualidade, à durabilidade, à rentabilidade e à própria adequação ao objeto licitado, leva-se também em conta o preço apresentado, de sorte que, para efeito de classificação ou julgamento, adotar-se-á a média ponderada das valorizações técnicas e de preço, sempre com base nos pesos preestabelecidos no edital.

A disposição contida no artigo 46 revela que os tipos de licitação "melhor técnica" ou "técnica e preço" são cabíveis tão-somente para serviços de natureza intelectual, em especial para elaboração de projetos, cálculos, fiscalização, supervisão e gerenciamento e de engenharia consultiva em geral e, em particular, para a elaboração de estudos técnicos preliminares e projetos básicos e executivos; ressalva, todavia, aquela destinada à contratação de bens e serviços de informática por parte de órgãos integrantes da Administração Pública Federal direta ou indireta, excluída a hipótese delineada nos termos do Decreto Federal n. 1.070/1994, obedecida à previsão contida no § 4º do artigo 45, devem adotar o tipo "técnica e preço" *(Observação 18)*.

Existe ainda uma outra hipótese que faculta a adoção do tipo "melhor técnica" ou "técnica e preço". Trata-se, em rigor, daquela contemplada no § 3º do artigo 46, envolvendo licitação "para fornecimento de bens e execução de obras ou prestação de serviços de grande vulto", assim considerado em função do valor estimado, que deverá ser superior a 25 vezes o limite estabelecido na alínea "c", inciso I, do artigo 23, ou seja, concorrência para obras e serviços de engenharia, condicionada, ainda, às seguintes circunstâncias: a) autorização expressa e mediante justificativa circunstanciada da maior autoridade da Administração promotora do ato convocatório; b) os bens a serem fornecidos e a execução de obras ou prestação de serviços deverão ser majoritariamente dependentes de tecnologia nitidamente sofisticada e de domínio restrito, atestado por autoridades técnicas de reconhecida qualificação; c) que o objeto da licitação admita variações de execução e soluções alternativas, com repercussões significativas sobre a qualidade, a produtividade, o rendimento e a durabilidade concretamente mensuráveis; d) que as soluções alternativas e as variações de execução possam ser livremente escolhidas pelos licitantes, observando-se, para tanto, os critérios objetivamente previstos no edital.

Embora a lei estabeleça as hipóteses que demandam a adoção dos tipos "melhor técnica" e "técnica e preço", o fato é que ela não estabelece os critérios que poderiam ser adotados para a definição da escolha final entre eles.

O aspecto foi observado de maneira bastante apropriada por Luiz Alberto Blanchet, ao mostrar que

Isto, porém, não significa que o agente da Administração tenha a faculdade de optar livremente entre os dois tipos. A escolha do tipo de licitação não é discricionária, mas vinculada, pois subordina-se às exigências do motivo de fato (necessidade para cujo atendimento se licita). Somente se pode optar pela licitação de "melhor técnica" quando o fator preço for menos relevante do que a técnica para o atendimento da necessidade representada pelo motivo da licitação.[17]

Nos termos do § 1º do artigo 46, nas licitações do tipo "melhor técnica", o instrumento convocatório deverá, ao lado de fixar o preço máximo que a Administração se propõe a pagar, também adotar o procedimento delineado nos incisos I, II, III e IV do referido parágrafo, definido com clareza e objetividade.

Nessas condições, e considerando que, em função do tipo de licitação adotado, ou seja, "melhor técnica", também serão avaliados os fatores de ordem técnica, exige-se, em conseqüência, a apresentação de três envelopes: DOCUMENTAÇÃO, PROPOSTA TÉCNICA e PROPOSTA DE PREÇO.

A inabilitação da empresa licitante acarretará a devolução de sua PROPOSTA TÉCNICA e PROPOSTA DE PREÇO, ensejando, com isso, o seu afastamento da licitação.

Da mesma forma, impõe-se a desclassificação daquela cuja PROPOSTA TÉCNICA não obtenha a valorização mínima estabelecida no instrumento convocatório, o que implicará a devolução da PROPOSTA DE PREÇO. Essa é a regra contida no inciso II e na 2ª parte do inciso IV, § 1º, do artigo 46.

O mesmo acontece com aquela licitante que, embora tenha sua PROPOSTA TÉCNICA classificada, apresente PROPOSTA DE PREÇO superior àquele que a Administração se propõe a pagar (§ 1º do artigo 46).

Conforme determina o inciso I do artigo 46, uma vez preclusa a fase de habilitação, serão examinadas as PROPOSTAS TÉCNICAS, resultantes da abertura dos respectivos envelopes, cujas avaliação e classificação serão desenvolvidas em conformidade com os critérios pertinentes e adequados ao objeto licitado, estabelecidos com clareza, objetividade e devidamente pontuados no edital, levando-se em conta, para tanto, a capacitação e a experiência do proponente, a qualidade técnica da proposta – metodologia, organização, tecnologias e recursos materiais que serão utilizados nos trabalhos –, bem como a qualificação das equipes técnicas a serem mobilizadas para sua execução.

---

17 *Licitação*. O edital à luz...., p.209.

Estabelecida a classificação das PROPOSTAS TÉCNICAS, na qual somente poderão estar incluídas aquelas que tenham atingido a valorização mínima prevista no instrumento convocatório, o que implica a desclassificação daquelas que deixaram de atender a essa exigência, procede-se à abertura dos envelopes PROPOSTA DE PREÇOS (inciso II do artigo 46). Também estas poderão ser desclassificadas em função de não atendimento de exigências colacionadas no edital ou, então, por apresentarem preço superior ao máximo que a Administração se propõe a pagar (§ 1º do artigo 46).

Aqui, abro parênteses para registrar que, embora a lei não tenha qualquer previsão expressa, é perfeitamente possível a apresentação de recurso contra a classificação e a desclassificação da PROPOSTA TÉCNICA, com fundamento no artigo 109, inciso I, alínea "b", bem como contra a classificação e a desclassificação da PROPOSTA DE PREÇOS, e inclusive da CLASSIFICAÇÃO no procedimento, com amparo no mesmo fundamento legal *(Observação 143)*. A abertura da PROPOSTA DE PREÇOS fica condicionada à não interposição de recursos, ou à improcedência daqueles que tenham sido interpostos.

Em seguida, ainda consoante o inciso II do artigo 46, estabelecida a classificação das PROPOSTAS DE PREÇO, deve ser verificado, a título de classificação final, se a melhor PROPOSTA TÉCNICA também apresenta o menor preço. Em caso positivo, esta última será considerada a proposta vencedora da licitação.

No entanto, se a melhor PROPOSTA TÉCNICA não for a de menor preço, dá-se início à fase de NEGOCIAÇÃO com o licitante que apresentou a melhor PROPOSTA TÉCNICA, procurando convencê-lo a reduzir seu preço até o menor valor proposto na licitação.

Em caso de recusa ou de impasse para o equacionamento da questão, observada a ordem de classificação das PROPOSTAS TÉCNICAS, os licitantes serão chamados para NEGOCIAÇÃO, tomando como parâmetro o menor preço cotado, até a consecução de acordo para a contratação (inciso III, § 1º, do artigo 46).

Não havendo acordo, a Administração poderia escolher a proposta de melhor técnica que, todavia, não houvesse cotado o menor preço? Marçal Justen Filho responde à questão afirmando que

> O texto da lei induz que não. Ao referir-se a "impasse", a Lei indica uma situação em que as partes não abrem mão de suas exigências. Ora, não existiria outra exigência da Administração além da redução do preço. A Administração está obrigada a contratar pelo menor preço, considerando os licitantes cujas propostas técnicas foram aceitas. O que a Lei admite é uma negociação com

aqueles cujas propostas técnicas foram reputadas melhores, para verificar se estão dispostos a reduzi-las ao valor da de menor preço. Se nenhum dos licitantes mais bem classificados tecnicamente dispuser-se a reduzir sua proposta, a Administração deverá considerar vencedora a de menor preço.

Complementando, o mesmo autor esclarece que, "Portanto, se a Administração necessitava da melhor proposta técnica, deveria ter estabelecido, no ato convocatório, que somente seriam classificadas as propostas que atendessem a requisitos de excelência ou de grande rigor".[18]

Ainda a respeito, Carlos Ari Sundfeld registra que

> esse tipo de licitação é perigosíssimo, devendo ser a todo custo evitado pela Administração. A negociação é fonte de conflitos de difícil solução, podendo descambar para o subjetivismo. Melhor será, mesmo nos casos em que a melhor técnica é fundamental, empregar a licitação de melhor técnica e preço, dando-se peso significativamente maior à primeira.[19]

E, ao falar em "técnica e preço", seu processamento está previsto no § 2º, incisos I e II, combinados com o inciso I do § 1º, todos do artigo 46.

Nesse tipo de licitação, junta-se a TÉCNICA com o PREÇO para a indicação do vencedor. São exigidos, também, três envelopes: DOCUMENTAÇÃO, PROPOSTA TÉCNICA e PROPOSTA DE PREÇO. Uma vez superada a fase de habilitação, com o exame de eventuais recursos, passa-se, em rigor, para a abertura dos envelopes contendo as PROPOSTAS TÉCNICAS, que se sujeitam às exigências contidas no inciso I, § 1º, do artigo 46, já indicadas, resultando na sua classificação ou na sua desclassificação como decorrência da obtenção ou não da pontuação mínima estabelecida no instrumento convocatório. A propósito, esse tipo de licitação não está vinculado ao preço máximo que a Administração se propõe a pagar, como ocorre na licitação de "melhor técnica", por força do § 1º do artigo 46.

Após decorrido o prazo para apresentação de recursos envolvendo o julgamento das PROPOSTAS TÉCNICAS, ou julgados improcedentes aqueles interpostos, devem ser abertos os envelopes contendo PROPOSTAS DE PREÇOS, em estrita obediência às regras fixadas para sua apresentação, cujas avaliação e valorização situar-se-ão no âmbito dos critérios objetivos preestabele-

---

18 *Comentários...*, p.430.
19 *Licitação e contrato administrativo*, p.161-2.

cidos no edital (inciso I, § 2º, do artigo 46), sendo o resultado objeto de publicidade, facultando-se prazo para eventual interposição de recursos.

Também após decorrido o prazo para interposição de recurso contra a classificação ou a desclassificação da PROPOSTA DE PREÇO, ou decididos aqueles que foram interpostos, proceder-se-á ao julgamento das propostas, cuja classificação será levada a efeito de acordo com a média ponderada das valorizações das PROPOSTAS TÉCNICAS e de PREÇOS, com base nos pesos preestabelecidos no instrumento convocatório (inciso II, § 2º, do artigo 46), adotando-se, para tanto, uma equação matemática ou fórmula.

Essa decisão também poderá ser contestada por recurso fundamentado no artigo 109, inciso I, alínea "b", disposição legal que também ampara aqueles recursos que eventualmente possam ser interpostos contra a classificação e a desclassificação das PROPOSTAS TÉCNICAS e de PREÇOS.

Observação 20 – Adoção do tipo "técnica e preço" ou "melhor técnica" na modalidade convite

O aspecto em questão não oferece maiores dificuldades para sua definição, sendo certo que a modalidade convite, a exemplo do que ocorre com as de tomada de preços e a concorrência, pode perfeitamente adotar o TIPO melhor técnica ou técnica e preço, inexistindo qualquer proibição legal para tanto.

Conforme salientado anteriormente, a modalidade de licitação é determinada em função dos limites estabelecidos no artigo 23, incisos I e II, de forma que, diretamente relacionada com a natureza do objeto e o preço estimado, desponta a modalidade a ser adotada.

Por sua vez, a definição do TIPO de licitação "melhor técnica" ou "técnica e preço" está restrita ao desenvolvimento de "serviços de natureza predominantemente intelectual", admitindo-se, a título de exceção, como já evidenciado na *Observação 18*, a técnica e o preço para a contratação de bens e serviços de informática, bem como ambos os TIPOS referidos "para fornecimento de bens e execução de obras ou prestação de serviços de grande vulto majoritariamente dependentes de tecnologia nitidamente sofisticada e de domínio restrito" (artigos 45, § 4º, e 46, § 3º).

Portanto, observadas as exigências colacionadas, ou seja, se a natureza do trabalho envolver "serviços de natureza predominantemente intelectual" (artigo 46, *caput*) e, mais ainda, se o valor estimado da futura contratação não ultrapassar o limite do artigo 23, inciso II, alínea "a", poderá ser admitido o convite de "melhor técnica" ou de "técnica e preço".

No entanto, admitindo-se que o convite vá se processar por meio de melhor "técnica" ou de "técnica e preço", o seu desenvolvimento deve ser adaptado às particularidades próprias e inerentes a estes TIPOS de licitação.

Impõe-se, desde logo, em função da obrigatoriedade da existência de proposta técnica, a alteração do prazo para apresentação e recebimento das propostas, ampliando, assim, o espaço de tempo entre a expedição do convite e a entrega dos envelopes.

Por falar em envelopes, ao se adotar este TIPO de licitação, o convite não mais poderá ensejar somente a apresentação de um ou dois envelopes. Entendo que, dadas as características técnicas que estarão presentes nesse TIPO de licitação, ainda que a qualificação das empresas a serem convidadas possa ser de pleno conhecimento do órgão licitante, devem ser exigidos três envelopes: documentação, proposta técnica e proposta de preço.

Observação 21 – Tipo de licitação para obras e serviços de engenharia e elaboração de projeto executivo

A Lei n. 8.666/1993 não vincula a abertura da licitação para obras e serviços de engenharia à existência de projeto executivo, estabelecendo, todavia, que elas somente poderão ser licitadas se houver projeto básico (artigo 7º, § 2º, inciso I).

Embora a existência de projeto executivo não seja exigida para a abertura da licitação indicada, sua elaboração pode integrar, por se constituir no conjunto de elementos necessários e suficientes à execução do objeto, a própria licitação destinada à contratação de obras e serviços de engenharia (artigo 9º, § 2º).

Nestes termos, ou a Administração inclui a elaboração do projeto executivo e a execução da obra como encargo do contratado, envolvendo a apresentação de orçamento compreendido em planilhas de quantitativos e preços unitários para ambos os objetos, ou estabelece previamente o preço a ser pago pelo referido projeto (artigo 9º, § 2º). A questão situa-se na fixação do TIPO de licitação a ser adotado para a elaboração do projeto executivo e, ao mesmo tempo, para a execução das obras e serviços de engenharia.

Poder-se-ia utilizar a licitação de "melhor técnica" ou "técnica e preço"? Seria obrigatório que o procedimento se desenvolvesse por meio da licitação de "menor preço"?

Como mostrado nas *Observações 18, 19* e *20*, se a licitação se destinasse exclusivamente para a elaboração do projeto executivo, em função de expressa previsão no artigo 46, *caput*, o TIPO de licitação, para fim de julgamento, poderia ser ou o de "melhor técnica" ou o de "técnica e preço". Ocorre porém que, como a licitação se destina à execução de dois objetos (projeto executivo e obras), e este último (obras) somente enseja o julgamento por meio do TIPO "menor preço", não resta outra alternativa senão a sua utilização.

Mas aí surge uma nova indagação: e se o objeto da licitação envolver a execução de obras de grande vulto, majoritariamente dependentes de tecnologia nitidamente sofisticada e de domínio restrito, e a elaboração de projeto executivo, entendendo-se como de grande vulto aquela cujo valor estimado seja superior a 25 vezes o valor de concorrência para obras e serviços de engenharia?

Conforme mostrado na *Observação 19*, nesta circunstância nada impede que, excepcionalmente, sejam adotados os TIPOS de "melhor técnica" ou "técnica e preço", sempre, porém, "por autorização expressa e mediante justificativa circunstanciada da maior autoridade da Administração promotora" constante "do ato convocatório" (artigo 46, § 3º).

G – Autorização para a abertura da modalidade de licitação escolhida, bem como para a realização da despesa

Observação 22 – Autorização para abertura do procedimento licitatório e para a despesa

Praticados os atos anteriormente indicados, a autoridade competente determinará a abertura da modalidade de licitação escolhida, observados os parâmetros legais, e autorizará a realização da despesa necessária para o atendimento do objetivo delineado (artigo 38, *caput*).

A autorização em questão deve se cercar de todas as cautelas a fim de constatar o cumprimento de todos os pressupostos necessários, já indicados, para instalar a licitação (*Observações 7* e *8*).

Marçal Justen Filho ensina que

> A autorização é ato administrativo em que se conjugam competências discricionárias e vinculadas. Há discricionariedade na avaliação sobre a conveniência de realizar determinada contratação (em vez de outra). A definição do

objeto da contratação envolverá uma margem de liberdade para a Administração. Porém, a autorização é rigidamente vinculada à Lei, em outros ângulos. Cabe examinar a presença de requisitos legais (existência de projetos, perfeita definição do objeto, previsão de recursos orçamentários). Ausentes os pressupostos de instalação da licitação, a autorização não pode ser concedida.[20]

Observação 23 – Possibilidade de autorização e abertura de licitação em final de exercício financeiro, para que a contratação decorrente seja objeto de formalização somente no exercício seguinte

O aspecto em questão é, ainda, objeto de inúmeras consultas. Esta situação envolve, quase de forma rotineira, a aquisição de bens cuja utilização deveria obrigatoriamente ocorrer em início do ano subseqüente. Diz respeito, também, a determinados contratos de prestação de serviços contínuos, como, por exemplo, aqueles envolvendo empresas limpadoras, cujo contrato será declarado extinto logo no início do mês de janeiro.

De antemão, registre-se que a autorização e a decorrente abertura da licitação poderão ser desencadeadas sem qualquer obstáculo. Efetivamente, inexiste qualquer proibição para tanto, bastando tão-somente que a nova lei orçamentária, sob o império da qual a futura contratação formalizar-se-á, tenha previsto recursos orçamentários para a despesa em questão.

Recorde-se que, para a abertura da licitação, não há necessidade de os recursos orçamentários já estarem disponíveis, bastando, para tanto, tão-somente o estabelecimento de sua reserva. Ressalte-se, ainda, que o procedimento inverso certamente trará problemas para a Administração.

Sabe-se que a Administração tem a obrigação de cumprir seus objetivos, impondo, para tanto, a adoção das medidas necessárias e pertinentes para que suas atividades tenham prosseguimento normal. O retardamento do procedimento licitatório poderá acarretar graves conseqüências também ao patrimônio público, o qual, sem o devido planejamento, poderá arcar com gastos excessivos, sem contar ainda a responsabilização do agente público. A mesma situação acabaria por envolver eventual formalização de dispensa de licitação por emergência, que poderá ensejar a apuração de responsabilidade.

---

20 *Licitação e contrato administrativo*, p.93-4.

Existindo necessidade de atendimento da exigência, a licitação deve ser obrigatoriamente desencadeada, aliás, de forma planejada, e não com atabalhoamento; o que poderá, sem dúvida, resultar em maiores prejuízos à Administração e, também nesta hipótese, repita-se, em apuração de responsabilidade.

H – Encaminhamento do processo à Comissão Permanente de Licitação ou Designação de Comissão Especial

Observação 24 – Investidura e recondução dos membros da Comissão de Licitação

A investidura dos membros da Comissão Permanente de Licitação não excederá a 1 ano, vedada a recondução da totalidade de seus membros para a mesma Comissão no período subseqüente. Significa dizer que, ao término de 1 ano, a Comissão não poderá ser designada com a mesma composição daquela imediatamente anterior, podendo, todavia, conter membro desta última (artigo 51, § 4º).

Carlos Ari Sundfeld esclarece a particularidade, enfatizando que:

> Em se tratando de comissão permanente, a investidura "não excederá a 1 (um) ano, vedada a recondução da totalidade de seus membros para a mesma comissão no período subseqüente" (art. 51, § 4º). Novamente uma dificuldade de compreensão: o impedimento atinge cada um dos membros, nenhum podendo figurar na comissão seguinte, ou o que se veda é a repetição integral da formação anterior? A literalidade da norma não oferece resposta: ambas as leituras são possíveis. No impasse, prevalece a regra tradicional, anteriormente constante do art. 41, § 4º do decreto-lei 2.300/86: a recondução para o período subseqüente é legítima, mas ao menos um membro deve ser substituído. A renovação parcial é vantajosa: oxigena o órgão mas preserva sua experiência e memória, importantes à continuidade dos serviços.[21]

Observação 25 – Número mínimo de membros da Comissão de Licitação e posição de cada um deles

A Comissão Permanente ou Especial de Licitação deverá ser constituída, no mínimo, por três membros, ou, mais propriamente, sempre em nú-

---
21 *Licitação e contrato administrativo*, p.93-4.

meros ímpares, evitando, com isso, na hipótese de divergência entre eles, a configuração do empate que ensejaria o surgimento de situação impossível de vir a ser solucionada (artigo 51, *caput*).

Nesta hipótese, a Comissão estaria impossibilitada de, observados os parâmetros legais, cumprir sua própria finalidade, ou seja, apontar o vencedor da licitação, com a conseqüente elaboração da lista classificatória.

Em caso de opiniões divergentes entre os membros da Comissão, a decisão que vai prevalecer é aquela resultante da maioria dos votos entre eles. Tal posicionamento servirá, desde que devidamente justificado, para a não responsabilização solidária do membro pelo ato praticado pela Comissão.

Observe-se, em decorrência, que o presidente da Comissão não tem direito a voto qualificado e, portanto, de maior peso em relação aos demais membros (artigo 51, § 3º).

Por último, pelo menos dois membros da Comissão devem ostentar a condição de servidores do quadro permanente do órgão da Administração responsável pela licitação (artigo 51, *caput*).

Observação 26 – Substituição da Comissão de Licitação por servidor designado

No convite, a Comissão de Licitação poderá ser substituída, excepcionalmente, nas pequenas Unidades Administrativas e, em decorrência da exigüidade de pessoal disponível, por servidor formalmente designado pela autoridade competente (artigo 51, § 1º).

Observação 27 – Substituição do presidente e/ou de membro da Comissão no decorrer da licitação

Anteriormente à publicação do edital e/ou à expedição do convite, a Comissão de Licitação já deverá estar devidamente constituída, uma vez que o ato correspondente é peça integrante do procedimento licitatório (artigo 38, inciso III).

Ocorre porém que, se o presidente e/ou qualquer dos membros da Comissão ficarem impossibilitados de continuar cumprindo o mister, evidentemente que por motivo justificado, aceito pela Administração, nada impedirá a respectiva substituição, até porque a observância do número legal de integrantes é condição básica para a validade do procedimento.

Recomenda-se que, para evitar a caracterização da situação apontada, em especial quando se tratar de Comissão Permanente, sejam também designados membros suplentes, evitando-se, assim, o retardamento e, mesmo, a paralisação do procedimento. Recomenda-se também a indicação de membro para substituir o presidente da Comissão em suas ausências e impedimentos.

Observação 28 – Impedimento e suspeição de membro da Comissão de Licitação

O Plenário do Tribunal de Contas do Estado de São Paulo deliberou, em sessão de 5.9.1990, que "não pode haver na comissão licitadora membro que se enquadre em qualquer dos casos especificados nos artigos 134 e 135 do Código de Processo Civil, em relação ao fornecedor, devendo ser afastado o funcionário". Trata-se, em rigor, das hipóteses de impedimento e suspeição do juiz, aplicáveis aos integrantes da Comissão de Licitação.

Carlos Ari Sundfeld mostra que as vedações do artigo 9º são aplicáveis aos integrantes da Comissão de Licitação, por força de seu § 4º, inclusive ao servidor que pode ser designado para conduzir sozinho o convite, estando, portanto, impedidos de:

> a) participar da licitação, como licitantes; b) ter vínculo de natureza técnica, comercial, econômica, financeira ou trabalhista com o licitante ou o responsável pelos serviços, fornecimentos e obras; c) ser dirigentes, gerentes, titulares ou detentores de mais de 5% do capital votante, controladores, responsáveis técnicos ou subcontratados do licitante ou responsável pelos serviços, fornecimentos e obras.[22]

Observação 29 – Desenvolvimento da licitação e término da investidura dos membros da Comissão Permanente

Pode ocorrer, aliás com bastante freqüência, que as investiduras dos membros da Comissão Permanente de Licitação cheguem ao final, com o decurso do período de um ano, e a Autoridade competente, mantendo ou não alguns deles, venha a constituir nova Comissão, sem que os processos licitatórios abertos tenham terminado.

---

22 *Licitação e contrato administrativo*, p.94-5.

A questão que se coloca é a seguinte: qual Comissão é competente para dar prosseguimento às licitações em andamento, para o julgamento e classificação de propostas?

A competência da Comissão está inteiramente vinculada ao prazo de investidura de seus membros, de forma que, atingido o prazo de um ano (artigo 51, § 4º), outra Comissão deve ser constituída, independentemente da recondução de alguns de seus membros. Nestes termos, a atuação da Comissão fica limitada ao período de duração de investidura de seus membros e, assim, após o término desta, fica impedida de praticar qualquer ato no procedimento licitatório em andamento.

A outra Comissão passa a se encarregar, também, das licitações já instauradas, competindo-lhe proceder, como medida de cautela, a um exame atento em todas elas para a verificação de suas regularidades, evitando, com isso, qualquer responsabilização, ainda que situada a título de omissão.

I – Preparação e elaboração do instrumento de convocação: convite/edital e correspondentes anexos

Observação 30 – Disposições editalícias obrigatórias

A preparação e a elaboração do instrumento de convocação encontram-se, invariavelmente, circunscritas ao cumprimento das disposições do artigo 40 da Lei de Licitações.

Segundo Hely Lopes Meirelles,

> O edital é o instrumento através do qual a Administração leva ao conhecimento público a abertura da concorrência ou da tomada de preços, fixa as condições de sua realização e convoca os interessados para a apresentação de suas propostas. Vincula inteiramente a Administração e os proponentes às suas cláusulas. Nada se pode exigir ou decidir além ou aquém do edital, porque ele é a lei interna da concorrência e da tomada de preços.[23]

Ele é, na verdade, o ato que disciplina a licitação a ser levada a efeito por meio de concorrência, tomada de preços, convite, concurso e leilão, devida-

---

[23] *Licitação e contrato...*, p.102.

mente adaptado às exigências pertinentes a cada uma das modalidades indicadas. Tanto que o artigo 40, no próprio *caput*, determina a inclusão de termo de referência no edital, que pode ser indicado sob a denominação de "preâmbulo", fazendo constar dele o número de ordem da licitação, em série anual, o nome da repartição interessada e do respectivo setor, a modalidade e o tipo de licitação, o regime de execução, a legislação que disciplinará o procedimento, incluindo norma de direito que venha a regulamentar a eventual aplicação de penalidades, além da obrigatoriedade da indicação do local, do dia e da hora para o recebimento dos envelopes DOCUMENTAÇÃO e PROPOSTA, assim como para o início da abertura dos referidos envelopes.

A esse respeito, deve-se considerar que a indicação dos elementos referidos ocupará, obrigatoriamente, local de destaque no instrumento convocatório, de forma a permitir ao interessado a sua fácil visualização e, em conseqüência, o conhecimento da pretensão da Administração, o que, sem dúvida, contribuirá significativamente para despertar, com mais facilidade, o interesse do eventual licitante.

Ainda sobre a particularidade, entendo que o "objeto da licitação", além de se constituir em item específico do edital, deveria integrar o "preâmbulo" como exigência indispensável, embora na prática a maioria dos instrumentos convocatórios o coloque nessa condição.

O não apontamento dos requisitos no "preâmbulo" poderá acarretar a nulidade da licitação, tendo o Tribunal de Contas do Estado de São Paulo declarado a ilegalidade do procedimento, conforme demonstra Renato Geraldo Mendes, em decisão publicada no *Diário Oficial* de 28.6.1994, Protocolo n. 20.575/026/92, dada a ausência de indicação de local e data para recebimento da documentação e proposta e abertura dos envelopes, entre outras exigências.[24]

Em seguida, aparece a indicação do objeto da licitação, devendo a Administração procurar sempre, ao descrevê-lo de forma sucinta e clara, além de respeitar as disposições da Lei de Licitações e Contratos, propiciar a participação, em igualdade de condições, do maior número possível de eventuais interessados, objetivando o recebimento de inúmeras propostas e, em conseqüência, propiciar a escolha da melhor delas – inciso I do artigo 40 (*Observações 1 e 2*).

Impõe-se também a fixação dos prazos e das condições para assinatura do contrato ou retirada do instrumento equivalente, sem contar ainda a pre-

---

24 *Lei de licitações...*, p.98, nota 623.

visão de lapso temporal para a execução do contrato ou entrega do objeto da licitação – inciso II do artigo 40 *(Observações 163 e 164)*.

As sanções passíveis de aplicação deverão integrar o edital, envolvendo desde a recusa injustificada em assinar o contrato, ou aceitar ou retirar os instrumentos formais a ele correspondentes, até o inadimplemento contratual, sem perder de vista as hipóteses de inexecução do objeto, erro de execução, execução imperfeita, mora na execução e o não atendimento às determinações do órgão licitante – inciso III do artigo 40.

Normalmente, a previsão correspondente no edital é feita de forma genérica, atribuindo ao contrato ou à disciplinação interna, quase sempre por meio de Portaria, que deve ser juntada como anexo ao instrumento convocatório, a devida normatização das sanções que eventualmente possam ser aplicadas.

Deve-se lembrar, todavia, que, independentemente da natureza, gravidade e até mesmo das conseqüências da infração cometida, a aplicação da penalidade está inexoravelmente condicionada ao oferecimento, ao infrator, do contraditório e ampla defesa, com os meios e recursos a ela inerentes, consoante previsão contemplada no artigo 5º, inciso LV, da Constituição Federal.

Além do mais, impende registrar que a aplicação da sanção de multa também fica condicionada à expressa indicação de seu montante. Eduardo Rocha Dias observa que

> A única sanção que não poderá ser aplicada na hipótese de omissão dos atos convocatórios e dos contratos é a multa. Se o percentual ou valor da mesma não são definidos em referidos atos, não se poderá presumir seu montante. Aliás, a Lei 8.666/1993, em seus artigos 86 e 87, expressamente remete aos atos convocatórios e aos contratos para a definição dos pressupostos de aplicação da multa.[25]

O inciso IV do artigo 40 dispõe sobre a indicação do local onde poderá ser examinado e adquirido o projeto básico, e o inciso V estabelece que, na hipótese de o projeto executivo já se encontrar disponível na data da publicação do edital, também deve haver idêntico apontamento.

As exigências referidas constituem meras colocações, porém sem qualquer efeito, porquanto o projeto básico e também o executivo, esse último se já existente, constituem anexos ao edital (§ 2º, inciso I, do artigo 40). Ora,

---

25 *Sanções administrativas...*, p.82-3.

na condição de anexos, basta a indicação do local onde o edital poderá ser consultado e adquirido para que as exigências estejam atendidas.

As condições para participação na licitação deverão ser elencadas nos termos dos artigos 27 a 31, impondo sempre suas adequações à modalidade e ao tipo de licitação e ao objeto a ser licitado, não se olvidando da indicação da "forma de apresentação das propostas" – inciso VI do artigo 40 *(Observações 31 e 32)*.

O inciso VII do artigo 40 exige que se estabeleça o critério de julgamento, com disposições claras e objetivas. No entanto, não basta tão-somente o cumprimento isolado dessa determinação para que a submissão à regra legal seja atingida. É preciso, ainda, que haja perfeita compatibilidade entre esse requisito e as disposições dos artigos 44 e 45. Tanto que o artigo 45, ao determinar que o julgamento seja feito também em função do tipo de licitação, obriga essa indicação no edital. A propósito, com exceção na modalidade de concurso, são os seguintes os tipos de licitação: de "menor preço", de "melhor técnica", de "técnica e preço" e de "maior lance ou oferta" – "nos casos de alienação de bens ou concessão de direito real de uso" *(Observação 18)*.

A esse respeito, deve-se considerar o fato de o artigo 44 determinar que a Comissão de Julgamento leve sempre em consideração, para efeito de julgamento das propostas, unicamente critérios objetivos previamente definidos no instrumento convocatório, e, mais ainda, que estejam em perfeita consonância com as normas e os princípios estabelecidos na Lei de Licitações.

Embora a lei em vigor tenha deixado de indicar os fatores que poderiam ser levados a efeito para o julgamento, a exemplo da previsão contida no artigo 36 do Decreto-Lei n. 2.300/1986 – qualidade, rendimento, preço, prazo, outros previstos no edital ou no convite –, limitando-se a preconizar a instituição de "critérios objetivos", no qual se encontra implícito o respeito às regras insculpidas na lei e aos princípios da legalidade, impessoalidade, moralidade, publicidade, eficiência, igualdade, probidade administrativa, vinculação ao edital, a verdade é que, em que pese a inexistência desses elementos, aspectos de ordem técnica serão, sem dúvida, também examinados e avaliados na licitação de "melhor técnica" ou "técnica e preço", devidamente contemplados no ato de convocação.

Para a fixação dos "critérios objetivos" deve ser deixado de lado, para preservar o respeito ao princípio da igualdade, o estabelecimento de qualquer elemento sigiloso, secreto, subjetivo ou reservado que, de uma forma ou de outra, possa afrontá-los ainda que indiretamente, impedindo, com isso, a regular competição entre os concorrentes (§ 1º do artigo 44).

Por ocasião do julgamento, o § 2º do artigo 44 proíbe que se considere "qualquer oferta de vantagem não prevista no edital ou no convite, inclusive financiamentos subsidiados ou a fundo perdido, nem preço ou vantagem baseada nas ofertas dos demais licitantes".

A questão da oferta de vantagem envolve o exame de duas situações, situadas em posições diametralmente opostas.

A primeira diz respeito à cotação de vantagem extra, de forma que a proposta contemple, além das exigências editalícias, outro oferecimento à Administração. Aqui, o licitante teria cumprido todos os requisitos previstos no edital e, independentemente deles, inclusive sem afronta a eles, culmina por oferecer "algo a mais" para o órgão licitante.

Na hipótese configurada, a Comissão deve se valer, no julgamento, exclusivamente da proposta colacionada nos termos do instrumento convocatório, afastando a vantagem oferecida.

Mas aí surge uma questão: se o licitante que ofereceu a vantagem extra foi o vencedor do certame, evidente que sem a inclusão do benefício, pode a Administração exigir o "algo a mais" ofertado, desde que conveniente, para efeito de cumprimento de contrato? A resposta parece não oferecer dificuldade, sendo certo que, de um lado, a Administração não pode exigir o cumprimento da vantagem extra ofertada, uma vez que, além de não haver sido considerada para efeito de julgamento, nem sequer se constituiu em requisito para a apresentação da proposta; também deixa de se caracterizar como responsabilidade pré-contratual, nos termos dos artigos 81 da Lei de Licitações e Contratos e 427 do Código Civil. De outro lado, nada impede, porém, que o órgão licitante solicite a satisfação da oferta, ainda que não integrante do contrato, cujo atendimento estaria sujeito à exclusiva deliberação do ofertante.

Enfrentando situação diferente, Marçal Justen Filho mostra que,

> Eventualmente, a vantagem poderá ser considerada, mesmo se não prevista de modo expresso no ato convocatório. Isso ocorrerá quando os fatores de julgamento comportarem a vantagem. Em tais situações, a vantagem não estará expressa mas, implicitamente, autorizada pelo ato convocatório. Por exemplo, o licitante que oferece determinado preço e concede "desconto" deverá ter sua proposta enfocada sob o ângulo do preço líquido. O ato convocatório não necessita prever tal situação.[26]

---

26 *Comentários...*, p.415.

A segunda situação contempla hipótese diversa e, como evidenciado por Celso Antônio Bandeira de Mello, "se a vantagem suplementar estiver entrosada na proposta de tal modo que impeça a nítida cisão entre o que pode ser objeto de julgamento e o que não deve sê-lo, por excessivo, cumpre desclassificar a proposta". Em seguida, observa que, "aí sim, a proposta estará incompatível com as condições do edital, pois tornará impossível sua aplicação nos termos estabelecidos".

No mesmo diapasão encontra-se proposta vinculada ao preço ou a vantagem constante das ofertas dos demais licitantes. Nesta circunstância, também de acordo com Celso Antônio Bandeira de Mello,

> É o que sucederia se o proponente baseasse sua proposta em proposta alheia, oferecendo tanto por cento abaixo da melhor oferta ou, mais genericamente, "o preço que for mais baixo". Em tais casos o ofertante não haverá especificado, na ocasião da propositura, o teor de sua oferta, pois seu conteúdo ficaria na dependência do sucedido com os demais.[27]

Caberá ainda à Comissão Julgadora constatar, à luz do previsto no § 3º do artigo 44, se as propostas formuladas comportam ou não aceitação, afastando aquelas que apresentem preços globais ou unitários, simbólicos, irrisórios ou até mesmo de valor zero, incompatíveis com os preços dos insumos e salários de mercado, acrescidos dos respectivos encargos. A exceção diz respeito a materiais e instalações de propriedade do próprio licitante, permitindo a lei que ele renuncie à remuneração decorrente.

A dificuldade aparece no momento de apurar a inexeqüibilidade do preço proposto. A Administração deve se apoiar em fatores concretos que venham a confirmar que o preço proposto não é executável, de forma que o cumprimento do objeto restará prejudicado, valendo-se dessa fundamentação para impor a desclassificação da proposta.

As regras delineadas no § 3º também se aplicam, por força do § 4º, todos do artigo 44, "às propostas que incluam mão-de-obra estrangeira ou importações de qualquer natureza". Como acentuado por Marçal Justen Filho,

> Na redação original do § 4º, a Lei nº 8.666 estendia a aplicação do § 3º a propostas formuladas por licitante estrangeiro. Porém, estabelecia como parâmetro de referência "os mercados nos países de origem". Ocorre, contudo, que

---

27 *Licitação*, p.65-6 e 68.

inúmeros países passaram a competir no mercado internacional com práticas inequívocas de "dumping", o que tem acarretado, inclusive, a imposição de sanções comerciais (sobretaxação etc.). Nesses casos, os preços são subsidiados direta ou indiretamente pelo governo estrangeiro. Por decorrência, o "mercado interno" do país estrangeiro não se constitui em referência confiável. Logo, a solução consagrada na Lei nº 8.883 foi desvincular a comparação dos preços ofertados pelo licitante estrangeiro do respectivo mercado, atribuindo à Administração a faculdade (e o dever) de repudiar propostas que caracterizem "dumping" segundo os critérios adequados, consagrados internacionalmente.[28]

A disposição contida no inciso VIII do artigo 40 obriga a Administração a inserir item editalício contemplando "locais, horários e códigos de acesso dos meios de comunicação à distância em que serão fornecidos elementos, informações e esclarecimentos relativos à licitação e às condições para atendimento das obrigações necessárias ao cumprimento de seu objeto".

A leitura apressada da regra, sem a devida avaliação de seu significado, pode levar ao entendimento de que sua previsão é simplesmente desnecessária, uma vez que o instrumento de convocação deve reunir todos os elementos, esclarecimentos e informações suficientes e indispensáveis, objetivando, com isso, propiciar aos participantes o devido conhecimento das regras que nortearão sua atuação e eventual contratação. Portanto, em princípio poder-se-ia concluir que, se o edital necessita de elementos e esclarecimentos, certamente estará sujeito à anulação.

Ocorre que, na prática, a situação não é bem essa. Embora a maioria dos editais observe as disposições legais pertinentes à sua elaboração, estando ainda redigidos de forma a facilitar a compreensão, a grande verdade é que também a maioria das empresas não se prepara devidamente para participar do processo licitatório, deixando de lado o assessoramento jurídico e, em muitas oportunidades, nem sequer examina atentamente o instrumento de convocação e a própria Lei de Licitações.

Independentemente dessa situação, em algumas ocasiões pode surgir a necessidade de informações outras que, por se situarem como complementares, e em que pese a legal previsão editalícia, devem ser prestadas. Aqui, uma particularidade importantíssima: os esclarecimentos ofertados deverão se situar em perfeita consonância com as regras estabelecidas no edital, ainda que colocados como complementares.

---

28 *Comentários...*, p.417-8.

Tais circunstâncias justificam a previsão em comento, de forma a propiciar as indicações correspondentes ao próprio edital, contribuindo, assim, não só para a participação de licitantes, como também para que a Administração possa receber um maior número de propostas e, em decorrência, realizar o melhor negócio.

Embora as informações complementares possam ser fornecidas pelos meios de comunicação a distância *(Observação 34)*, recomenda-se todo o cuidado ao adotar o procedimento, remetendo-se cópia a todos os licitantes e anexando-a ao próprio edital e ao processo.

De qualquer forma, aconselha-se que, em procedimentos licitatórios não rotineiros, a Administração designe dia, hora e local para que sejam prestadas todas as informações complementares aos licitantes, consignando-as em ata, devidamente assinada pelos representantes das empresas participantes e por pelo menos dois membros da Comissão Julgadora e juntando-a aos autos.

As empresas que retiraram o edital, e deixaram de comparecer à reunião, devem ser notificadas dos esclarecimentos prestados, resultando, portanto, no encaminhamento de cópia da ata. Mais ainda: embora se recomende que a referida reunião seja levada a efeito tão-somente após a expiração do prazo de validade do edital, deve-se atentar para o fato de que, se desenvolvida durante seu transcurso, a cópia da ata passará a integrá-lo, de forma que outros interessados, quando retirarem o instrumento convocatório, dela possam tomar conhecimento.

No entanto, há uma outra particularidade significativa, consistente na possibilidade de que os licitantes venham a solicitar outros esclarecimentos complementares. Nesse caso, não resta outra alternativa à Administração senão prestá-los, com o encaminhamento de cópia aos demais e, ao mesmo tempo, anexando-os ao edital.

Minha atuação em licitações públicas revelou, quase sempre em procedimentos não rotineiros, que a designação de dia, hora e local para a realização de Reunião de Esclarecimentos é altamente positiva, especialmente quando prevista para após o transcurso do prazo de validade do edital. Nessa circunstância, aqueles que tinham interesse em participar já retiraram o edital e, ato seguinte, colacionaram suas dúvidas complementares, que serão esclarecidas na oportunidade para tanto definida.

Apenas uma última colocação a respeito desse assunto: entre a data da Reunião de Esclarecimentos e o dia para a entrega dos envelopes DOCUMENTAÇÃO e PROPOSTA, deve mediar prazo que possibilite a prática do referido ato por parte dos licitantes, inclusive sem atropelos ou correrias.

Existe, ainda, outro aspecto que deve ser abordado, principalmente porque ligado aos esclarecimentos pertinentes "às condições para atendimento das obrigações necessárias ao cumprimento de seu objeto" (inciso VIII do artigo 40, parte final).

Envolve, em rigor, a licitação para obras e serviços de engenharia e a indispensável "vistoria" do local de execução. Esse é também mais um item editalício imprescindível, porque a comprovação da efetivação da "vistoria" deve ser juntada à proposta, sob pena de desclassificação. Ela somente deve ser realizada após a expiração do prazo de publicidade do procedimento, facultando-se, a partir daí, lapso de tempo razoável para a apresentação dos envelopes DOCUMENTAÇÃO e PROPOSTA.

Normalmente, estipula-se no convite ou no edital o mesmo dia para a "vistoria" e a Reunião de Esclarecimentos, devendo esta ser desenvolvida após aquela, possibilitando, com isso, a discussão de aspectos complementares a ela relacionados.

Inexiste questionamento para a definição da data da realização da **vistoria** e, menos ainda, qualquer problema para a correspondente exigência, sob pena de desclassificação da proposta apresentada, *ex vi* do disposto no artigo 30, inciso III, envolvendo o conhecimento "das condições locais para o cumprimento das obrigações objeto da licitação".

Com efeito, não pode a Administração, ainda que seja a interessada na obtenção de propostas, ficar ao alvedrio de inúmeros licitantes para a execução da "vistoria", regularmente realizada em companhia de servidores e, principalmente, de engenheiro do órgão licitante ou responsável pelo projeto, sujeitando-se aos mais diferentes marcos. Deve, sim, estabelecer, no próprio edital, a data para a "vistoria", respeitando o prazo de publicidade do edital da licitação a ser desenvolvida e evidentemente após seu transcurso, quando todos os interessados já o adquiriram ou o retiraram.

O não comparecimento do licitante à "vistoria" somente pode ser aceito pela Administração nas hipóteses de caracterização de "força maior" ou "caso fortuito", nos termos da previsão estabelecida no artigo 393 do Código Civil. Neste caso, sem dúvida, outro prazo pode e deve ser estabelecido para a "vistoria".

Embora não previsto na Lei de Licitações, o fato é que, observado o prazo mínimo de publicidade do edital, *ex vi* do disposto no § 2º do artigo 21, a estipulação da data para a realização da "vistoria" pode ser estabelecida, porque, de um lado, propicia a normatização de condutas dentro do procedimento licitatório, o que assume importância considerável para o seu próprio desenvolvimento, beneficiando licitantes e Administração; de outro, não ofende qualquer princípio licitatório, uma vez que, muito pelo contrário, pauta-se em estrita observância a cada um deles.

O respeito ao princípio da legalidade está contemplado na regra pertinente situada no edital, não como decorrência de expressa determinação legal, mas sim do conteúdo informativo desse princípio, objetivando sobretudo a devida organização do desenvolvimento do procedimento licitatório.

Se é verdade que, no âmbito do Direito Público, só se pode realizar o que a lei permite, diferentemente do Direito Privado que possibilita a prática de atos não proibidos por determinação legal, a circunstância presente não se revela contrária ao procedimento sugerido porque, muito antes de se configurar em ausência de regramento, constitui-se, isto sim, em desdobramento do princípio, portanto, regular.

Ao mesmo tempo, não se verifica qualquer outro impedimento, ainda que relacionado com os demais princípios, porquanto que, além da previsão ora em debate se situar como inerente àqueles da impessoalidade, moralidade, igualdade, publicidade, eficiência, probidade administrativa, a regra editalícia obriga o cumprimento, vinculando licitantes e Administração ao instrumento convocatório.

Com relação à obrigatoriedade de realização de "vistoria", apresentando a comprovação respectiva, regularmente fornecida pelo órgão licitante, como documento integrante da proposta, deve-se ter presente que a medida é, antes de tudo, muito mais de interesse direto daquele que vai formular a cotação do que propriamente da Administração, encontrando apoio legal, como referido anteriormente, no artigo 30, inciso III.

Efetivamente, as condições em que se encontram a área a ser objeto da obra licitada nunca são apresentadas em qualquer documento, mesmo porque despicienda tal providência, pois que serão verificadas pelo próprio licitante, já que, ao representarem um custo a ser incluído na proposta, devem ser objeto de exame para sua formulação e apresentação para cumprimento das obrigações que poderão ser formalizadas.

Ora, deixando a imposição de ordem legal de lado, somente por essa razão, plenamente justificada está a cláusula que determina o afastamento do certame daquele que nem sequer se dignou adotar providência muito mais de seu interesse, assumindo, assim, posição pouco confiável para o cumprimento contratual, evidentemente se vencedor do certame. Todo o cuidado é pouco. Deve-se recordar que é o dinheiro do povo que está sendo aplicado em benefício do próprio povo.

A regra do inciso IX do artigo 40 ("condições equivalentes de pagamento entre empresas brasileiras e estrangeiras, no caso de licitações internacionais") deve ser inserida no edital em perfeita consonância com as disposições previstas no artigo 42, assegurando, por exemplo, ao licitante brasileiro o mesmo tratamento destinado ao estrangeiro.

Assim é que, para efeito de pagamento, assegurada está a possibilidade de o licitante brasileiro apresentar cotação do preço em moeda estrangeira, quando a mesma medida for permitida ao licitante estrangeiro, sem contar ainda que o pagamento feito ao primeiro (brasileiro), embora efetuado em moeda brasileira, observará a "taxa de câmbio vigente no dia útil imediatamente anterior à data do efetivo pagamento" (§§ 1º e 2º do artigo 42).

Além disso, para efeito de comparação e julgamento de preços (§ 4º do artigo 42), por exemplo, de bens que serão licitados, oriundos do mercado interno e externo, levar-se-á em consideração, com relação a este último, a conversão das propostas em moeda estrangeira para reais, utilizando-se a taxa média da venda de câmbio apurada pelo Banco Central do Brasil, na data da abertura das propostas. Em seguida, o preço já transformado em reais será acrescido "dos gravames conseqüentes dos mesmos tributos que oneram exclusivamente os licitantes brasileiros quanto à operação final de venda".

Por sua vez, a apuração dos gravames, que serão acrescidos às propostas com preços oriundos do mercado externo, será levada a efeito com base nas propostas procedentes do mercado interno, sempre para o mesmo objeto, que deverão destacar os tributos que oneram exclusivamente o licitante brasileiro quanto à operação final de venda, indicando, para tanto, o dispositivo legal que cria a obrigação e o percentual desse encargo, já calculado e embutido no preço de venda do bem proposto.

Ainda sobre a matéria, impende observar que, na hipótese do § 5º do artigo 42, envolvendo recursos provenientes de financiamento ou de doação oriundos de agência oficial de cooperação estrangeira ou organismo financeiro de que o Brasil seja parte integrante, os órgãos ou as entidades brasileiras poderão estar sujeitos à observância de condições decorrentes de acordos, convenções ou tratados internacionais aprovados pelo Congresso Nacional, bem como de normas e procedimentos daquelas entidades, no tocante ao critério de seleção da proposta mais vantajosa para a Administração, incluindo, além do preço, outros fatores de avaliação, desde que, é óbvio, por elas exigidos.

O inciso X do artigo 40 (com a redação dada pela Lei n. 9.648/1998) trata da aceitabilidade dos preços unitário e global, diretamente relacionada com a modalidade de licitação a ser adotada, impondo-se, em decorrência, a obrigatoriedade da existência de item editalício contemplando a possibilidade de cotação de preços unitário e global, bem como a faculdade de estabelecimento de preço máximo, como examinado na *Observação 43*, mantendo a proibição de fixação de preços mínimos, critérios estatísticos ou faixas de variação em relação a preços de referência, ressalvado, também em função da alteração indicada, o disposto nos §§ 1º e 2º, inciso II, do artigo 48, que trata do critério para apuração de preço inexeqüível nas licitações de menor preço, para obras e serviços de engenharia, objetos da *Observação 44*.

A previsão contida no inciso XI do artigo 40 é decorrente de alteração do texto original da Lei n. 8.866/1993 por força da Lei n. 8.883, de 8.6.1994, estabelecendo que o "critério de reajuste, que deverá retratar a variação efetiva do custo de produção, admitida a adoção de índices específicos ou setoriais, desde a data prevista para apresentação da proposta, ou do orçamento a que essa proposta se referir, até a data do adimplemento de cada parcela".

Portanto, nos termos da previsão colacionada, o reajuste está situado entre a data da apresentação da proposta ou do orçamento a que essa proposta se referir e a data do adimplemento de cada parcela, entendida como adimplemento da obrigação, considerando-a como, consoante previsão insculpida no § 3º do artigo 40, "a prestação do serviço, a realização da obra, a entrega do bem ou de parcela deste, bem como qualquer outro evento contratual a cuja ocorrência esteja vinculada a emissão de documento de cobrança".

Assim é que o artigo 55, inciso III, preconiza como cláusula obrigatória do contrato o estabelecimento de critério quanto à periodicidade do reajuste, que, observada a exigência referente ao adimplemento da obrigação (§ 3º do artigo 40), poderia ser previsto, por exemplo, de seis meses, um ano ou até mesmo dois anos.

Ocorre porém que, com o advento do Plano Real, para efeito de reajuste de contrato, a periodicidade passou a ser anual, alcançando os contratos administrativos que, a partir de então, somente poderão sofrer reajuste desde que superado o marco temporal de 12 meses.

E tanto é assim que a Lei n. 8.880, de 27.5.1994, que "Dispõe sobre o Programa de Estabilização Econômica e o Sistema Monetário Nacional, institui a Unidade Real de Valor – URV e dá outras providências" (na qual foi convertida a Medida Provisória n. 482/1994), estabelecia no artigo 11 que: "Nos contratos celebrados em URV, a partir de 1º de março de 1994, inclusive, é permitido estipular cláusula de reajuste de valor por índice de preços ou por índice que reflita a variação ponderada dos custos dos insumos utilizados, desde que a aplicação da mesma fique suspensa pelo prazo de um ano". E seu artigo 12 determinava: "É nula de pleno direito e não surtirá nenhum efeito a estipulação de cláusula de revisão ou de reajuste de preços, nos contratos a que se refere o artigo anterior, que contrarie o disposto nesta Lei".

Posteriormente, e dentro da mesma linha, o artigo 11 da Lei n. 8.880/1994 foi revogado pela Lei n. 9.069, de 29.6.1995, que "Dispõe sobre o Plano Real, o Sistema Monetário Nacional, estabelece as regras e condições de emissão do Real e os critérios para conversão das obrigações para o Real, e dá outras providências" (na qual foi convertida a Medida Provisória n. 1.027/1995), tendo o artigo 28 disciplinado inteiramente a matéria, nos seguintes termos: "Nos contratos celebrados ou convertidos em REAL com cláusula de correção monetária por índices de preço ou por índice que reflita a variação ponderada dos custos dos insumos utilizados, a periodicidade de aplicação dessas cláusulas será anual".

Por sua vez, a Lei n. 10.192, de 14.2.2001, que também "Dispõe sobre medidas complementares ao Plano Real e dá outras providências" (na qual foi convertida a Medida Provisória n. 2.074-73/2001), tratou o assunto da seguinte forma: "Art. 3º Os contratos em que seja parte órgão ou entidade da Administração Pública direta ou indireta da União, dos Estados, do Distrito Federal e dos Municípios, serão reajustados ou corrigidos monetariamente de acordo com as disposições desta Lei, e, no que com ela não conflitarem, da Lei nº 8.666, de 21 de junho de 1993". E o § 1º determina que: "A periodicidade anual nos contratos de que trata o *caput* deste artigo será contada a partir da data limite para apresentação da proposta ou do orçamento a que a essa se referir", e o § 2º preconiza que "O Poder Executivo regulamentará o disposto neste artigo".

Nestes termos, no âmbito do Estado de São Paulo, e observadas as regras transcritas, os reajustes para os contratos de obras ou reforma de construção civil estão inteiramente disciplinados pelas disposições do Decreto n. 27.133, de 26.6.1987, alterado pelo Decreto n. 45.113, de 26.8.2000. Para efeito de reajuste de preços de contratos de limpeza, asseio e conservação predial e hospitalar, vigilância e segurança patrimonial, transporte de servidores, sob o regime fretamento contínuo, nutrição e alimentação e demais contratos de serviços, o Decreto n. 48.326, de 12.12.2003, e a Resolução CC-79, de 12.12.2003, estabelecem os comandos pertinentes, regulamentando inteiramente a matéria.

O inciso XIII do artigo 40 determina que as despesas de instalação e mobilização para execução de obras e serviços, além de ensejarem o pagamento pela Administração, observados os limites previamente estabelecidos, comportam discriminação específica.

Marçal Justen Filho mostra que

> A regra produz uma dificuldade na fase de julgamento. A relação das despesas deverá ser considerada como integrante da proposta? Ou seja, os valores estimados para essas despesas deverão ser computados para avaliar a vantajosidade da proposta? A resposta é positiva. Ainda que a Administração estabeleça limites máximos para reembolso das despesas, cada proposta deverá ser considerada em seu todo. Assim, se a diferença entre duas propostas residir na estimativa das despesas de instalação, deverá ser escolhida aquela que acarretar menor desembolso para a Administração.[29]

Também as condições de pagamento deverão integrar o edital por força do inciso XIV do artigo 40, prevendo, desde logo, que o prazo a ser estipulado para tanto, que não poderá ultrapassar trinta dias do adimplemento da obrigação, observada "a estrita ordem cronológica das datas de suas exigibilidades" – artigo 5º.

Além disso, consoante alínea "b", inciso XIV, do artigo 40, impõe-se, igualmente, o estabelecimento de cronograma de desembolso máximo por período, sempre em conformidade com as disponibilidades de recursos financeiros, e, nos termos da alínea "c", do mesmo inciso, o edital deve conter item contemplando o critério de atualização financeira dos valores pagos em desacordo com os prazos estabelecidos, o que, normalmente, tem implicado o acréscimo de juros moratórios de 0,5% ao mês, calculado *pro "rata tempore"* em relação ao atraso verificado.

A alínea "d", inciso XIV, do artigo 40, exige que sejam consignadas as compensações financeiras e as penalizações, inclusive por eventuais atrasos, envolvendo a previsão de descontos, por eventuais antecipações de pagamento (*Observações 40* e *169*), e a alínea "e" admite a exigência de seguros quando indispensável para a execução do objeto da licitação.

O inciso XV do artigo 40 diz respeito à existência de cláusula pertinente às instruções e às normas para interposição de recursos, aspecto que fica inteiramente vinculado às disposições do artigo 109.

O inciso XVI do artigo 40 trata das condições de recebimento do objeto da licitação, e qualquer previsão para a finalidade comporta a observância do artigo 73.

---

29 *Comentários...*, p.374.

O inciso XVII do artigo 40 permite que sejam incluídas outras indicações específicas ou peculiares ao próprio objeto que está sendo licitado, respeitados, evidentemente, os postulados administrativos e constitucionais que disciplinam o procedimento.

Em seguida, estão inseridas, ainda no artigo 40, outras regras pertinentes à elaboração do edital, ora preconizando que seu original, além de datado, rubricado em todas as folhas e assinado pela autoridade que o expedir, deverá ser juntado ao processo que trata da licitação, extraindo-se dele cópias integrais ou resumidas para sua divulgação e fornecimento aos interessados (§ 1º), ora estabelecendo, nos termos do § 2º, incisos I, II, II e IV, como anexos do edital, dele fazendo parte integrante, o projeto básico e/ou executivo, com todas as suas partes, os seus desenhos, especificações e outros complementos, orçamento estimado em planilhas de quantitativos e preços unitários, a minuta do contrato a ser firmado entre a Administração e o licitante vencedor *(Observações 7 e 8)*, as especificações complementares e as normas de execução pertinentes à licitação, envolvendo, inclusive, normas internas disciplinando a aplicação de sanções.

O § 3º do mesmo artigo define o adimplemento contratual, situando-o como o concreto e real cumprimento da prestação do serviço, da realização da obra, da entrega do bem ou da parcela destes, bem como qualquer outro evento contratual a cuja ocorrência esteja vinculada a emissão de documento de cobrança.

Como última disposição, o § 4º define compras para entrega imediata, considerando enquadradas nessa circunstância aquelas com prazo de entrega até trinta dias, contados da data prevista para apresentação da proposta. Fica dispensada a fixação de critério de reajuste por se tratar de contrato cuja execução se concretiza em curto espaço de tempo (vide posicionamento a respeito do inciso XI nesta *Observação*, pertinente à proibição de reajuste com base na Lei n. 8.883/1994).

Observação 31 – Exclusão de documentação

O procedimento licitatório deve ser desenvolvido nos exatos termos da legislação, resultando, portanto, no cumprimento das exigências legais fixadas, de forma a possibilitar, de um lado, a obtenção da proposta mais vantajosa para a Administração, e, de outro, a oportunidade de participação de eventuais interessados que ostentem condições jurídicas, técnicas, fiscais, econômico-financeiras e cumprimento do disposto no inciso V do artigo 27, que preconiza a observância da determinação contida no artigo 7º, inciso XXXIII, da Constituição Federal, que trata da "proibição de trabalho noturno, perigoso ou insalubre a menores de dezoito e de qualquer trabalho a menores de dezesseis anos, salvo na condição de aprendiz, a partir de quatorze anos".

Deve-se registrar, ainda, que a licitação será, obrigatoriamente, levada a efeito em conformidade com os princípios básicos da legalidade, da impessoalidade, da moralidade, da igualdade, da publicidade, da probidade administrativa, da vinculação ao instrumento convocatório, do julgamento objetivo e dos que lhe são correlatos, sem olvidar também aquele da eficiência (artigo 3º da Lei n. 8.666/1993 e artigo 37, *caput*, da Constituição Federal, com a redação dada pela Emenda Constitucional n. 19, de 4.6.1998).

As regras legais inseridas na Lei de Licitações observam como norma os postulados indicados, de ordem constitucional, transformando-os em disposições cogentes, inalteráveis pela vontade das partes e, em decorrência, de cumprimento obrigatório, tanto pela Administração como pelos licitantes.

Como se trata, portanto, de disposições de ordem pública, a Administração não pode relegá-las a um segundo plano, deixando de exigir qualquer delas para o desenvolvimento da licitação, evidente que relacionadas à modalidade e ao tipo da licitação e do objeto a ser licitado.

Assim é que a documentação contemplada para fim de habilitação nos artigos 28 a 31, especialmente quando se tratar de convite, concurso e fornecimento de bens de pronta entrega e leilão, pode ser dispensada parcialmente, em que pese a previsão do artigo 32, § 1º.

Embora a norma em referência faculte a dispensa, no todo ou em parte, para as hipóteses anteriormente elencadas, o fato é que também, nesses casos, o aludido procedimento só pode ser levado a efeito parcialmente, pois que devem ser exigidas, em função da regra contida no artigo 195, § 3º, da Constituição Federal, PROVA DA REGULARIDADE COM A SEGURIDADE SOCIAL, com a apresentação da CERTIDÃO NEGATIVA DE DÉBITO expedida pelo Instituto Nacional do Seguro Social (INSS), e, com fundamento na Lei n. 8.036/1990, artigo 47, inciso I, PROVA DE REGULARIDADE com o FUNDO DE GARANTIA DO TEMPO DE SERVIÇO (FGTS), mediante o oferecimento do CERTIFICADO DE REGULARIDADE DE SITUAÇÃO fornecido pela Caixa Econômica Federal (CEF), com prazos de validade em vigor. Também deve ser exigida declaração pertinente ao cumprimento do disposto no artigo 7º, inciso XXXI, da Constituição Federal, consoante previsão contida no artigo 27, inciso V, da Lei n. 8.666/1993, regulamentada por força do Decreto Federal n. 4.358, de 5.9.2002, envolvendo a regularidade do trabalho do menor *(Observação 182)*.

No que tange ao aspecto ora abordado, tenha-se presente que, embora os documentos aludidos não precisem ser exigidos por parte daquelas entidades que já disponham de Registro Cadastral informatizado, as quais, para esse efeito, limitam-se a comprovar a regularidade na SEGURIDADE SOCIAL e no FUNDO DE GARANTIA DO TEMPO DE SERVIÇO por meio de acesso ao sistema; o mesmo deixa de ocorrer, todavia, com aquelas outras que ainda não tenham o sistema informatizado, ficando, assim, como demonstrado na *Observação 82*, obrigadas a contemplar em seus editais ou convites a obrigatoriedade de apresentação da documentação referida, para fim e efeito de aplicação do § 1º do artigo 32.

Mas aí surgem duas indagações: 1ª) somente nestes casos poder-se-ia dispensar parcialmente a documentação?; 2ª) para as demais modalidades, todos os documentos elencados deverão ser exigidos, impreterivelmente?

Ainda que se trate de dois questionamentos, a resposta será uma só: de início, impõe-se registrar que, a título de regra geral, a Administração tem a obrigação e, por que não dizer, o dever indeclinável de zelar pelo interesse público, compreendendo a boa gestão do dinheiro do povo, competindo-lhe, dessa forma, verificar, inclusive antecipadamente, as efetivas e reais qualificações de quem com ela pretende contratar, a fim de evitar a assunção de riscos que possam, de um modo ou de outro, afetar o patrimônio público. Em seguida, impende anotar que toda essa atuação pode e deve comportar certos temperamentos que, de um lado, em decorrência da modalidade e do tipo de licitação, e, de outro, em função do objeto a ser licitado, venham evidenciar, em determinadas situações, como inexigível a apresentação de toda a documentação prevista.

Tanto que a Lei de Licitações consagra, nos artigos 28 (documentação relativa à habilitação jurídica) e 29 (documentação pertinente à regularidade fiscal), a expressão "conforme o caso", de forma a preconizar que a apresentação de toda a documentação, pertinente às exigências referidas, está diretamente relacionada à factibilidade das situações.

Nestes termos, a título de exemplo, deve-se enfatizar que as exigências pertinentes à habilitação jurídica dos licitantes têm endereço certo, fixadas nos cinco incisos do artigo 28, preconizando, assim, que devem ser exigidos, para efeito da comprovação, vinculados à qualificação de cada um deles, os seguintes documentos: pessoa física – cédula de identidade (inciso I); empresa individual – registro comercial devidamente inscrito na Junta Comercial (inciso II); sociedade comercial – ato constitutivo, estatuto ou contrato social em vigor, registrado na Junta Comercial, e, no caso de sociedade por ações, também os documentos de eleição de seus administradores (inciso III); sociedade civil – inscrição do ato constitutivo no registro civil de pessoas jurídicas, acompanhada de prova de diretoria em exercício (inciso IV); empresa ou sociedade estrangeira em funcionamento no país – decreto de autorização, bem como indicação dos responsáveis, e, quando a atividade assim o exigir, ato de registro ou autorização para funcionamento expedido pelo órgão competente (inciso V).

Em se tratando da documentação relativa à regularidade fiscal, no caso de envolvimento de pessoa física, não se vai exigir a prova de inscrição no Cadastro Nacional de Pessoa Jurídica (CNPJ), como, da mesma forma, se a participação estiver vinculada à pessoa jurídica, o instrumento convocatório certamente deixará de lado a prova de inscrição no Cadastro de Pessoas Físicas, ambas as exigências destinadas à identificação dos eventuais participantes perante o Fisco (artigo 29, inciso I). Marçal Justen Filho entende que poderá ocorrer a necessidade de inscrição em ambos os cadastros.

> É o caso da chamada "firma individual" – pessoa física que desempenha atividade empresarial, de cunho econômico. Em tal hipótese, a mera inscrição no CPF será insuficiente para evidenciar a regularidade fiscal. Se o objeto licitado envolver a atuação do sujeito como e enquanto agente econômico e unidade empresarial, deverá existir e ser comprovada a inscrição no CNPJ.[30]

A esse respeito, deve ser enfatizado que, nos termos da Instrução Normativa n. 200/2002, da Secretaria da Receita Federal, de 13.9.2002, publicada no *DOU* de 1.10.2002, a comprovação de inscrito no CNPJ e da situação cadastral, repita-se, no CNPJ será feita mediante consulta à página da Secretaria da Receita Federal (SRF) na internet, no endereço www.receita.fazenda.gov.br.

Ainda com relação à regularidade fiscal, abordando agora a previsão do inciso II do artigo 29, deve-se enfatizar que a exigência está diretamente ligada ao objeto contratual, ou, mais ainda, ao objeto a ser licitado, uma vez que essa atividade vai determinar se a inscrição será no cadastro de contribuintes estadual ou municipal.

A prova da regularidade para com a Fazenda Federal, a Fazenda Estadual e a Fazenda Municipal (inciso III) deve continuar sendo exigida, também, para

---

30 *Comentários...*, p.292.

a hipótese de utilização do Certificado de Registro Cadastral, em que pese a alteração levada a efeito do § 2º do artigo 32. Entendo que a regularidade com as Fazendas Federal, Estadual ou Municipal pode ser dispensada, em se tratando de convite, nos termos do § 1º do artigo 32.

Como já mostrado anteriormente, e na *Observação 42*, as entidades que não possuem sistema informatizado devem continuar procedendo da forma anterior à alteração, exigindo, no momento da substituição de parte da documentação pelo Certificado de Registro Cadastral, também a apresentação da prova da regularidade fiscal com as Fazendas Federal, Estadual ou Municipal, com exceção da forma, em idênticas condições com as instituições cujos cadastros já estejam informatizados. Deve-se recordar, a respeito, que a consulta ao sistema informatizado foi mantida pela nova disposição, o que equivale a dizer que, na impossibilidade de assim proceder, não resta outra alternativa senão a respectiva apresentação no momento da substituição de parte da documentação pelo aludido Certificado.

Também as indicações contempladas no inciso IV do artigo 29 não podem ser deixadas de lado, de forma que as regularidades relativas à Seguridade Social e ao Fundo de Garantia do Tempo de Serviço também farão parte integrante da documentação, mesmo nas hipóteses de substituição de documentos por meio do Certificado de Registro Cadastral ou de sua dispensa, na forma do § 1º do artigo 32 *(Observação 82)*.

Deve-se ter presente o aparecimento de duas categorias de disposições, no que diz respeito à documentação relativa à qualificação técnica (artigo 30) e à qualificação econômica e financeira (artigo 31), tendo em vista que a lei estabelece, diferentemente das previsões anteriores, que as exigências limitar-se-ão às indicações colacionadas, significando, com isso, que a sua discriminação no edital se situa dentro da amplitude indicada, não se constituindo, todavia, em exigências mínimas.

A primeira envolve exigências que deverão ser indicadas, independentemente da modalidade e do tipo de licitação, assim como do objeto a ser licitado, enquanto a segunda diz respeito tão-somente àquelas que serão colacionadas apenas em função do objeto a ser licitado.

Nestes termos, enquadram-se na primeira categoria, no que tange à qualificação técnica (artigo 30), as exigências referentes à comprovação de aptidão para desempenho de atividade pertinente e compatível em características, quantidades e prazos com o objeto da licitação (inciso II) e comprovação, fornecida pelo órgão licitante, de que recebeu os documentos necessários à participação na licitação (inciso III). Isso, sem perder de vista a vedação de exigências alusivas à comprovação de atividade com limitações de tempo ou de época ou ainda em locais específicos, ou quaisquer outras não previstas na Lei de Licitações, que inibam a participação na licitação (§ 5º do artigo 30).

Em relação às exigências para a qualificação técnica (artigo 30), agora enquadradas na segunda categoria, ou somente colacionáveis em função da natureza do objeto a ser licitado, são apontadas as seguintes: indicação das instalações, do aparelhamento e do pessoal técnico adequados e disponíveis para a realização do objeto da licitação, bem como da qualificação de cada um dos membros da equipe técnica que se responsabilizará pelos trabalhos (inciso II); comprovação, quando exigido, de que tomou conhecimento de todas as informações e das condições locais para o cumprimento das obrigações, objeto da licitação (inciso III); prova de atendimento de requisitos previstos em lei especial, quando for o caso (inciso IV); forma por meio da qual se comprova, em se tratando de obras e serviços de engenharia, a aptidão da empresa licitante, bem como a capacidade técnico-profissional de seu pessoal técnico (§ 1º); comprovação de que o licitante possui em seu quadro permanente, na data prevista para a entrega da proposta, profissional de nível superior ou outro devidamente reconhecido pela entidade competente, detentor de atestado de responsabilidade técnica por execução de obra ou serviço de características semelhantes, limitadas estas exclusivamente às parcelas de maior relevância e valor significativo do objeto da licitação, vedadas as exigências de quantidades mínimas ou prazos máximos (§ 1º, inciso I); definição das parcelas de maior relevância técnica e de valor significativo, para efeito da indicação anterior (§ 2º); comprovação da aptidão do profissional que pode ser levada a efeito por meio de certidões ou atestados de obras ou serviços similares de complexidade tecnológica e operacional equivalente ou superior (§ 3º); obrigatoriedade de esse profissional participar da obra ou serviço objeto da licitação, admitida sua substituição por profissional de experiência equivalente ou superior, desde que aprovada pela Administração (§ 10); para fornecimento de bens, a comprovação da aptidão será feita por meio de atestados fornecidos por pessoa jurídica de direito público ou privado (§ 4º); forma de atendimento das exigências mínimas relativas à instalação de canteiros, máquinas, equipamentos e pessoal técnico especializado, considerados essenciais para o cumprimento da licitação (§ 6º); obras, serviços e compras de grande vulto (§ 8º); licitação de alta complexidade técnica (§ 9º).

O artigo 31 igualmente indica inúmeros requisitos para a devida caracterização da qualificação econômico-financeira, sendo aqueles a seguir apontados exigidos independentemente da modalidade, do tipo de licitação e do objeto a ser licitado: "balanço patrimonial e demonstrações contábeis do último exercício social, já exigíveis e apresentados na forma da lei ..." (inciso I); "certidão negativa de falência ou concordata expedida pelo distribuidor da sede da pessoa jurídica, ou de execução patrimonial, expedida no domicílio da pessoa física" (inciso II).

As indicações das demais exigências estão inteiramente vinculadas ao objeto a ser licitado, notadamente em função do valor estimado para a futura contratação. Portanto, observada a compatibilidade de exigência de índices entre a capacidade financeira do licitante e os compromissos que terá que assumir se vier a ser contratado, vedada a fixação de valores mínimos de faturamento anterior, bem como índices de rentabilidade ou lucratividade (§ 1º), poderão ser colacionadas, ainda, as seguintes exigências: garantia, nas mesmas modalidades e nos mesmos critérios estabelecidos no *caput* e § 1º do artigo 56, limitada, todavia, a 1% do valor estimado da futura contratação (inciso III); exigência de capital mínimo ou de patrimônio líquido mínimo, não excedente a 10% do valor estimado da contratação, ou, ainda, garantia para participar da licitação (§§ 2º e 3º), para compras de entrega futura, obras e serviços; relação dos compromissos anteriormente assumidos pela licitante, que importem em diminuição da capacidade operativa ou absorção da disponibilidade financeira (§ 4º); comprovação da boa situação financeira da empresa de forma objetiva, por meio de cálculos de índices contábeis previstos no edital e devidamente justificados no processo que trata da licitação (§ 5º).

Existe, ainda, outra exigência que independe da modalidade de licitação e do objeto a ser licitado. Trata-se, em rigor, nos termos do artigo 27, inciso V, decorrente da Lei n. 9.854/1999, do "cumprimento do disposto no inciso XXXIII do art. 7º da Constituição Federal", que alude à "proibição de trabalho noturno, perigoso ou insalubre a menores de dezoito e de qualquer trabalho a menores de dezesseis anos, salvo na condição de aprendiz, a partir de quatorze anos" *(Observação 182)*.

Observação 32 – Obediência às regras editalícias, ainda que irrelevantes

A situação indicada verificou-se por ocasião da realização de tomada de preços para aquisição de equipamentos.

Na oportunidade, foram solicitadas, como elementos integrantes da proposta, várias exigências pertinentes aos objetos licitados, destacando-se, entre elas, três condições que se referiam à garantia dos equipamentos.

Durante a realização de reunião destinada a esclarecimentos do edital, todas as empresas presentes pediram que a Comissão de Julgamento deixasse de lado o cumprimento de duas delas, pois se apresentavam como irrelevantes.

A questão foi levada ao órgão jurídico que, em que pese a constatação da procedência da alegação, mesmo assim opinou por sua mantença, sob pena de violação do princípio da vinculação ao edital e da isonomia, ou então que se procedesse à alteração do instrumento convocatório, republicando-o.

Com efeito, qualquer cláusula ou item editalício que se situe ao arrepio da legislação ou, como no presente caso, venha a se tornar desnecessária ou irrelevante, deve, obrigatoriamente, ser objeto de impugnação, nos termos do artigo 41.

A concordância dos licitantes com as cláusulas irrelevantes praticamente acabou por vinculá-los aos termos do edital, obrigando a Administração (artigo 3º, *caput*, combinado com o artigo 41). Isso sem contar, ainda, o respeito ao princípio da isonomia (igualdade), também previsto no mesmo artigo 3º, *caput*, uma vez que, exatamente para ensejar a competição entre os eventuais interessados, qualquer alteração no instrumento convocatório exige divulgação pela mesma forma em que se deu o texto original, em especial porque afeta a própria formulação da proposta (artigo 21, § 4º).

Nestes termos, conclui-se que, ao mesmo tempo em que a mantença das regras tidas como irrelevantes assume caráter obrigatório, os licitantes deverão indicá-las ao apresentarem suas propostas, sob pena de desclassificação.

Na hipótese em questão, a autoridade competente houve por bem, corretamente, alterar o edital, adotando, para tanto, o comando estabelecido no § 4º do artigo 21.

Observação 33 – Exigência de apresentação de propostas em duas vias

Embora a maioria dos editais exija a apresentação de proposta em duas vias (aqui um pequeno registro: tomei conhecimento de editais que exigiam a apresentação da proposta em cinco vias: uma para cada membro da Comissão), o fato é que, na verdade, inexiste justificativa plausível para tanto, constituindo-se muito mais em mera conveniência para a Comissão Julgadora.

A circunstância de o licitante apresentar uma única via, em que pese a exigência do edital, certamente deixa de representar falha capaz de ensejar sua desclassificação, pois que, além de se tratar de desconformidade meramente formal, não dificulta e nem mesmo impede a Comissão Julgadora de avaliar a proposta devidamente.

A propósito, este é o entendimento doutrinário a respeito da particularidade, como enfatizado por Dora Maria de Oliveira Ramos:

> Em princípio, toda a proposta que deixar de atender às condições do instrumento convocatório é plausível de desclassificação. Não obstante, deve-se ter cautela extremada com rigorismos inúteis. Por vezes, existem exigências que são formuladas no edital/convite que não têm justificativa plausível. Exemplo flagrante dessa hipótese é a exigência de que as propostas sejam apresentadas em duas vias. Se existir uma justificativa para esse item do edital, certamente será a mera conveniência para a Administração. Parece ser de rigor absoluto e destituído de fundamento eventual desclassificação do proponente que apresentar proposta em via única.[31]

Também segundo Hely Lopes Meirelles, "A desconformidade ensejadora da desclassificação da proposta deve ser substancial e lesiva à Administração e aos outros licitantes, pois um simples lapso de redação, ou uma falha inócua na interpretação do edital, não deve propiciar a rejeição sumária da oferta".[32]

Observação 34 – Utilização de fac-símile no procedimento licitatório

O exame da particularidade demanda pequena, porém imprescindível, colocação preliminar, a fim de recordar que os documentos necessários à habilitação poderão ser apresentados em original, mediante qualquer processo de cópia autenticada por cartório competente, ou por servidor da Administração ou publicação em órgão da imprensa oficial (artigo 32, *caput*).

Assim, em que pese a referida disposição traçar regras apenas para o fornecimento dos documentos necessários à habilitação de licitantes, o fato é que, por força de item editalício, exige-se a adoção de idêntico procedimento

---

31 Desclassificação. Falhas de pequena proporção. In: *Temas polêmicos*..., p.193.
32 *Licitação e contrato*..., p.124.

também para apresentação de documentos integrantes da proposta, excluídos aqueles já impressos e que constituam indicações dos produtos comercializados.

A apresentação da documentação exigida, e das peças que passam a integrar a proposta, para fins de habilitação e de classificação, respectivamente, sem o preenchimento da exigência legal, ou seja, sem a devida autenticação, acarretará o afastamento da empresa do certame licitatório, *ex vi* do disposto no *caput* do artigo 32.

Ora, nestes termos, e dada a impossibilidade de autenticação de peças fornecidas por meio de FAC-SÍMILE, aparece aí uma primeira razão que inviabiliza a adoção desse sistema, de forma que é simplesmente inaceitável a apresentação dos documentos contidos nos envelopes DOCUMENTAÇÃO e PROPOSTA, ou até mesmo somente a PROPOSTA, em se tratando de convite com apenas um envelope, por meio desse recurso técnico.

Para os fins indicados, sua utilização afronta até mesmo o "princípio do sigilo implícito" nestas fases do procedimento licitatório, conforme se depreende do disposto no artigo 43. Todo e qualquer documento que exija sigilo não comporta apresentação por meio de FAC-SÍMILE.

Esclareça-se, porque oportuno, que o posicionamento em questão não se revela em confronto com a previsão estabelecida no artigo 40, inciso VIII, que contempla a possibilidade de utilização do FAC-SÍMILE e de outros meios de comunicação para que sejam fornecidos elementos, informações e esclarecimentos relativos à licitação e às condições para atendimento das obrigações necessárias ao cumprimento de seu objeto.

Com efeito, a prática dos atos indicados pode, ou melhor, deve ser levada a efeito de forma mais ágil, o que, inclusive, contribuiria positivamente para o desenvolvimento do procedimento, sem, contudo, afetar qualquer exigência de ordem legal ou, mais ainda, o cumprimento de formalidades.

Portanto, nada impede que a própria expedição do convite se formalize por meio de FAC-SÍMILE, desde que comprovado o respectivo recebimento, sem qualquer falha. Também a interposição de recurso pode ser aceita, uma vez que presente se encontra, ao se registrar a data da operação, a possibilidade de comprovação de sua tempestividade.

Embora legalmente não exista impedimento para utilização do FAC-SÍMILE, observadas as cautelas e os contornos indicados, recomenda-se que o sistema seja disciplinado, a fim de que a aceitação fique condicionada à apresentação de documento original ou de cópia autenticada, estabelecendo-se prazo para tanto.

A recomendação sugerida encontra suporte na própria característica da transmissão por FAC-SÍMILE, pois, como é sabido, a impressão de documentação por meio desse recurso técnico é de duração limitada; isso significa que, decorrido algum tempo, o órgão licitante ficaria sem os registros de documentos emitidos por esse processo. Em virtude desta circunstância, qualquer levantamento envolvendo processos licitatórios realizados nos anos anteriores poderia ficar irremediavelmente prejudicado, ensejando, com isto, posicionamentos que podem afetar a própria credibilidade da administração.

Levando em consideração os riscos apontados, a utilização do sistema de transmissão de dados e imagens tipo FAC-SÍMILE está regulamentada no âmbito do Poder Judiciário, pela Lei n. 9.800, de 26.5.1999, que permite sua adoção na prática de atos processuais que dependam de petição escrita, estabelecendo prazo para os originais serem entregues em juízo.

Observação 35 – Cobrança pelo fornecimento do instrumento convocatório

O estatuto licitatório faculta à Administração a cobrança de taxa para o fornecimento do instrumento convocatório, incluindo anexos, limitada, no entanto, ao efetivo custo, em função de reprodução gráfica, da documentação entregue (artigo 32, § 5º).

A questão pode surgir quando o instrumento convocatório exigir, para sua retirada, o pagamento de taxa, ainda que limitada ao efetivo custo de sua reprodução, e o eventual licitante se recusar a cumpri-la. Nesta circunstância, tem ele direito de retirá-lo, ou ainda, tem ele o direito de obter acesso ao instrumento convocatório e participar da licitação?

As respostas às indagações não oferecem dificuldade, sendo certo que a retirada do instrumento convocatório não é permitida, pois a cobrança está alicerçada em autorização legal contida no artigo 32, § 5º, transformando-se, portanto, em uma condição para tanto.

Todavia, como o conhecimento do processo licitatório está assegurado a qualquer interessado, nos termos do artigo 63, e tendo em vista que o instrumento convocatório dele faz parte (artigo 38, inciso I), e, ainda, se a pura e simples consulta *in loco* permitir a participação no procedimento, desaparece qualquer obstáculo para que ele venha a se constituir em licitante, decorrendo daí a apresentação dos envelopes exigidos. Idêntica formulação também alcança empresas que se associam para a compra do instrumento convocatório, o que permitiria a sua participação.

Como derradeira colocação a respeito, convém enfatizar que o legislador teve por intenção alcançar, ao inserir a referida previsão, dois objetivos: primeiro, que a Administração não venha a arcar com custos dos licitantes para participação no procedimento; segundo, que a Administração não obtenha lucro com o fornecimento das peças que integram o instrumento convocatório.

Observação 36 – Fornecimento de instrumento convocatório por meio de disquete e possibilidade de cobrança

Em princípio, não há qualquer problema para o fornecimento do instrumento de convocação por meio de disquete, especialmente porque, de um lado, inexiste impedimento nos termos da Lei de Licitações, e, de outro, a Administração deve acompanhar a evolução tecnológica.

Ocorre, no entanto, que cautelas devem ser tomadas pela Administração, procurando até mesmo desestimular, dado que, embora difícil, podem ocorrer tentativas de alterações em seu conteúdo por parte de licitante destituído de boa-fé, que tenha por intenção complicar e dificultar o processamento da licitação.

Como forma de equacionamento desse aspecto, o disquete a ser fornecido pela Administração seria dotado de conteúdo inviolável, impossibilitando qualquer alteração. De qualquer forma, ainda que o disquete não apresente conteúdo inviolável, qualquer alteração seria facilmente constatada, servindo-se, para tanto, do mero e simples confronto com o texto do edital existente nos autos.

Também a possibilidade de cobrança está presente, porque, na verdade, tudo não passa de fornecimento do instrumento convocatório e de seus anexos, apenas que sob a forma de disquete, e não por cópias, limitado ao real custo cumprido pela Administração (artigo 32, § 5º).

Observação 37 – Fixação de prazo para aquisição/retirada de edital

Embora existam opiniões no sentido de que, dada a inexistência de previsão legal, o órgão licitante não pode estabelecer qualquer prazo para a aquisição/retirada do edital, com todo o respeito, não compartilho desse entendimento.

Na verdade, observados os prazos mínimos de publicidade, diretamente relacionados com as modalidades e os tipos de licitação e, em se tratando, por exemplo, de concorrência, nos termos do artigo 21, § 2º, incisos I, II, III e IV, a adoção do item editalício em discussão é perfeitamente válida.

Com efeito, admitindo, por exemplo, a abertura de determinada concorrência para a execução indireta de obras, por meio de empreitada por preço global, o prazo de validade do instrumento é de trinta dias, a contar da última publicação do edital resumido, ou ainda da efetiva disponibilidade do edital e seus respectivos anexos (artigo 21, § 2º, inciso II, e § 3º). Ocorre que o órgão licitante estabeleceu, por meio de edital, que sua aquisição/retirada deveria acontecer até o último dia desse prazo, significando, assim, que, exaurido o prazo estabelecido, o ato não mais poderia ser praticado, isto é, a partir do trigésimo primeiro dia da publicidade do instrumento convocatório (já estando disponíveis o edital e os anexos), não mais seria permitida a aquisição/retirada do edital, em que pese a entrega dos envelopes ter sido fixada para o quadragésimo dia de sua divulgação.

Dessa forma, durante o transcurso do prazo de trinta dias, o licitante poderá manifestar seu interesse em adquirir/retirar o edital, exercitando ou não livremente o direito assegurado pela legislação.

A partir do decurso desse prazo, amparada em regras editalícias que se constituem em normas que disciplinam a organização do procedimento, e por isso mesmo passíveis de serem validamente consignadas, sem afronta a qualquer dispositivo da legislação, é permitido à Administração estabelecer que o ato convocatório não mais poderá ser objeto de aquisição/retirada, prevendo, a seguir, a data da entrega dos envelopes, no caso, DOCUMENTAÇÃO e PROPOSTA.

O prazo mínimo (trinta dias) previsto em lei foi respeitado, ainda que o recebimento das propostas venha a ocorrer em data posterior. Quando a lei se refere, nos termos do § 2º do artigo 21, a prazo mínimo para o recebimento das propostas, não quer com isso expressar que esse marco tenha que, obrigatoriamente, coincidir com o final do prazo para recebimento das propostas. Sua intenção é, sim, registrar que entre a publicação do edital e a apresentação dos envelopes impõe-se a existência de lapso de tempo mínimo que, na hipótese configurada, está plenamente atendido, cumprido e satisfeito.

O importante no contexto geral é que, sem qualquer resquício de dúvida, o item editalício que fixa prazo para a aquisição/retirada do edital, ao respeitar o prazo mínimo de publicidade exigido, também nem sequer pode ser considerado como cláusula condicionante de participação na licitação. Na verdade, a Administração limitou-se a cumprir postulado de ordem legal, oferecendo aos eventuais interessados oportunidade de exercitarem ou não o direito de participar do procedimento, observadas as condições fixadas, e, entre elas, o prazo mínimo de publicidade, durante o qual poder-se-ia adquirir o edital.

Observação 38 – Possibilidade de o edital de licitação contemplar a aquisição de bens móveis, com o oferecimento, a título de pagamento, de parte em dinheiro e parte pela entrega daqueles considerados inservíveis

A formulação apresentada também ensejou inúmeras consultas, notadamente no âmbito dos Seminários sobre Licitação já ministrados. Embora o procedimento possa gerar dúvida e preocupação ao agente público, inexiste na legislação qualquer impedimento, pois a medida é permitida por força da lei reguladora de licitações.

O procedimento está amparado no artigo 15, inciso III, o qual estabelece que as compras pela Administração deverão, sempre que possível, "submeter-se às condições de aquisição e pagamento semelhantes às do setor privado", envolvendo, com isso, a adoção de formas e de meios aí utilizados no âmbito da Administração, especificamente relacionados com a aquisição e o pagamento. E tanto é assim que, em rigor, a abertura da licitação somente poderá ser levada a efeito após a devida identificação dos bens que serão incluídos como parte do pagamento, envolvendo a sua descrição completa, o reconhecimento de que são inservíveis, acompanhada da competente avaliação.

Observados os parâmetros indicados, indispensáveis para que os licitantes possam apresentar suas propostas em igualdade de condições, ao elaborar o edital deve a Administração especificar os bens que serão adquiridos e, ao mesmo tempo, estabelecer que a entrega daqueles bens inservíveis corresponderá como parte do pagamento.

Deve-se atentar, ainda, que se trata unicamente de aquisição de bens móveis, sem qualquer relação com a alienação. Na hipótese consignada, os bens considerados inservíveis poderão ser utilizados como parte do pagamento da aquisição a ser levada a efeito.

Finalmente, como pressuposto para efetivação da medida, impõe-se à Administração verificar a existência ou não de qualquer proibição decorrente da legislação vigente no âmbito de sua esfera de governo.

Observação 39 – Possibilidade de pedido de amostras, sem qualquer previsão no instrumento convocatório

A Administração não pode, e muito menos deve, pedir a apresentação de amostras de forma aleatória, sem que efetivamente exista necessidade de tal exigência.

Normalmente, pede-se amostras para bens/objetos/produtos não conhecidos, pouco utilizados, porém, muitas vezes também para aqueles de uso rotineiro, como, por exemplo, os bens de consumo (caneta, papel, envelopes etc.), constituindo-se muito mais em determinação que busca conferir as especificações previstas no instrumento convocatório com aquelas cotadas nas propostas apresentadas.

Em que pese a apresentação de amostras se situar nesse diapasão, ocorre, porém, que muitas vezes o pedido se formaliza em patamar completamente diverso. É o caso específico da aquisição de um "todo" a ser montado com aquelas peças solicitadas como amostras, a título de *kit*. Ora, a entrega das peças que não se prestam à utilização individual quando dissociadas do conjunto ao qual elas darão origem, pois serão utilizadas para a formação do próprio objeto licitado, não traz qualquer benefício à Administração.

Admite-se, todavia, apenas para argumentar, que, se a Administração eventualmente provar a necessidade da verificação das referidas peças, diretamente relacionadas com o objeto a ser construído, desde que ditada por razões técnicas, poder-se-á, então, permitir o estabelecimento do correspondente item editalício.

A propósito, é muito interessante a fixação de prazo para que as amostras sejam retiradas, evitando, com isso, a caracterização de qualquer responsabilidade administrativa e, mais ainda, que, ao exigirem espaço para a guarda, se transformem em entulhos, criando dificuldades e problemas para a Administração.

Embora a previsão de apresentação de amostras deva se constituir em item integrante do convite ou edital, com a fixação dos prazos de sua entrega e devolução, inclusive com a estipulação da responsabilidade pelas despesas decorrentes, que são invariavelmente atribuídas ao licitante, nada impede que, em caso de necessidade, e mesmo inexistindo qualquer cláusula editalícia a respeito, a Administração venha solicitar amostra do objeto cotado.

A pretensão somente agora evidenciada pela Administração constitui-se, no contexto do processo licitatório, em uma diligência que, à luz do § 3º do artigo 43, destina-se a esclarecer e a contribuir para o julgamento da licitação, sem que tal solicitação se configure em informação que deveria acompanhar originariamente a proposta. Em rigor, a questão proposta pode até mesmo ser equacionada com a verificação do objeto licitado na própria empresa, por meio de diligência, para a comprovação *in loco* do cumprimento dos requisitos fixados.

De qualquer forma, embora o exame da viabilidade do cumprimento da exigência administrativa já tenha sido objeto de verificação anterior, tanto que resultou na abertura da licitação e da indicação do correspondente objeto, recomenda-se que a exigência de amostras seja devidamente disciplinada no convite ou edital, incluindo-a na fase de julgamento das propostas, em se tratando de licitação com base no "menor preço", e, por ocasião do julgamento técnico, quando envolver o tipo de "melhor técnica" ou de "técnica e preço"; nunca na fase de habilitação dos proponentes, sob pena de reduzir ilegalmente o número de competidores.

Observação 40 – Possibilidade ou não de previsão editalícia, contemplando o pagamento anterior ao adimplemento da obrigação contratual

O assunto em questão enseja inúmeras discussões. De um lado, aparece o entendimento segundo o qual a Administração somente pode efetuar o pagamento na medida em que haja a satisfação plena e integral daquilo que foi objeto de tratativa entre as partes. De outro, surge posicionamento diametralmente oposto, no sentido de que a previsão contratual referida é válida, isto é, o pagamento pode ser concretizado antes da conclusão contratual, evidentemente que condicionado à natureza do objeto a ser contratado e ao oferecimento de garantias, por parte da contratada, para eliminar a eventualidade de prejuízos à Administração.

Aqueles que defendem a primeira linha de sustentação preconizam, com fundamento nos artigos 62 e 63 da Lei Federal n. 4.320, de 17.3.1964, que "Estatui Normas Gerais de Direito Financeiro para elaboração e controle dos orçamentos e balanços da União, dos Estados, dos Municípios e do Distrito Federal", que o pagamento de qualquer despesa somente pode ocorrer depois de sua liquidação (artigo 62), e que esta vai se verificar apenas no momento do cumprimento contratual decorrente, ou, como dispõe o § 2º do artigo 63: "A liquidação da despesa por fornecimentos feitos ou serviços prestados terá por base: I – o contrato, ajuste ou acordo respectivo; II – a nota de empenho; III – os comprovantes da entrega do material ou da prestação efetiva do serviço".

Por sua vez, os defensores da outra linha de posicionamento argumentam que, na verdade, a Lei n. 4.320/1964 não contempla proibição para pagamento adiantado, recomendando, todavia, que a Administração estabeleça garantias suficientes para o cumprimento da obrigação contratada, em função da qual o adiantamento acabou sendo levado a efeito. Tanto que o Decreto Federal n. 93.872, de 23.12.1986, que "Dispõe sobre a unificação dos recursos de caixa do Tesouro Nacional, atualiza e consolida a legislação pertinente e dá outras providências", ao não permitir o pagamento antecipado de fornecimento de material, execução de obra, ou prestação de serviço, inclusive de utilidade pública, admite, porém, nos termos do artigo 38, o pagamento de parcela contratual na vigência do respectivo contrato, desde que previsto no edital ou nos instrumentos formais de adjudicação direta, com a adoção das indispensáveis cautelas ou garantias.

No que tange à Lei n. 8.666/1993, embora estabeleça, como regra geral, que somente o cumprimento da obrigação gera o direito ao recebimento (§ 3º, artigo 40), na verdade ela também abre uma exceção, permitindo "eventuais antecipações de pagamentos" (artigo 40, inciso XIV, alínea "d"), evidente que condicionadas às previsões editalícias e contratuais que assegurem garantias para o ressarcimento do erário, na hipótese de eventual inadimplência do contratado.

A propósito, considero imperioso registrar, a respeito dessa particularidade, que o § 1º do artigo 55 foi objeto de veto, por contemplar o pagamento antecipado para contratos de obras.

Renato Geraldo Mendes equaciona de vez a particularidade, trazendo à colação o seguinte entendimento do Tribunal de Contas da União: "O pagamento antecipado, parcial ou total, pode ser admitido em situações excepcionais, desde que haja previsão no ato convocatório e devidamente justificadas pela Administração, tendo sempre em consideração as peculiaridades de cada caso e as indispensáveis garantias". Continuando, sustenta que "Somente em situações restritíssimas pode ser justificado o pagamento antecipado, tal como ocorre em contratos padronizados pelo mercado para todo e qualquer interessado, como no caso de assinatura de veículos de comunicação" (Acórdão n. 152/98 – TCU, *DOU* de 12.5.1998, p.153).

O mesmo autor também faz alusão à decisão do Tribunal de Contas da União, conforme Processo n. 004.860/95-0, *DOU* de 22.4.1998, p.124, no sentido de que "se evite a pactuação de pagamento de qualquer parcela contratual antes do efetivo início da execução dos serviços, a não ser quando imperioso esse adiantamento à prestação dos serviços, sendo, contudo, oferecida garantia por parte do contratado nos termos do art. 56, *caput*, e § 3º desta lei".[33]

Agora, sob o prisma doutrinário, deve-se registrar que Marçal Justen Filho é de opinião favorável ao pagamento antecipado, condicionando-o, todavia, à existência de dois requisitos:

> Primeiramente, só poderá ocorrer quando previsto no ato convocatório. Desse modo, amplia-se o universo de competidores, especialmente aqueles que não disporiam de recurso para custear a prestação. Todos competidores terão reduzidos seus custos e, desse modo, a Administração será beneficiada. Porém, a Administração não poderá sofrer qualquer risco de prejuízo. Por isso, o pagamento antecipado deverá ser condicionado à prestação de garantias efetivas e idôneas destinadas a evitar prejuízos à Administração".[34]

De qualquer forma, porém, e à vista dos posicionamentos registrados, deve-se ter presente que, como linha de conduta, o pagamento antecipado será obrigatoriamente afastado, ou melhor, é proibida a antecipação de qualquer pagamento ao contratado. Sua ocorrência está invariavelmente condicionada à previsão no edital, sempre em caráter excepcional, envolvendo o exame das seguintes circunstâncias: comprovação de que essa alternativa se situa como única capaz de permitir o cumprimento do objeto que a Administração pretende desenvolver, notadamente em função de sua natureza especial; fixação de garantias idôneas que venham impedir prejuízos ao erário público; demonstração de que o procedimento também trará possível economia de recursos públicos.

Observação 41 – Compras de bens de natureza divisível.
Cotação de quantidade mínima à demandada na licitação.
Faculdade da administração ou direito do licitante.
Forma de classificação das propostas

A partir da vigência da Lei n. 9.648/1998, o instrumento convocatório tem possibilidade de ensejar a cotação, ao lado da quantidade máxima do objeto licitado, também da quantidade mínima estabelecida, nos termos do § 7º do artigo 23, combinado com o § 6º do artigo 45, por ela introduzidos.

---

33 *Lei de licitações...*, p.102, notas 665 e 666.
34 *Comentários...*, p.477.

O § 7º do artigo 23 cuida de inovação ao regime jurídico das licitações, permitindo que os licitantes possam oferecer, em suas propostas, quantidades inferiores de bens de natureza divisível à demandada na licitação, implicando, também, nos termos do § 6º do artigo 45, a seleção de tantas propostas quantas forem necessárias até que se atinja a quantidade demandada na licitação.

A previsão agora estabelecida era expressamente proibida na redação anterior, ou, mais ainda, na redação original da Lei n. 8.666/1993, alterada pela Lei n. 8.883/1994 (nunca houve permissão em quaisquer das legislações), porque a cotação de quantidade inferior à exigida no edital ou convite implicava a desclassificação da proposta, consoante regra insculpida no artigo 48, inciso I.

O § 7º do artigo 23 tem a seguinte redação:

> Na compra de bens de natureza divisível e desde que não haja prejuízo para o conjunto ou complexo, é permitida a cotação de quantidade inferior à demandada na licitação, com vistas a ampliação da competitividade, podendo o edital fixar quantitativo mínimo para preservar a economia de escala.

O § 6º do artigo 45 assim dispõe: "Na hipótese prevista no art. 23, § 7º, serão selecionadas tantas propostas quantas necessárias até que se atinja a quantidade demandada na licitação".

Consoante as disposições colacionadas para a caracterização da hipótese delineada, observados os fundamentos básicos (ampliação da competitividade e preservação da economia de escala), invariavelmente deverão estar presentes os seguintes requisitos: a) compras de bens de natureza divisível; b) inexistência de prejuízo para o conjunto ou complexo.

No que tange à natureza do bem, impõe-se considerar que ele pode ser divisível ou indivisível.

De Plácido e Silva assim os define: *bens divisíveis* – "Consideram-se divisíveis todos os bens que possam, praticamente, ser divididos em várias porções, formando cada uma delas um objeto homogêneo e análogo, não somente em relação a cada porção em que se dividiu, como também ao próprio todo"; *bens indivisíveis* – "Consideram-se bens indivisíveis aqueles que não se podem dividir ou partir, sem que ocorra alteração na sua substância, ou aqueles que, embora naturalmente divisíveis, se consideram indivisíveis, por lei ou vontade das partes".[35]

---

35 *Vocabulário jurídico*, p.241-5.

Portanto, além de divisível, o bem a ser adquirido não pode trazer prejuízo ao conjunto ou complexo do objeto licitado, o que significa dizer, em outras palavras, que, ainda que materialmente divisível, também não poderá afetar as razões técnicas que determinarão a aquisição, mantendo, assim, a integralidade que o objeto a ser licitado traz em si mesmo.

Afora isso, como ensina Antônio Carlos Cintra do Amaral,

> A adoção desse esquema pressupõe, ainda, que os bens sejam de qualidade e características homogêneas – e não apenas divisíveis. Isso porque a finalidade das novas normas legais é, declaradamente, ampliar a competitividade. Não se pode falar em competitividade se os bens não são equivalentes. Em outras palavras: não se pode comparar preços relativos a bens de qualidade e características desiguais.[36]

Definidas, portanto, as particularidades que, em rigor, devem estar presentes para justificar a adoção da previsão, as regras apontadas a seguir procuram proporcionar a ampliação da competição, possibilitando a disputa entre empresas de vários portes. Com isso, é claro que preenchidos os requisitos anteriormente colacionados, ao se exigir a fixação de quantidade mínima, evitar-se-á a obrigatoriedade de cotação integral do objeto, o que, ao mesmo tempo, pode ensejar a participação de grandes, médios e até mesmo pequenos fornecedores.

Para a formalização da hipótese, de acordo com o próprio § 7º do artigo 23, a Administração poderá estabelecer as quantidades mínimas e máximas do objeto a ser licitado, ou mais propriamente, da compra a ser realizada, de forma que o licitante, impossibilitado de atender à integralidade do objeto, possa fornecer a parte mínima prevista, desde que preenchidos os requisitos previamente colacionados.

Segundo as próprias regras do § 7º, a fixação da quantidade mínima objetiva ampliar a competição e assegurar a economia de escala.

Outro aspecto a ser examinado diz respeito à possibilidade ou não de aplicação da previsão relativa às licitações dos "tipos técnica e preço" e "melhor técnica".

Afasta-se, de início, a aplicabilidade do § 7º para licitação de melhor técnica, porquanto envolve fornecimento de bens majoritariamente dependen-

---

36 Principais alterações da Lei 8.666/93 – Lei 9.648, de 27.5.1998. In: *Licitações e contratos administrativos* – Temas atuais e controvertidos, p.75.

tes de tecnologia nitidamente sofisticada e de domínio restrito (artigo 46, § 3º). No entanto, no que diz respeito ao tipo "técnica e preço", para aquisição de bens de informática (artigo 45, § 3º), e inexistindo prejuízo ao conjunto ou complexo, a previsão poderá integrar o respectivo edital.

Estabelecidos, portanto, as características e os elementos conjunturais da norma em exame, verifica-se, agora, o aspecto fundamental de toda a questão: a disposição deve ser aplicada invariavelmente, atingindo todas as compras de bens divisíveis, de qualidades e características homogêneas, e desde que não ocorra prejuízo ao conjunto ou complexo, ou sua previsão editalícia estará invariavelmente condicionada à faculdade da Administração?

A resposta à questão proposta enseja debates e posicionamentos diametralmente opostos.

De um lado, aparece o entendimento de que o § 7º do artigo 23 contempla a possibilidade de a Administração adotar a inovação proposta, facultando-lhe o estabelecimento ou não da quantidade mínima, exatamente porque o referido parágrafo, em sua parte final, assim dispõe: "... podendo o edital fixar quantitativo mínimo para preservar a economia de escala". O termo *podendo* procura mostrar que a previsão respectiva é, antes de tudo, uma faculdade atribuída à Administração, não assumindo, assim, o caráter de imposição, de obrigatoriedade.

De outro lado, e tendo como fundamento o § 7º do artigo 23, entende-se que o legislador estabeleceu um direito e, nunca, uma faculdade para a Administração, ao determinar que "é permitida a cotação de quantidade inferior à demandada na licitação". Mais ainda, que a faculdade contida no dispositivo em comento – "podendo o edital fixar quantitativo mínimo para preservar a economia de escala" – estaria restrita tão-somente ao aspecto alusivo à economia de escala. Prevalece, assim, o direito do licitante – "é permitida a cotação de quantidade inferior à demandada na licitação" – de apresentar proposta envolvendo quantidade mínima, sempre que a economia de escala possa ser preservada.

Embora o assunto seja controvertido, tanto que ensejando manifestações radicalmente opostas, filio-me à segunda corrente, entendendo que a permissão assegurada ao licitante nada mais é do que um direito garantido a ele, de forma que a opção à Administração está invariavelmente vinculada à verificação ou não da ocorrência de economia de escala. Estando presente essa particularidade, a Administração tem a obrigação de inserir no instrumento convocatório a previsão correspondente à quantidade mínima que pode ser cotada.

Sobre o assunto, Renato Geraldo Mendes entende que

> A leitura atenta do enunciado no § 7º revela uma clara intenção do legislador. Entre a ampliação da competitividade e a preservação da economia de escala, a opção é pela primeira alternativa. Essa conclusão é sacada da enunciação: "podendo o edital fixar quantitativo mínimo para preservar a economia de escala". Há, pois, nesse particular, faculdade. A ampliação da competitividade não é faculdade, é dever.[37]

De qualquer forma, porém, recomenda-se que a decisão de estabelecer ou não quantidade mínima seja devidamente justificada no processo de licitação, anteriormente à publicação do edital ou à expedição do convite. Em conseqüência, impõe-se a justificativa técnica das razões da previsão ou não, facultando o acesso a qualquer cidadão, incluindo, obviamente, o licitante.

Alerto para o fato de que a não previsão (quando preenchidos os requisitos) e a ausência de justificativa (quando não preenchidos os requisitos) poderão ensejar, na área administrativa, a impugnação ao edital (artigo 41) e representação ao Tribunal de Contas (artigo 113, § 1º). No campo judicial, presente se encontra, além de outras medidas, a impetração de Mandado de Segurança.

Concretizadas, portanto, as condições para a previsão de quantidade inferior àquela demandada na licitação, impõe-se estabelecer, no momento da ocorrência, a forma de julgamento das propostas apresentadas, esclarecendo, desde logo, que o referido ato será processado de acordo com o tipo de licitação adotado.

O que importa considerar é, na verdade, a ordem de classificação das propostas, uma vez que, certamente, existirão inúmeros vencedores para o mesmo objeto da licitação.

Deve-se recordar, a propósito, que o § 6º do artigo 45 determina que "serão selecionadas tantas propostas quantas necessárias até que se atinja a quantidade demandada na licitação".

Surge, assim, uma questão: como classificar as propostas?

Para cumprir o comando legal e, em conseqüência, atingir o desiderato, servindo-se da orientação de Renato Geraldo Mendes,[38] a Comissão de Julgamento deve examinar, após a abertura dos envelopes, as propostas apre-

---

37 *O novo regime jurídico...* p.64-5.
38 *O novo regime ...*, p.69-70.

sentadas e, ao mesmo tempo, verificar suas adequações às previsões editalícias, com o envolvimento dos aspectos materiais e formais, bem como o exame da compatibilidade dos preços cotados com aqueles de mercado ou com o fixado. Aqui um parêntese para registrar que o inciso X do artigo 40, com a redação dada pela Lei n. 9.648/1998, contempla a possibilidade de fixação de preço máximo). Assim, serão classificadas as propostas que atenderam a todas as exigências editalícias e desclassificadas as que deixaram de satisfazer aos seguintes requisitos do edital, incluindo cotação de preços superiores ao fixado ou, inexistindo esse, apresentaram preços incompatíveis com os de mercado.

Em seguida, e considerando que as propostas desclassificadas estão afastadas do procedimento, cabe à Comissão estabelecer a ordem daquelas que foram classificadas, em função dos preços propostos, a começar do menor para o maior (artigo 45, § 3º), para efeito da definição da quantidade cotada em relação à quantidade demandada pela licitação (artigo 45, § 6º).

Com base na ordem crescente dos preços apresentados, ou seja, do menor para o maior, evidente que partindo do preço unitário, a Comissão deve verificar a quantidade cotada pelo licitante que ofereceu o menor preço. Se o referido licitante cotou a quantidade demandada pela licitação, o procedimento estará terminado. Em seguida, lavra-se a ata de julgamento e classificação final, que, além de conter todas as ocorrências que se verificaram, deverá consignar também a classificação dos licitantes, de acordo com o preço proposto e a quantidade oferecida. Como atos decorrentes, procede-se à homologação da licitação e à adjudicação dos bens licitados.

Na hipótese de a quantidade oferecida pelo licitante que apresentou o menor preço não atingir aquela demandada na licitação, cumpre à Comissão examinar, de imediato, a proposta que cotou o segundo menor preço. Nestes termos, deve ser verificada a quantidade ofertada pelo licitante que cotou o segundo menor preço. Se a soma desta com aquela que cotou o primeiro menor preço completar a quantidade licitada, o procedimento chegará ao fim (seguem-se as mesmas providências para efeito da elaboração da ata de julgamento e classificação final, impondo-se, como decorrência, os atos de homologação e adjudicação). Se a quantidade proposta pelo segundo menor preço não atingir a quantidade licitada, a Comissão repetirá o mesmo procedimento para o licitante que cotou o terceiro menor preço, e assim por diante, até que se complete a quantidade demandada.

Outro aspecto a ser considerado, para efeito da previsão do § 7º do artigo 23, diz respeito à habilitação do licitante que se dispuser a cotar a quantidade mínima prevista no edital. Ao formular proposta parcial, é evidente que a qualificação somente pode corresponder à quantidade cotada, e não à totalidade da compra a ser efetuada.

É conveniente, como ensina Marçal Justen Filho, que o licitante já apresente no ENVELOPE DOCUMENTAÇÃO a quantidade que pretende cotar, comprovando a habilitação, isto é, qualificação técnica e qualificação econômico-financeira, na exata dimensão de sua proposta em relação ao objeto demandado. Para tanto, deverá a Administração, no momento da adoção do § 7º, fixar os requisitos necessários à habilitação, já indicados, diretamente vinculados também à quantidade mínima prevista.[39]

No que tange às previsões editalícias correspondentes, a consulta à minuta do edital do gênero, integrante deste livro, certamente atenderá à particularidade, destacando, apenas a título de recomendação significativa, que, por ocasião da elaboração do item referente à apresentação da proposta, deverá ser exigida a cotação do valor unitário e total dos bens propostos, sem o que ficará inviabilizado o cumprimento da inovação.

Observação 42 – Registro cadastral informatizado

Também o § 2º do artigo 32 sofreu modificação por força da Lei n. 9.648/1998. Anteriormente à publicação da referida lei, a redação original do parágrafo preconizava a possibilidade de o Certificado de Registro Cadastral (CRC) substituir os documentos enumerados nos artigos 28 e 29, excluindo aqueles tratados nos incisos III e IV do artigo 29, obrigada a parte a declarar, sob as penalidades cabíveis, a superveniência ou não de fato impeditivo da habilitação, e apresentar o restante da documentação prevista nos artigos 30 e 31 da Lei de Licitações.

A nova redação é a seguinte:

O Certificado de Registro Cadastral a que se refere o § 1º, do art. 36, substitui os documentos enumerados nos arts. 28 a 31, quanto às informações disponibilizadas em sistema informatizado de consulta direta indicado no edital, obrigando-se a parte a declarar, sob as penalidades legais, a superveniência de fato impeditivo da habilitação.

A disposição retroindicada destina-se àquelas entidades que disponham de Registro Cadastral informatizado, não mais exigindo a apresentação de

---

39 *Comentários...*, p.201.

qualquer documentação disponível no sistema, a exemplo do que acontece com o Governo Federal, que instituiu o Sistema de Cadastramento Unificado da Administração Federal (Sicaf).

Se as informações pertinentes ao Registro Cadastral já constam do sistema, e podem, em decorrência, ser utilizadas pela Administração, não há por que falar-se em exigir a demonstração de documentos que já são de seu inteiro conhecimento. Somente as informações ainda não disponíveis no sistema serão exigidas no envelope DOCUMENTAÇÃO, constando do edital a especificação correspondente.

E aqueles órgãos que não disponham de sistema informatizado, como deverão proceder? A alteração levada a efeito proíbe a exigência da documentação, até então prevista nos editais, por força da antiga redação do § 2º do artigo 32?

Para responder às indagações propostas, deve ser considerado que, em que pese a alteração do § 2º do artigo 32, e à vista da existência de órgãos que ainda não dispõem de Registro Cadastral informatizado, portanto, sem condições para se valer da nova disciplinação, o legislador houve por bem manter o § 3º, também do artigo 32, ensejando, com isso, na hipótese de cadastro não informatizado, a substituição ou não da documentação pertinente à habilitação por Certificado de Registro Cadastral emitido por órgão ou entidade pública, "desde que previsto no edital, e o registro tenha sido feito em obediência ao disposto nesta Lei".

Nestes termos, a situação praticamente permanece a mesma, uma vez assegurada a utilização facultativa do Certificado de Registro Cadastral para substituição da documentação prevista nos artigos 28 a 31, incluindo aquela decorrente da Lei n. 9.854/1999, prevista no artigo 27, inciso V, nos termos do § 3º do artigo 32, e tendo em vista que foi mantida expressamente a obrigatoriedade da declaração de superveniência ou não de fato impeditivo da habilitação, por força da nova redação do § 2º, do mesmo artigo. Anteriormente, eram exigidos, nos termos da redação anterior do § 2º do artigo 32, juntamente com o Certificado de Registro Cadastral, a comprovação da regularidade fiscal com as Fazendas Federal, Estadual e Municipal, a Seguridade Social e o Fundo de Garantia do Tempo de Serviço (incisos III e IV do artigo 29), qualificações técnica e econômico-financeira (artigos 30 e 31), obrigada a parte a declarar, sob as penalidades cabíveis, a superveniência ou não de fato impeditivo da habilitação; sem contar, ainda, o cumprimento do disposto no artigo 7º, inciso XXXIII, da Constituição Federal, por força da Lei Federal n. 9.854/1999.

Portanto, de acordo com a nova redação do § 2º do artigo 32, as entidades administrativas que disponham de Registro Cadastral informatizado deverão, além de exigir as declarações de superveniência ou não de fato impeditivo da habilitação e de cumprimento do disposto no artigo 7º, inciso XXXIII, da Constituição Federal, em vez de contemplarem a apresentação da documentação prevista no instrumento convocatório, consultar o sistema informatizado, para verificação da satisfação das exigências retroindicadas. Por sua vez, consoante previsão do § 3º, também do artigo 32, encontra-se assegurada a possibilidade de aqueles órgãos, que ainda não possuem a documentação disponibilizada no sistema informatizado, preconizarem em seus editais, em igualdade de condições, porém de forma diversa, os documentos referidos, exigindo-os, assim, juntamente com o Certificado de Registro Cadastral.

A esse respeito, Renato Geraldo Mendes mostra que

> os órgãos e entidades que não possuem sistema informatizado deverão continuar procedendo como fizeram até aqui. Ou seja, nesse particular, não há nenhuma mudança a ser reconhecida. A mudança atinge apenas os que dispõem de sistema informatizado. Os que possuem registro cadastral não-informatizado podem, nos termos de seus editais, aceitar que o licitante apresente o certificado de registro cadastral em vigor, determinando apenas que seja apresentada a prova de regularidade fiscal, bem como os documentos necessários à demonstração de capacidade técnica e econômico-financeira.[40]

Dessa forma, as regras editalícias são as mesmas, não comportando qualquer alteração, para efeito da nova redação do § 2º do artigo 32, continuando exigíveis por força do § 3º do mesmo artigo, juntamente com o Certificado de Registro Cadastral, a comprovação da regularidade fiscal com as Fazendas Federal, Estadual e Municipal, a Seguridade Social e o Fundo de Garantia do Tempo de Serviço (incisos III e IV do artigo 29), qualificações técnica e econômico-financeira (artigos 30 e 31), e a obrigatoriedade de a parte (licitante) declarar, sob as penalidades cabíveis, a superveniência ou não de fato impeditivo da habilitação (§ 2º do artigo 32), com o envolvimento agora, em função da exigência prevista no artigo 27, inciso V, do "cumprimento do disposto no inciso XXXIII do art. 7º da Constituição Federal", como decorrência da Lei n. 9.854/1999.

---

40 *O novo regime jurídico...*, p.75-6.

Observação 43 – Previsão de preços máximos

Também o inciso X do artigo 40 foi alterado pela Lei n. 9.648/1998, consoante enunciado a seguir indicado: "o critério de aceitabilidade dos preços unitário e global, conforme o caso, permitida a fixação de preços máximos e vedados a fixação de preços mínimos, critérios estatísticos ou faixas de variação em relação a preços de referência, ressalvado o disposto nos parágrafos 1º e 2º, do art. 48".

A citada alteração consagra expressamente a faculdade (não a obrigatoriedade) de fixação de preço máximo, embora a referida previsão já pudesse ser formalizada anteriormente à nova lei, uma vez que sua inclusão em edital poderia fundamentar-se no texto do artigo 48, inciso II, que, ao disciplinar a desclassificação, contempla a ocorrência para as propostas com valor global superior ao limite estabelecido.

O grande problema para a fixação do preço máximo está, invariavelmente, vinculado a cuidadosa e criteriosa pesquisa de mercado que deverá ser a mais abrangente possível, não se limitando jamais a um mercado restrito.

A fixação de preço máximo, sem as devidas cautelas, pode resultar no insucesso da licitação. Efetivamente, se a previsão correspondente for superior àquela do mercado, praticamente ensejará a apresentação de propostas elevadas, obrigando a administração a arcar com recursos além dos devidos. A situação inversa também pode ocorrer, na medida em que o preço fixado for inferior àquele de mercado, o que, certamente, determinará a inexistência de participantes.

De qualquer forma, porém, estabelecido o preço máximo no instrumento convocatório, a proposta com valor superior àquele previsto será automaticamente objeto de desclassificação.[41]

Observação 44 – Licitação de menor preço para obras e serviços de engenharia. Cálculo de exeqüibilidade e inexeqüibilidade. Necessidade ou não de garantia adicional. Cálculo de garantia adicional, se devida

Agora serão objeto de exame os §§ 1º e 2º, inciso II, do artigo 48, aplicáveis exclusivamente "no caso de licitações de menor preço para obras e serviços de engenharia".

---

41 MENDES, Renato Geraldo, *O novo regime jurídico*, p.77-8.

Os textos estão assim redigidos, *in verbis*:

§ 1º Para os efeitos do disposto no inciso II deste artigo, consideram-se manifestamente inexeqüíveis, no caso de licitações de menor preço para obras e serviços de engenharia, as propostas cujos valores sejam inferiores a 70% (setenta por cento) do menor dos seguintes valores:

a) média aritmética dos valores das propostas superiores a 50% (cinqüenta por cento) do valor orçado pela administração, ou

b) valor orçado pela administração.

§ 2º Dos licitantes classificados na forma do parágrafo anterior cujo valor global da proposta for inferior a 80% (oitenta por cento) do menor valor a que se referem as alíneas "a" e "b", será exigida, para a assinatura do contrato, prestação de garantia adicional, dentre as modalidades previstas no parágrafo 1º do art. 56, igual a diferença entre o valor resultante do parágrafo anterior e o valor da correspondente proposta.

Após exame das disposições legais registradas, e servindo-se dos ensinamentos de Renato Geraldo Mendes,[42] percebe-se que foi fixado critério para apuração de preço inexeqüível nas licitações de menor preço, para obras e serviços de engenharia, envolvendo, para sua regular incidência, a observância dos requisitos colacionados nas disposições legais transcritas e, em decorrência, a apuração de seus elementos integrantes que, também nos termos das previsões apontadas, compreendem a definição do CÁLCULO DE EXEQÜIBILIDADE/INEXEQÜIBILIDADE, da NECESSIDADE OU NÃO DE GARANTIA ADICIONAL e do CÁLCULO DE GARANTIA ADICIONAL, SE DEVIDA.

Como se constata, são três os requisitos para a aplicação do referido critério: 1) a licitação terá como objeto obra e serviço de engenharia; 2) a licitação deve ser do tipo "menor preço"; 3) deve existir a previsão de valor orçado pela Administração que, sem a correspondente indicação, não se constitui em limite para a desclassificação de propostas com preços superiores àquele orçado. Será a junção desses três requisitos que propiciará a adoção do critério previsto.

Assim é que, para a definição dos aspectos indicados e, em conseqüência, para as constatações determinadas, nos termos do § 1º, alíneas "a" e "b",

---

42 *O novo regime jurídico...*, p.81-5.

e § 2º, todos do inciso II do artigo 48, impõe-se o desenvolvimento das seguintes medidas:

a) verificar se as propostas atendem às exigências formais e matérias exigidas (as propostas que não satisfaçam a essas exigências serão desclassificadas);
b) separar e ordenar as propostas classificadas para apuração da média aritmética;
c) fazer a média aritmética com os valores das propostas com preços superiores a 50% do valor orçado pela Administração, incluído o Benefício e Despesas Indiretas (BDI) (vide alínea "a", § 1º, inciso II, do artigo 48);
d) comparar o resultado da média aritmética delineada no item "c" com o valor do preço orçado pela Administração, incluída uma estimativa do BDI. O menor valor servirá de base para: incidência de 70% para cálculo da exeqüibilidade ou inexeqüibilidade das propostas; incidência de 80% para cálculo da necessidade de prestação de garantia adicional; cálculo direto da garantia adicional, quando devida (vide alíneas "a" e "b", do § 1º, e § 2º, todos inciso II, do artigo 48).

CÁLCULO PARA AFERIÇÃO DE EXEQÜIBILIDADE – INEXEQÜIBILIDADE

e) calcula-se 70% do menor valor do item "d" (os 70% devem incidir sobre o menor valor entre o resultado da média aritmética ou do preço orçado pela Administração, conforme evidenciado no item "d");
f) ostentam preços exeqüíveis propostas com valores iguais ou superiores àquele determinado no item "e"; ostentam preços inexeqüíveis propostas com valores inferiores àquele determinado no item "e" (vide § 1º, inciso II, do artigo 48);
g) após serem desclassificadas as propostas inexeqüíveis e selecionadas as exeqüíveis, a classificação decorrente observará o critério do menor preço.

PRESTAÇÃO DA GARANTIA ADICIONAL

h) calcula-se 80% do menor valor apurado na forma do item "d", para verificar se a proposta vencedora comporta ou não a prestação de garantia adicional (§ 2º, inciso II, do artigo 48);
i) não há garantia adicional quando o valor da proposta vencedora for igual ou superior àquele apurado no item "h". Se o valor for inferior ao apurado no item "h", impõe-se a prestação da garantia adicional (§ 2º, inciso II, do artigo 48).

CÁLCULO DA GARANTIA ADICIONAL

j) existindo a necessidade de garantia adicional, toma-se novamente o valor apurado no item "d", e subtrai-se o valor da proposta vencedora. A diferença corresponde exatamente ao valor a ser prestado a título de garantia adicional, facultada a opção por uma das modalidades previstas no artigo 56, § 2º, do inciso II.

Depois das configurações para a determinação do critério a ser adotado e procurando reunir informações que facilitem o entendimento, e a aplicação prática, passo a exemplificar o CÁLCULO DE EXEQÜIBILIDADE – INEXEQÜIBILIDADE, a NECESSIDADE OU NÃO DE GARANTIA ADICIONAL e o CÁLCULO DA GARANTIA ADICIONAL, SE DEVIDA.

Considere-se uma obra de engenharia com o valor orçado pela Administração em R$120.000,00, incluído o Benefício e Despesas Indiretas (BDI). Foram apresentadas as seguintes propostas:

Empresa I   – R$118.000,00
Empresa II   – R$115.000,00
Empresa III – R$101.000,00
Empresa IV   – R$75.000,00
Empresa V   – R$65.000,00
Empresa VI   – R$55,000,00

Exigência "a" – verificar se todas as propostas atendem aos requisitos formais e materiais fixados no edital. Todas elas cumprem as previsões editalícias. Portanto, no que diz respeito aos aspectos formais e materiais, todas as propostas estão classificadas.

Exigência "b" – separar as propostas que atendam às exigências formais e materiais, ordenando-as para apuração da média aritmética.

Exigência "c" – fazer a média aritmética dos valores das propostas com preços superiores a 50% do valor orçado:

$$\frac{118.000,00 + 115.000,00 + 101.000,00 + 75.000,00 + 65.000,00}{5} = 94.800,00$$

(o preço proposto pela empresa VI – R$55.000,00 – não será levado em conta para apuração da média aritmética, porque não é superior a 50% do valor orçado).

Exigência "d" – para efeito dos cálculos indicados, escolhe-se o menor valor resultante da média aritmética (R$94.800,00) ou do valor orçado (R$120.000,00). Nessa hipótese, o menor valor é aquele decorrente da média aritmética (R$94.800,00). Portanto, esse valor de R$94.800,00 servirá de base para: incidência de 70% para o cálculo da exeqüibilidade/inexeqüibilidade das propostas; incidência de 80% para cálculo da necessidade de prestação de garantia adicional; cálculo direto da garantia adicional, quando devida.

CÁLCULO PARA AFERIÇÃO DA EXEQÜIBILIDADE OU INEXEQÜIBILIDADE

Exigência "e" – calcula-se 70% do menor valor previsto no item "d", ou seja, R$94.800,00 (resultante da média aritmética)

$$\frac{R\$94.800,00 \times 70}{100} = R\$66.360,00$$

Exigência "f" – as empresas I, II, III e IV apresentaram propostas com preços exeqüíveis, uma vez que superam o valor de R$66.360,00. As empresas V e VI estão desclassificadas, uma vez que os seus preços são inferiores ao limite de exeqüibilidade (R$66.360,00).

Exigência "g" – a empresa vencedora é, portanto, com base no critério de menor preço, a IV, pois sua cotação foi aquela que resultou no menor preço de R$75.000,00.

PRESTAÇÃO DA GARANTIA ADICIONAL

Exigência "h" – para verificação do limite de exeqüibilidade da proposta, para efeito de prestação de garantia adicional, apura-se 80% do valor do item "d":

$$\frac{94.800,00 \times 80}{100} = 75.840,00$$

Exigência 'i" – como o valor da proposta vencedora (R$75.000,00) é menor do que aquele apurado para efeito da necessidade ou não de prestação de garantia adicional (R$75.840,00), para a assinatura do contrato, além da garantia normal prevista no edital, a empresa deverá, também, apresentar a garantia adicional.

CÁLCULO DA GARANTIA ADICIONAL

Exigência "j" – o cálculo da garantia adicional será feito subtraindo-se o valor previsto no item "d" (R$94.800,00) daquele da proposta (R$75.000,00).

A diferença (R$19.800,00) é a garantia adicional a ser prestada, nos moldes do artigo 56.

A seguir, diferentemente do posicionamento adotado por ocasião da *Observação 41*, indicam-se as previsões editalícias que deverão ser inseridas no edital de obras (concorrência, tomada de preços e convite), sem prejuízo da permanência de outras, porventura já existentes, porém não incompatíveis:

VALOR ORÇADO PELA ADMINISTRAÇÃO E RECURSOS ORÇAMENTÁRIOS

O valor orçado pela Administração é de R$............., incluído o BDI, não constituindo, todavia, limite máximo para apresentação da proposta. O recurso orçamentário será atendido pela dotação orçamentária atribuída ....

CRITÉRIO DE CLASSIFICAÇÃO E JULGAMENTO DE PROPOSTA E VERIFICAÇÃO DA NECESSIDADE DE PRESTAÇÃO DE GARANTIA ADICIONAL

Compete à Comissão Julgadora processar, julgar e classificar os licitantes.
No julgamento das propostas, levar-se-á em consideração o atendimento às especificações do edital e a conformidade com os preços correntes no mercado, ou fixados por órgão competente (se houver a fixação do valor orçado como preço máximo, a conformidade deverá recair sobre ele – neste caso, existe também a necessidade de adaptação do edital), sendo a classificação com base no critério de menor preço global, observando-se as seguintes regras:

a – abertos os envelopes PROPOSTA, verificar-se-á se todas as propostas atendem aos requisitos formais e materiais fixados no edital. As propostas que não atendam às exigências formais e materiais serão desclassificadas. As propostas classificadas serão separadas e ordenadas para apuração da média aritmética;
b – separar, entre as propostas classificadas, aquelas cujos preços propostos sejam superiores a 50% do valor orçado pela Administração;
c – realizar a média aritmética dos valores das propostas cujos preços sejam superiores a 50% do valor orçado;
d – escolher o menor valor resultante da média aritmética ou do valor orçado, que servirá de base para:
d.1 – incidência de 70% para cálculo da exeqüibilidade/inexeqüibilidade das propostas;

d.2 – incidência de 80% para cálculo da necessidade de prestação de garantia adicional;

e – para efeito de apuração da exeqüibilidade ou inexeqüibilidade, calcula-se 70% do valor escolhido no item "d";

f – ostentam preços inexeqüíveis as propostas com valores inferiores àquele determinado no item "e". Ostentam preços exeqüíveis as propostas com valores iguais ou superiores àquele determinado no item "e";

g – as propostas com preços inexeqüíveis serão desclassificadas. As propostas com preços exeqüíveis serão separadas, e a classificação decorrente observará o critério de menor preço;

h – para efeito da necessidade da prestação de garantia adicional, calcula-se 80% do menor valor apurado na forma do item "d", verificando-se, assim, se a proposta vencedora comporta ou não a prestação de garantia adicional;

i – inexiste garantia adicional quando o valor da proposta vencedora for igual ou superior àquele apurado no item "h". Se o valor da proposta vencedora for inferior ao apurado no item "h", impõe-se a prestação da garantia adicional;

j – existindo a necessidade de prestação da garantia adicional, toma-se novamente o valor apurado no item "d" e subtrai-se o valor da proposta. A diferença corresponde exatamente ao valor a ser prestado a título de garantia adicional, facultada a opção por uma das modalidades previstas no artigo 56 da Lei n. 8.666/1993, com as alterações subseqüentes.

Reafirmo, mais uma vez, que a aplicação do critério apresentado não impede a verificação da compatibilidade do preço proposto pela empresa licitante vencedora, com os preços correntes no mercado ou fixados por órgão oficial competente. Muito pelo contrário. Entendo que essa medida deve ser levada a efeito, sem qualquer interferência com a adoção do critério estabelecido pela nova Lei. O amparo para o procedimento está insculpido no inciso II do artigo 48.

Observação 45 – Aquisição com base no "menor preço", sem relegar a segundo plano a qualidade do bem a ser adquirido

Embora a aquisição esteja inteiramente vinculada à licitação do tipo de "menor preço", salvo as exceções delineadas *(Observações 18, 19 e 20)*, tal circunstância não significa, contudo, que deverá ser deixada de lado a qualidade do bem a ser adquirido, com o comprometimento do resultado final da própria aquisição.

Ao agente competente cabe descrever o objeto licitado, ao elaborar o instrumento de convocação, de forma a preservar a sua qualidade, para alcançar a finalidade proposta.

Por ocasião do julgamento das propostas, essa exigência deve ser observada, resultando na desclassificação daquelas empresas que deixem de atender os requisitos necessários e imprescindíveis, contemplados no instrumento de convocação.

No entanto, não está reservada à Administração a possibilidade de descrever o bem pretendido tão minuciosamente, tornando-o singular (o que afetaria o certame) com a inclusão de cláusulas que comprometam, restrinjam ou frustrem o caráter competitivo da licitação *(Observação 1)*.

Diferentemente situar-se-á a questão se o bem pretendido ostentar características indispensáveis ao atendimento de determinado objetivo de interesse público, podendo, nessa restrita hipótese, após a devida justificativa e insofismável demonstração da imprescindibilidade da aquisição proposta, desenvolver a licitação somente entre aqueles que possuam as condições descritas, com a indicação da marca, ou então fundamentar uma compra direta diante da impossibilidade de competição *(Observação 2)*. Apesar de a Lei de Licitações exigir a adequada e completa especificação do bem a ser licitado, ela também veda a indicação da marca, salvo a situação anteriormente indicada (artigo 3º, § 1º, inciso I, artigo 15, § 7º, e artigo 25, inciso I).

Observação 46 – Casos de obrigatoriedade do anexo referente à minuta de contrato

Abre-se espaço, também, para análise a respeito da obrigatoriedade ou não da existência do ANEXO referente à MINUTA DE CONTRATO em qualquer procedimento licitatório, ou nos casos de dispensa e inexigibilidade de licitação.

O *caput* do artigo 62 estabelece dois comandos, de forma a sacramentar, na primeira parte, a obrigatoriedade do instrumento de contrato nos casos de concorrência e tomada de preços, bem como nas dispensas e inexigibilidades cujos preços estejam compreendidos nos limites dessas duas modalidades de licitação; na segunda, preconiza que, à exceção das hipóteses indicadas, a Administração poderá substituir o instrumento de contrato por outros instrumentos hábeis, tais como: carta-contrato, nota de empenho de despesas, autorização de despesa de compra ou ordem de execução de serviço.

Não param por aí as hipóteses de substituição do instrumento de contrato. O § 4º do mesmo artigo contempla mais uma, ou seja, quando se tratar de compras com entrega imediata e integral dos bens adquiridos, dos quais não resultem obrigações futuras, inclusive assistência técnica.

Pelo exame do § 4º verifica-se que, para compras com entrega imediata e total dos bens adquiridos, dos quais não resultem obrigações futuras, inclusive assistência técnica, mesmo por meio de concorrência, tomada de preços, dispensa e inexigibilidade de licitação, cujos preços estejam compreendidos nos limites dessas duas modalidades, a Administração fica dispensada da utilização do instrumento de contrato ou termo de contrato, podendo substituí-lo por carta-contrato, nota de empenho de despesa, autorização de compra ou ordem de execução de serviço.

Para que o procedimento indicado possa ser levado a efeito, impõe-se constatar se o ato de compra não resultará em obrigações futuras, inclusive assistência técnica. A inexistência de obrigações futuras para o contratado (inclusive assistência técnica) é condição básica para a utilização facultativa do termo de contrato.

Por outro lado, eventual garantia prevista, para o regular funcionamento do objeto adquirido, ainda que caracterizada como obrigação futura, que, dada a sua natureza, se estende no tempo, e exatamente por se encontrar integrada no próprio bem, não conduz à obrigatoriedade da celebração do contrato. O mesmo ocorre com a garantia por vícios ocultos que, de certa forma, já estará abrangida pela garantia genérica e pela evicção, sendo resultantes de regras estabelecidas no Código Civil.

Em resumo, e à vista da previsão da primeira parte do *caput* do artigo 62, combinado com o seu § 4º, o termo de contrato é obrigatório nos seguintes casos: CONCORRÊNCIA e TOMADA DE PREÇOS; DISPENSA e INEXIGIBILIDADE DE LICITAÇÃO, cujos preços estejam compreendidos nos limites de concorrência e tomada de preços; COMPRAS, com entrega imediata e integral dos bens adquiridos, das quais resultem obrigações futuras, inclusive assistência técnica, independentemente da modalidade, dispensa ou inexigibilidade.

São, portanto, dispensáveis da formalização por meio de termo de contrato, de acordo com a segunda parte do *caput* do artigo 62, combinado com o seu § 4º, as hipóteses sacramentadas mediante: CONVITE, LEILÃO e CONCURSO, CONCORRÊNCIA e TOMADA DE PREÇOS para COMPRAS, com entrega imediata e integral dos bens adquiridos, dos quais não resultem obrigações futuras, inclusive assistência técnica; DISPENSA e INEXIGIBILIDADE DE LICITAÇÃO para COMPRAS, cujos preços estejam compreendidos nos limites de concorrência e tomada de preços, mas que não resultem obrigações futuras, inclusive assistência técnica; DISPENSA e INEXIGIBILIDADE DE LICITA-

ÇÃO, cujos preços estejam abaixo dos limites de CONCORRÊNCIA e TOMADA DE PREÇOS.

Ainda sobre a questão, deve ser registrado que os contratos relativos a direitos reais sobre imóveis demandam escrituras públicas, formalizadas, portanto, em Cartório de Notas. Também o CONCURSO, embora passível, legalmente, de formalização sem o contrato, porque precedido de regulamento próprio (artigo 52), com a consignação, entre outras exigências, da previsão expressa do artigo 111, na prática se mostra inviável essa linha de conduta, parecendo mais conveniente a estipulação do termo de contrato.

Anote-se, por derradeiro, que, embora dispensável o termo de contrato para as hipóteses indicadas, a Administração deve consignar, ao adotar os outros instrumentos hábeis previstos, as cláusulas consideradas pela lei como necessárias (artigo 55), evidentemente naquilo que se apresentar como factível ou indispensável.

Observação 47 – Declaração de concordância com o edital/convite

É muito comum depararmo-nos com instrumentos convocatórios que exigem a apresentação de declaração de que os licitantes estão de acordo com seus termos, constituindo em erro adotado por grande parte da Administração.

A exigência dessa declaração é, indiscutivelmente, o erro mais praticado no momento da elaboração do instrumento convocatório. Embora não acarrete sua nulidade, porque não o vicia, deixa de apresentar qualquer efeito, tornando-a inócua.

O simples fato de o licitante participar da licitação, envolvendo a apresentação dos envelopes correspondentes, já significa sua concordância com o instrumento convocatório, notadamente quando deixa de exercer a faculdade de impugná-lo, nos termos do artigo 41.

Observe-se, no entanto, que a exigência dessa declaração pode gerar duas situações diametralmente opostas: 1ª) o licitante não a apresenta – sua inabilitação não deve ser decretada, porque, de um lado, a apresentação dos envelopes, sem o oferecimento de impugnação, induz claramente à aceitação das regras editalícias e, de outro, por se tratar de exigência sem significado, que não constitui violação de qualquer requisito legal; 2ª) o licitante apresenta a declaração e, no decorrer do procedimento, constata-se vício insanável no instrumento convocatório. Em que pese a declaração, a Administração tem o dever de anulá-lo, conforme demonstrado nas **Observações 64, 65 e 66)**.

J – Exame e aprovação do convite/edital por parte da Assessoria Jurídica da Administração

Observação 48 – Exame e aprovação do instrumento convocatório pelo órgão jurídico

Nos termos do parágrafo único do artigo 38, "As minutas de editais de licitação, bem como as dos contratos, acordos, convênios ou ajustes devem ser previamente examinadas e aprovadas por assessoria jurídica da Administração".

O comando em questão assume importância ímpar no contexto das atividades praticadas pela Administração, notadamente porque evitará o desenvolvimento de licitações que, em razão de vícios existentes, ficarão impedidas, sob o prisma jurídico, de atingir a finalidade almejada pelo órgão público, acarretando-lhe prejuízos, quer de natureza financeira, quer no que diz respeito ao cumprimento de suas atividades, sempre de interesse público; sem contar ainda, o que também é relevante, a eventualidade de responsabilização do agente administrativo.

Tudo isso sem considerar também que a Administração pode ficar obrigada, se caracterizada a anulação da licitação, a repeti-la, com todas aquelas repercussões negativas, envolvendo inclusive o dispêndio de mais recursos públicos.

Impõe-se, ainda, registrar que a exigência legal não se resume no exame puro e simples do edital ou convite e respectivos anexos. O exato cumprimento da norma tem maior alcance, atingindo também todos os atos antecedentes à própria elaboração do edital ou convite.

Com efeito, o advogado responsável deverá verificar o processo aberto para essa finalidade em sua integralidade, de forma que até mesmo os atos preparatórios comportem análise, partindo-se, em seguida, para o exame de todas as peças do ato convocatório, no qual se encontram incluídos o edital e os anexos.

A esse respeito, é interessante registrar que, muitas vezes, em função da forma de elaboração do edital ou convite, inúmeros itens editalícios, que normalmente integram o texto de ambos, passam a ser contemplados na forma de anexos, como, por exemplo, a discriminação do objeto a ser licitado.

Considere-se, ainda, que o cumprimento dessa atribuição requer amplo conhecimento da matéria para o próprio sucesso da licitação, porque a simples omissão ou a não-percepção de determinada particularidade pode comprometer irremediavelmente o certame. Na maioria das vezes, em especial quando não se trata de procedimento rotineiro, o advogado acaba, na prática, elaborando o edital, de sorte que, após os delineamentos necessários à definição do objeto a ser licitado, condições, prazos etc., altera-se por completo a proposta apresentada, chegando ao ponto de dar origem a um novo edital, a um novo convite, até mesmo com a preparação dos anexos, em especial aquele referente à minuta de contrato.

A importância da atuação da Assessoria Jurídica em licitações assume proporções marcantes, o que me autoriza, depois de mais de trinta anos de serviço nessa área, a apresentação de sugestão no sentido de que a Comissão de Licitação tenha, obrigatoriamente, como membro pelo menos um assessor ou procurador. Aqui cabe uma observação: não basta ostentar a titulação de bacharel em direito e integrar o órgão público na condição de servidor, sem vinculação com a qualificação profissional. É preciso, ainda, que seja integrante da Assessoria Jurídica ou da Procuradoria, e que tenha sólidos conhecimentos a respeito da matéria.

Estabelecido, portanto, que o exame em referência envolve não só o edital ou convite, os respectivos anexos, e também todos aqueles atos preparatórios, ou, mais especificamente, o próprio processo aberto para a realização da licitação, impõe-se agora definir o que deverá ser apreciado pela Assessoria Jurídica, para fins de aprovação.

De início, e observada a linha de conduta anteriormente fixada, deve ser verificado se: ("a") o PROCESSO ADMINISTRATIVO foi regularmente aberto, devidamente atuado, protocolado e numerado, contendo ("b") REQUISIÇÃO do objeto pretendido pela Administração nos devidos termos, envolvendo a sua indispensável discriminação, acompanhado de justificativa. Na prática, é até mesmo bastante comum a requisição se situar fora dos padrões regulares, atribuindo-se, indevidamente, essa tarefa à Seção de Compras, que, muitas vezes, dada a especificidade do bem a ser licitado, enfrenta sérias dificuldades para tanto.

Em seguida, em se tratando de COMPRAS, deve ser constatado se efetivamente ocorreu a ("c") PRÉVIA MANIFESTAÇÃO DO ALMOXARIFADO, resultando, assim, no apontamento da existência ou não do objeto pretendido.

Cumpre, agora, observar se houve a ESTIMATIVA DA IMPORTÂNCIA a ser despendida para a efetivação da contratação, envolvendo, para COMPRAS, ("d") a pesquisa de mercado na forma regulamentar, e para OBRAS E SERVIÇOS DE ENGENHARIA, ("e") por meio de planilha de custos, integralmente preenchida, com o registro dos preços encontrados no mercado para cada item do trabalho a ser executado.

Como passo decorrente, impõe-se a verificação da ("f") PREVISÃO DE RECURSOS ORÇAMENTÁRIOS para a execução da despesa, não se esquecendo que a Lei de Licitações proíbe que seja incluída no objeto do certame a obtenção de recursos financeiros para OBRAS E SERVIÇOS DE ENGENHARIA, ressalvados empreendimentos executados e explorados sob o regime de concessão, nos termos da legislação específica. No que tange às COMPRAS, embora o aspecto venha a despertar discussões doutrinárias, também entendo que, como a aquisição somente pode ser levada a efeito se houver demonstração de recursos orçamentários, qualquer previsão editalícia fica inviabilizada ou proibida, no sentido de permitir o estabelecimento de qualquer regra que venha contemplar a obtenção desses recursos, para a satisfação da obrigação resultante desse mesmo certame.

Aparece, a seguir, a necessidade de ("g") verificação da MODALIDADE e do TIPO DE LICITAÇÃO apropriados para o cumprimento do desiderato, além da ("h") constatação da EXISTÊNCIA DE AUTORIZAÇÃO para o desenvolvimento do procedimento escolhido e para a respectiva DESPESA, sem perder de vista que o ("i") ATO DE DESIGNAÇÃO DA COMISSÃO DE JULGAMENTO deve fazer parte integrante do processo, partindo-se, assim, para a ("j") ANÁLISE DO ATO CONVOCATÓRIO.

Este é, indiscutivelmente, o aspecto mais significativo, especialmente porque, além de envolver parte dos atos antecedentes à elaboração do edital, diz respeito às próprias condições que nortearão o desenvolvimento da licitação, regulando direitos e deveres da Administração e dos eventuais participantes.

Aqui, deverá ser verificado o exato cumprimento da legislação, de forma a propiciar o cumprimento dos princípios constitucionais da legalidade, da impessoalidade, da moralidade, da publicidade e da eficiência, compreendendo, também, o aspecto atinente à economicidade, uma vez que o objetivo maior do certame licitatório é, ao lado de ensejar a participação do maior número de concorrentes, obter o atendimento das necessidades administrativas, buscando sempre o preço mais vantajoso.

Nestes termos, tomando como fundamento as previsões contidas nos artigos 40 e 55, o primeiro envolvendo exigências para a elaboração do EDITAL *(Observações 30 e 31)* e o segundo dizendo respeito ao anexo referente à MINUTA DE CONTRATO, além, é óbvio, das outras regras da Lei de Licitações que alcançam os itens editalícios e as cláusulas contratuais, como, por exemplo, as disposições dos artigos 3º, 7º e 9º, o procurador deverá observar a exata compatibilidade destas com as previsões indicadas no instrumento convocatório e na futura avença a ser formalizada.

Na hipótese de necessidade de alterações, os autos serão devolvidos ao órgão competente para as correções, com o devido retorno ao órgão jurídico, envolvendo, desta feita, a aprovação das peças referidas, evidentemente se adotadas as indicações propostas.

Observação 49 – Exame e aprovação do convite pelo órgão jurídico

A regra contida no parágrafo único do artigo 38 não inclui a minuta do CONVITE como sujeita a prévio exame e aprovação por parte da Assessoria Jurídica da Administração.

No entanto, como bem mostrado por Renato Geraldo Mendes, a colocação errônea do legislador não pode conduzir o intérprete a afastar a obrigatoriedade de o CONVITE ser submetido à apreciação da Assessoria Jurídica. A propósito, deve-se ter presente que o legislador foi infeliz ao estabelecer o termo EDITAL na norma referida, pois melhor teria sido se houvesse empregado a expressão ATO CONVOCATÓRIO, gênero do qual o EDITAL e o CONVITE são espécies.

Prosseguindo, o jurista observa que se aplica, na hipótese delineada, não a interpretação literal, mas sim o método sistemático, tendo em conta que o ordenamento é um todo. Ora, nestes termos, é preciso considerar que a RAZÃO que determina a obrigatoriedade de exame do EDITAL é a mesma que justifica a do CONVITE, ou seja, a imprescindibilidade de verificação se o ato de convocação – EDITAL ou CONVITE – atende às exigências legais ditadas pelo ordenamento, evitando, com isso, a produção de ato viciado, que possa afetar o desenvolvimento do procedimento licitatório.[43]

Observação 50 – Padronização do instrumento convocatório

No que diz respeito à padronização das minutas de CONVITE ou EDITAL, observe-se que se encontra presente essa alternativa, no momento do envolvimento de situações rotineiras, ou mais propriamente, de atuações do dia-a-dia do órgão licitante, porque, além de essa medida ser formalizada após

---

43 *Informativo licitações e contratos*, Zênite, 95.24.2.1996.

prévia manifestação da Assessoria Jurídica, o que implicará a observância dos ditames legais, igualmente cumprirá o objetivo básico do parágrafo único do artigo 38.

A esse respeito, Benedicto de Tolosa Filho e Luciano Massao Saito orientam no sentido de que "Nas unidades administrativas que tenham grande volume de licitações ou que estejam distantes das sedes dos órgãos jurídicos, aconselha-se o exame de minutas padrão, o que trará grande agilidade processual".[44]

Da mesma forma, ficou referendado o posicionamento apontado por ocasião da realização do Congresso sobre Licitação Pública & Contrato Administrativo, promovido pela Editora NDJ Ltda., em outubro de 1994, cristalizando o entendimento de que a manifestação prévia do órgão jurídico da Administração pode ocorrer na forma de padronização das respectivas minutas, cabendo à área administrativa a obrigação de preenchê-las e adaptá-las ao objeto licitado.

De qualquer forma, porém, alerta-se para a circunstância de que eventual alteração do INSTRUMENTO DE CONVOCAÇÃO, ainda que ditada por força do próprio objeto a ser adquirido ou prestado, que não se situe no âmbito da padronização aprovada, implicará outra manifestação do órgão jurídico. Também as minutas de contrato deverão ser igualmente padronizadas, sem contar ainda que a correspondente obrigatoriedade se estende igualmente para acordos, convênios ou ajustes.

---

44 *Manual de licitações...*, p.23.

Capítulo 2
Procedimento externo da licitação

A – Divulgação das modalidades de licitação, participação, apresentação e prazo para entrega dos envelopes de documentação e de proposta. Definição do objeto

Observação 51 – Divulgação do convite

Expedição para, no mínimo, três convidados do ramo pertinente ao objeto e juntada aos autos da comprovação relativa à entrega, bem como afixação de cópia no Quadro de Avisos do órgão licitante (§ 3º do artigo 22 e inciso II do artigo 38).

Observação 52 – Divulgação do convite por meio da imprensa oficial

Ainda que a divulgação do CONVITE se formalize com a expedição para, no mínimo, três empresas escolhidas pela Administração e afixação no Quadro de Avisos do órgão licitante, nada impede a publicação do Aviso na imprensa oficial e até mesmo em jornal da cidade ou da região, contribuindo, aliás decisivamente, para ampliar a competição. A propósito, o Município do Rio de Janeiro obriga a publicação do Aviso do CONVITE na imprensa, por meio do Decreto n. 13.335/1994.

Observação 53 – Participação no convite de empresas não convidadas

Possibilidade de participação, independentemente da condição de convidada, como empresa cadastrada na correspondente especialidade, em qualquer órgão da Administração Pública, condicionada à manifestação do interesse com antecedência de até 24 horas da apresentação das propostas (artigo 22, § 3º).

Observação 54 – Convite: exibição do certificado de registro cadastral por parte de empresa não convidada

A participação no CONVITE de empresa não convidada fica condicionada à apresentação do Certificado de Registro Cadastral do ramo pertinente ao objeto do procedimento, dispensando-se essa exigência quando se tratar de Registro Cadastral no âmbito do próprio órgão licitante.

Observação 55 – Convite: apresentação dos envelopes e prazos

Aqui deve ser enfatizada uma particularidade, consistente na circunstância de que, nos termos da legislação anterior à Lei n. 8.666/1993, aqueles licitantes convidados para o procedimento tinham as correspondentes habilitações presumidas, não se exigindo qualquer documentação ou, se exigida, poderia fazer parte do ENVELOPE-PROPOSTA, dispensando-se a apresentação do ENVELOPE DOCUMENTAÇÃO.

Ocorre, porém, que o procedimento indicado foi radicalmente alterado, uma vez que, consoante previsão estabelecida no § 1º do artigo 32, a documentação pertinente à habilitação pode ou não ser exigida. Abre-se espaço para registrar que as exigências referentes à regularidade relativa à Seguridade Social e ao Fundo de Garantia do Tempo de Serviço devem sempre ser exigidas e apresentadas, conforme demonstrado na *Observação 82*.

Além disso, outro fator que também demonstra a necessidade da documentação no Convite é a possibilidade de participação de outras pessoas que não foram convidadas (§ 3º do artigo 21), quando também desponta a obrigatoriedade de realização da fase de habilitação.

Nestes termos, dois posicionamentos podem ser adotados por parte da Administração. O primeiro deles é exigir a apresentação de dois envelopes (DOCUMENTAÇÃO e PROPOSTA), procedendo-se, inicialmente, como ocorre nas demais modalidades, à habilitação dos licitantes, para em seguida, após a preclusão desta fase, levar a efeito a abertura e o exame das propostas.

O segundo posicionamento possibilitaria a apresentação tão-somente do envelope-proposta, porém sem qualquer documentação, que, no entanto, seria exigida da empresa vencedora, para a formalização contratual; aí está presente um sério risco de que o adjudicatário não esteja com os documentos regulares, o que poderia implicar a convocação do segundo colocado, e assim por diante, até que um dos classificados satisfaça às exigências pertinentes à habilitação e, mais ainda, que também aceite manter o prazo e as mesmas condições do primeiro classificado, inclusive quanto aos preços atualizados de conformidade com o ato convocatório (§ 2º do artigo 64), e, ainda, sem qualquer penalidade (parágrafo único do artigo 81) *(Observação 162)*.

A apresentação de um só envelope pode trazer, com as implicações demonstradas, sérios prejuízos para a Administração, pois o órgão licitante praticamente passa a correr o risco de repetir o procedimento.

O prazo mínimo para apresentação do(s) envelope(s) é de cinco dias úteis, observada a estipulação prevista no referido instrumento (artigo 21, § 2º, inciso IV).

Observação 56 – Desenvolvimento do convite com número inferior de licitantes ao mínimo exigido

Embora na modalidade CONVITE a Administração seja obrigada a convidar, no mínimo, três interessados do ramo pertinente ao seu objeto, sem prejuízo da afixação deste no Quadro de Avisos do órgão licitante, pode ocorrer que somente um ou dois venham a apresentar proposta, provocando, com isso, o aparecimento de questão atinente à legalidade da continuação do certame que, nos exatos termos da Lei de Licitações, está circunscrita ao previsto no § 7º do artigo 22.

Nos termos da disposição legal indicada, o prosseguimento do CONVITE, com número inferior a três licitantes, somente será possível ou nas hipóteses de limitações do mercado, ou manifesto desinteresse dos convidados, impondo-se, ainda, a devida justificativa no processo, sob pena de repetição do procedimento.

Esse entendimento tem sido adotado no âmbito do Tribunal de Contas da União, consoante decisão proferida no Processo TC 225.184/93 – 1, publicada no DOU de 16.5.1994, p.7.238.

Dessa forma, havendo outros possíveis interessados em condições de atender ao CONVITE, este deve ser repetido, por força do disposto no § 7º do artigo 22.

Ainda relacionado com o aspecto em exame, como ensina Maria Sylvia Zanella Di Pietro, "o simples fato de se apresentarem menos do que três licitantes não é suficiente, por si só, para determinar a repetição do convite".

Em seguida, Di Pietro observa que,

> Pelo contrário, será possível prosseguir na licitação se ficar demonstrado o manifesto desinteresse dos licitantes convidados (o que decorre da sua própria omissão em atender ao convite), ou limitações do mercado. Nesse caso, a limitação pode decorrer, por exemplo, da inexistência de outros possíveis interessados na praça, ou da existência de empresas que não atendam às exigências da Administração. Se houver outros possíveis interessados em condições de atender ao convite, este deve ser repetido, com observância do § 6º do art. 22 da Lei nº 8.666, com a redação dada pela Lei nº 8.883, de 8.6.94.

Continuando, Di Pietro enfatiza que,

> Para evitar a repetição do convite, é sempre aconselhável que o mesmo se dirija, desde logo, a número de possíveis interessados bem superior ao mínimo exigido. Desse modo, ficará mais fácil justificar a continuidade de procedimento com menos do que três licitantes e demonstrar a boa fé do responsável pelo convite.[1]

De qualquer forma, porém, a participação de número inferior a três convidados, observados os requisitos exigidos, deverá ser obrigatoriamente justificada na própria ATA DE HABILITAÇÃO ou JULGAMENTO DO CONVITE.

---

1 Convite. Menos do que três licitantes. In: *Temas polêmicos...*, p.80.

Observação 57 – Divulgação da tomada de preços

O aspecto está disciplinado no artigo 21, incisos I, II e III, nos seguintes termos: a) em se tratando de licitações realizadas por órgãos ou entidades federais ou licitações para execução de obras (estaduais, distritais e municipais) financiadas, parcial ou totalmente, com recursos federais ou garantidas por instituições federais, a publicação do edital deverá ocorrer, no mínimo, uma vez no *DOU*, com a correspondente juntada aos autos da comprovação (artigo 38, inciso II)); b) em se tratando de licitações feitas por órgãos ou entidades estaduais ou municipais, a publicação do edital será feita, no mínimo, uma vez no *DOE*, com a correspondente juntada aos autos da comprovação (artigo 38, inciso II); c) em se tratando de licitações a serem desenvolvidas no âmbito do Distrito Federal, a publicação do edital/aviso situar-se-á, no mínimo, uma vez no DO deste ente federativo, com a correspondente juntada aos autos da comprovação (artigo 38, inciso II).

Em qualquer das três hipóteses, d) impõe-se, ainda, a publicação, no mínimo uma vez, em jornal diário de grande circulação no Estado e também, se houver, em jornal de circulação no Município ou na região onde terá aplicação o objeto da licitação; evidente que, conforme o vulto do certame, está facultada a utilização de outros meios de divulgação para ampliar a área de competição, juntando-se aos autos os comprovantes pertinentes (artigo 38, inciso II).

Observação 58 – Tomada de preços: participação de empresas, cadastradas ou não

Poderão participar da TOMADA DE PREÇOS empresas cadastradas e também aquelas que, embora não possuam o Certificado de Registro Cadastral, atenderem a todas as condições exigidas para o cadastramento até o terceiro dia anterior à data do recebimento das propostas, observada a necessária qualificação (artigo 22).

A apresentação do Certificado de Registro Cadastral, desde que emitido pelo órgão licitante ou por qualquer outro órgão ou entidade da Administração Pública, nos termos da Lei n. 8.666/1993, substitui a documentação relativa à habilitação jurídica, exigindo, todavia, a comprovação da regularidade fiscal com as Fazendas Federal, Estadual e Municipal, a Seguridade Social e o Fundo de Garantia do Tempo de Serviço (incisos III e IV do artigo 29), qualificações técnica e econômico-financeira (artigos 30 e 31), obrigada a parte a declarar, sob as penalidades legais, a superveniência ou não de fato impeditivo da habilitação, bem como o "cumprimento do disposto no inciso XXXIII do art. 7º da Constituição Federal" (artigo 27, inciso V) *(Observação 182)*.

Na hipótese de a empresa não possuir o Certificado de Registro Cadastral, a participação ficará condicionada à apresentação da documentação relativa à habilitação jurídica, regularidade fiscal, qualificação técnica e qualificação econômico-financeira, bem como aquela pertinente ao cumprimento do disposto no inciso XXXIII do artigo 7º da Constituição Federal, até o terceiro dia anterior à data do recebimento das propostas, dispensada a apresentação do ENVELOPE DOCUMENTAÇÃO (artigo 22, §§ 2º e 9º).

Deve-se acentuar, ainda, que a possibilidade facultada pela legislação aos interessados não cadastrados comporta três registros: 1º) a documentação a ser entregue até o terceiro dia anterior à data do recebimento das propostas, e nenhum outro dia a mais, deve ser recebida pela Administração por meio de recibo, com a indicação individualizada dos documentos, evitando eventual questionamento atinente à inexistência de qualquer deles; 2º) em se tratando de tomada de preços para aquisição de bens de natureza divisível, envolvendo a possibilidade de cotação mínima à demandada na licitação, nos termos do § 7º do artigo 23, combinado com o § 6º do artigo 45, o ENVELOPE DOCUMENTAÇÃO não poderá ser dispensado, devendo ser utilizado para indicar a quantidade que o licitante pretende cotar, pois que sua habilitação será avaliada em função dessa quantidade, e não da totalidade da compra *(Observação 41)*; 3º) a declaração, sob as penalidades legais, de superveniência ou não de fato impeditivo da habilitação, deve ser apresentada apenas por aquelas empresas com o Certificado de Registro Cadastral, mesmo porque, para aquelas que não o possuem, o exame de toda a documentação constitui razão mais do que plausível para a verificação da situação no momento da habilitação.

Observação 59 – Tomada de preços: prazo para apresentação dos envelopes

O prazo mínimo para apresentação dos envelopes DOCUMENTAÇÃO e PROPOSTA será de: trinta dias para licitação do tipo "melhor técnica" e "técnica e preço"; quinze dias nos demais casos (artigo 21, § 2º, incisos II, alínea "b", e III).

Observação 60 – Divulgação da concorrência

A divulgação da concorrência sujeita-se às mesmas diretrizes estabelecidas para a tomada de preços, conforme indicação contida na *Observação 57* (artigo 21, incisos I, II e III).

Observação 61 – Concorrência: participação

Poderão participar da concorrência quaisquer interessados que comprovem possuir os requisitos mínimos de qualificação exigidos no edital para execução de seu objeto, envolvendo as exigências pertinentes à habilitação jurídica, à regularidade fiscal, à qualificação técnica e à qualificação econômico-financeira, bem como o cumprimento do disposto no inciso XXXIII do artigo 7º da Constituição Federal (§ 1º do artigo 22 e artigos 28 a 31 e 27, inciso V).

A apresentação do Certificado de Registro Cadastral, desde que emitido pelo órgão licitante ou por qualquer outro órgão ou entidade da Administração Pública, nos termos da Lei n. 8.666/1993, substitui a documentação relativa à habilitação jurídica, exigindo, todavia, a comprovação da regularidade fiscal com as Fazendas Federal, Estadual e Municipal, a Seguridade Social e o Fundo de Garantia do Tempo de Serviço (incisos III e IV do artigo 29), qualificações técnica e econômico-financeira (artigos 30 e 31), e cumprimento do disposto no inciso XXXIII do artigo 7º da Constituição Federal, obrigada a parte a declarar, sob as penalidades legais, a superveniência ou não de fato impeditivo da habilitação.

Observação 62 – Concorrência: prazo para apresentação dos envelopes

Ainda que a forma de divulgação seja idêntica à da tomada de preços, o prazo mínimo para a apresentação dos envelopes DOCUMENTAÇÃO e PROPOSTA é distinto, estando fixado em 45 dias, quando o contrato decorrente contemplar o regime de empreitada integral, ou quando a licitação for do tipo "melhor técnica" ou "técnica e preço", e em trinta dias nos casos não especificados anteriormente (artigo 21, § 2º, inciso I, alínea "b", inciso II, alínea "a").

Observação 63 – Exata descrição do objeto para efeito de divulgação da licitação

A correta divulgação do instrumento convocatório assume importância significativa para a regularidade do procedimento licitatório, destacando, de início, que a descrição do objeto, além de repercutir para a elaboração da pesquisa de mercado, assume importância ímpar em todo o contexto da licitação, notadamente porque, independentemente de influenciar na escolha da modalidade e do tipo a ser aberta, praticamente acaba delimitando todo o universo das previsões que deverão ser estabelecidas, e determinando os proponentes que efetivamente poderão participar do certame.

Para evidenciar o aspecto, recorro a uma situação que envolvia a aquisição de microcomputadores, na qual atuei como advogado de determinada empresa.

Certo órgão pretendia adquirir, entre outros objetos do ramo, trezentos microcomputadores. Os recursos orçamentários estavam reservados. O edital havia sido elaborado nos devidos termos legais. A Comissão de Julgamento já havia sido designada. A expectativa da comunidade pelos novos equipamentos era muita grande. Tudo estava preparado para o grande momento. Até que finalmente chegara o dia esperado: seriam recebidos os envelopes DOCUMENTAÇÃO e PROPOSTA da concorrência.

Para surpresa geral, compareceram apenas três empresas. Todos estranharam e questionaram a ausência de licitantes. Nesse momento, o encarregado do setor de compras entrou na sala onde se realizaria a sessão de abertura dos ENVELOPES DOCUMENTAÇÃO e, bastante contrariado, disse que havia sido protocolado um pedido de anulação do certame, em decorrência da existência de erro na publicação do aviso do edital.

Com efeito, as três publicações (Diário Oficial do Estado, jornal de grande circulação e jornal da região) estamparam, com destaque, que a Administração objetivava adquirir, entre outros objetos, trinta microcomputadores, e não trezentos.

Como demonstrei na oportunidade, a licitação estava eivada de vício em razão da irregularidade contida na publicidade do edital, afastando, com isso, eventuais concorrentes que, nos termos anunciados, não teriam interesse em disputar pequeno número de microcomputadores, entre outros objetos. O procedimento foi anulado e, posteriormente, reaberto e concluído com sucesso.

Na hipótese, tem inteira aplicação a Súmula 177 do Tribunal de Contas da União que assim preconiza:

A definição precisa e suficiente do objeto licitado constitui regra indispensável da competição, até mesmo como pressuposto do postulado da igualdade entre os licitantes, do qual é subsidiário o princípio da publicidade, que envolve o conhecimento, pelos concorrentes potenciais, das condições básicas da licitação, constituindo, na hipótese particular da licitação para compra, a quantidade demandada uma das especificações mínimas e essenciais à definição do objeto da licitação.

B – Impugnação ao convite/edital

Observação 64 – Delineamento da impugnação

Administração e eventuais licitantes estão invariavelmente sujeitos às regras legais que disciplinam licitações e contratos administrativos, inclusive aquelas integrantes do instrumento convocatório, que, na verdade, hão de estar plasmadas nas primeiras, não podendo sofrer afronta de qualquer natureza (artigo 41).

Ocorre que, após a divulgação do instrumento convocatório, e verificada a existência de vícios nos itens editalícios, quer comprometendo ou restringindo o caráter competitivo do certame, quer alijando discricionariamente licitantes em benefício de alguns ou de determinado interessado, ou qualquer outra imposição em desconformidade com a legislação, o cidadão ou o interessado em participar do procedimento poderá impugná-lo, sempre por meio de documento dirigido à autoridade superior àquela que expediu o instrumento convocatório, observadas as seguintes condições:

a – Qualquer cidadão, ou seja, qualquer pessoa física no pleno exercício de sua cidadania, o que poderá ser comprovado por meio do título de eleitor, poderá impugnar o instrumento convocatório por irregularidade na aplicação da Lei de Licitações e Contratos Administrativos, no prazo de até cinco dias úteis antes da data marcada para a abertura dos envelopes DOCUMENTAÇÃO/HABILITAÇÃO (§ 1º do artigo 41).

A aplicação dessa regra ao convite praticamente acabará inviabilizando o oferecimento de qualquer impugnação por parte do cidadão, situando aqui uma imperfeição da legislação.

A Lei de Licitações determina, no caso da modalidade convite, o prazo mínimo de cinco dias úteis para apresentação de proposta e de até cinco dias úteis para levar a efeito a impugnação. Ora, como o lapso temporal mínimo consignado para apresentação de proposta (cinco dias úteis) é rotineiramente observado, e como esse mesmo prazo é, na maioria das vezes, coincidente com aquele fixado para a impugnação (cinco dias úteis), o cidadão efetivamente não teria qualquer prazo para exercitar o direito de voltar-se contra as regras estipuladas no convite, somente podendo fazê-lo no primeiro dia de sua expedição, o que, independentemente de até mesmo inviabilizá-la, obrigará o cidadão a formalizá-la sem os devidos contornos jurídicos, sem uma análise mais detalhada de todas as cláusulas editalícias.

A questão poderia ser equacionada pela Administração para evitar eventuais e prováveis dissabores jurídicos que, em função de a regra em comento ser incompatível para a modalidade convite, sua incidência alcançaria tão-somente o edital de tomada de preços e concorrência, aplicando-se àquele a mesma previsão destinada ao licitante, facultando ao cidadão o direito de impugná-lo até o segundo dia útil que anteceder a abertura dos envelopes PROPOSTA, consoante previsão contida no artigo 41, § 2º.

Independentemente dessa providência, e sem qualquer relação com ela, o cidadão poderá, também, representar perante o Tribunal de Contas contra irregularidade na aplicação da referida Lei (artigos 41, § 1º, e 113, § 1º), sem prejuízo de eventual comunicação do fato ao Ministério Público que, em função de seu exame e da eventual caracterização da ocorrência como infração, certamente acabará por ajuizar a competente ação.

A Administração deverá decidir a impugnação apresentada por qualquer cidadão no prazo de até três dias úteis, a contar da data de seu protocolo (artigo 41, § 1º).

b) O licitante, ou seja, aquele que efetivamente atua no ramo da especialidade que será objeto de licitação ou que tenha já adquirido ou retirado o edital, poderá impugná-lo, em se tratando de concorrência, até o segundo dia útil que anteceder a abertura dos envelopes DOCUMENTAÇÃO, e, na hipótese de convite, tomada de preços ou concurso, ou a realização de leilão, até o segundo dia útil que anteceder a abertura dos envelopes com as propostas (artigo 41, § 2º).

O licitante poderá, também, apresentar representação perante o Tribunal de Contas contra irregularidade na aplicação da Lei de Licitações (artigo 113, § 1º), podendo valer-se de comunicação ao Ministério Público.

A impugnação tempestiva do edital/convite não afasta o impugnante da licitação, podendo dela participar até o trânsito em julgado da impugnação (artigo 41, § 3º).

Também deixou de ser definido o aspecto referente ao prazo que dispõe a Administração para decidir sobre eventual impugnação apresentada por licitante, pois que a Lei de Licitações e, em especial, as disposições do artigo 41, não estabelecem qualquer previsão a respeito. Resta ao intérprete a aplicação, por analogia, da regra do artigo 109, § 4º, segundo a qual é facultado, à autoridade que elaborou o instrumento, o juízo de retratação no prazo de cinco dias úteis, a contar do recebimento dos autos, ou, então, fazê-la subir à autoridade superior, devidamente informada, para que seja proferida a decisão, observado também o prazo de cinco dias úteis, contados do recebimento dos autos pela autoridade superior (artigo 109, § 4º).

Impõe-se trazer à colação o posicionamento de Renato Geraldo Mendes, que assim enfrenta a questão:

> a impugnação ao edital licitatório não comporta o efeito suspensivo. Contudo, em não conseguindo a Administração apreciar a impugnação e responder a ela antes da data fixada para a abertura do envelope 1, entendemos ser mais adequado o adiamento da sessão de abertura até que a impugnação seja julgada e respondida pela Administração, sob pena de infringência das finalidades da Lei.[2]

Não teria sentido dar prosseguimento à licitação se ainda estivesse pendente uma impugnação ao edital ou convite, uma vez que, na hipótese de provimento, a Administração seria prejudicada, com o envolvimento de gastos que jamais seriam recuperados. Nestes termos, é de toda conveniência que a Administração decida, anteriormente à abertura dos envelopes, todas as questões argüidas a título de impugnação.

c) A decisão será objeto de comunicação aos interessados (cidadão ou licitante) por meio da imprensa oficial. Quando se tratar de decisão relacionada com o convite, admite-se a expedição de notificação pessoal, juntando-se cópia aos autos.

Observação 65 – Impugnação intempestiva

Ainda que o cidadão ou licitante não tenha apresentado impugnação ao convite ou edital, observados os prazos estabelecidos, à vista de irregulari-

---

2 *Lei de licitações* ..., p.104, nota 686.

dades existentes, que só foram constatadas após o decurso do marco temporal fixado para tanto, porque antes, independentemente de qualquer razão, passaram inadvertidamente despercebidas, nada impede que venham agora a formalizá-las e, por sua vez, venha também a Administração a se manifestar.

O fato de haver exaurido o prazo para a impugnação ao edital ou convite não impossibilita a argüição de ilegalidade do instrumento convocatório.

A esse respeito, Roberto Ribeiro Bazilli e Sandra Julien Miranda mostram, com muita precisão, a procedência da medida ora requerida:

> é de ser equacionada, ainda, a seguinte questão: se a impugnação for intempestiva, como proceder a Administração? Deve desconhecê-la ou apreciá-la? A resposta é no sentido de que a Administração deve tomar conhecimento da representação, recebendo-a e a ela respondendo, como decorrência do direito de petição aos Poderes Públicos em defesa de direitos ou contra ilegalidade ou abuso de poder, assegurado a todos os brasileiros e aos estrangeiros residentes no Brasil, por força do disposto no art. 5º, XXXIV, "a", da Constituição Federal.

Continuando, Bazilli e Miranda ainda observam que: "Procedentes os termos da contestação, ainda que intempestiva, a Administração deverá anular o procedimento licitatório por vício no ato convocatório, procedendo à sua correção e a nova divulgação, observados os prazos legais e regulamentares".[3]

Marçal Justen Filho vai mais além, propugnando pela inconstitucionalidade da norma prevista no artigo 41: "A indisponibilidade do interesse público não é afetável pela ação ou omissão dos particulares. O regime de direito público se aplica sem ficar dependente a atuação dos particulares-licitantes. A ausência de questionamento ou de impugnação não elimina a nulidade". Em seguida, observa, ainda, que "A Administração tem o dever de pronunciá-la, até mesmo de ofício, tão logo tenha conhecimento de sua existência, conforme lição unânime e pacífica da doutrina e da jurisprudência".[4]

O festejado autor não pára aí. Ao concluir o exame da disposição legal referida, registra também que "atos viciados não se transformam em atos válidos pelo silêncio do particular. Logo, mesmo não se caracterizando um procedimento recursal formal, a Administração poderá (deverá) pronunciar a existência do vício, promovendo a invalidação parcial ou total da licitação".[5]

---

3 *Licitação à luz...*, p.211.
4 *Comentários...*, p.384.
5 Idem, p.384.

Também Carlos Ari Sundfeld tem o mesmo posicionamento, afirmando taxativamente: "Portanto: a alegação de invalidade do edital, mesmo feita por licitante que já tenha decaído do direito de impugná-lo, deverá ser necessariamente examinada, como exercício do direito de peticionar".[6]

Nestes termos, findo o prazo indicado na Lei para o exercício da faculdade de impugnação, poderá o licitante discutir a ilegalidade de cláusula do edital ou convite, em sede de recurso administrativo ou representação, ou até mesmo por via judicial. E mais, mesmo que intempestiva a impugnação, deverá a Administração analisá-la e a ela responder, por força do que dispõe a alínea "a", inciso XXXIV, do artigo 5º da Constituição Federal (a disposição constitucional indicada assegura a todo cidadão "o direito de petição aos Poderes Públicos em defesa de direito ou contra ilegalidade ou abuso de poder").

A Administração tem o dever/poder de rever seus atos e anulá-los quando eivados de vícios, seja de ofício ou mediante provocação. O Supremo Tribunal Federal já assim decidiu e, por meio da Súmula n. 473, assentou:

> A Administração pode anular seus próprios atos, quando eivados de vícios que os tornem ilegais, porque deles não se originam direitos; ou revogá-los, por motivo de conveniência ou oportunidade, respeitados os direitos adquiridos, e ressalvada, em todos os casos, a apreciação judicial.

Deve-se destacar, ainda, que a Súmula n. 346, também do Supremo Tribunal Federal, assentou que "A administração pública pode declarar a nulidade dos seus próprios atos", inexistindo, em conseqüência, qualquer restrição quanto ao momento da declaração de invalidade, devendo esta ocorrer quando constatada a nulidade do ato praticado.

Nesse sentido, também é o entendimento de toda a doutrina sobre o assunto, conforme já devidamente demonstrado, em que se evidencia sempre o caráter de dever jurídico de tal declaração, máxime quando, como é o caso, estão em jogo interesses de terceiros e, por que não dizer, interesses da própria comunidade.

Conclui-se, portanto, que o direito de voltar-se contra a ilegalidade do instrumento de convocação não se esgota com a impugnação ao edital/convite. Poderá ainda o licitante, com base na alínea "a", inciso XXXIV, do artigo 5º da Constituição Federal, exigir da Administração, em qualquer fase do procedimento, esclarecimentos em relação à licitação, devendo esta prestá-los, assim como poderá discutir a ilegalidade de cláusula do edital ou do con-

---

6 *Licitação e contrato administrativo*, p.187.

vite, na via recursal administrativa (artigo 109, inciso I – recurso hierárquico, inciso II – representação, da Lei n. 8.666/1993), ou até mesmo por meio do Poder Judiciário (Mandado de Segurança – artigo 5º, inciso LXIX – ou ação popular – artigo 5º, inciso LXXIII, da Constituição Federal), sem prejuízo da representação da ocorrência ao Tribunal de Contas e ao Ministério Público.

Observação 66 – Impugnação não decidida ou julgada improcedente

Pode acontecer que a Administração não se digne examinar a impugnação oferecida aos termos do edital, restando ao cidadão ou ao licitante, na via administrativa, o recurso ao direito de petição, que pode ser exercido a título de representação, "em defesa de direito ou contra ilegalidade ou abuso de poder", de acordo com o artigo 5º, inciso XXXIV, alínea "a", da Constituição Federal, e também a representação ao Tribunal de Contas, amparada no artigo 113, § 1º.

Na hipótese de indeferimento da impugnação, ou nos termos da formulação, se esta for julgada improcedente, poderá o cidadão ou o licitante, ainda no âmbito administrativo, apresentar representação, amparada pelo artigo 109, inciso II, exatamente por envolver decisão da qual não cabe recurso hierárquico, sem prejuízo daquela que pode ser formulada perante o Tribunal de Contas, consoante fundamento legal já indicado.

No âmbito judicial, com o envolvimento de ambas as situações, o cidadão ou o licitante poderá valer-se do Mandado de Segurança para obrigar a Administração a decidir a impugnação ou para o reconhecimento do direito líquido e certo não acolhido administrativamente. De qualquer forma, porém, nada impede que o cidadão ou o licitante procure socorro perante o Ministério Público que, condicionado à caracterização da infração, certamente proporá a competente ação judicial contra quem de direito, sem prejuízo de representação ao Tribunal de Contas (artigo 113, § 1º).

C – Alteração do instrumento convocatório: convite/edital

Observação 67 – Impugnação procedente

Se a impugnação ao instrumento convocatório for considerada procedente, a Administração deverá decretar sua nulidade, e, após a correção da irregularidade, reabrir o prazo anteriormente estabelecido, dando ensejo, assim, a uma nova licitação (artigo 21, § 4º).

Observação 68 – Reconhecimento da procedência da impugnação e o exercício do contraditório e da ampla defesa, anteriormente à alteração do convite/edital

Se, no decorrer do procedimento licitatório, ainda que superada uma ou mais de suas fases, a Administração constatar ilegalidades no instrumento, deverá impreterivelmente anulá-lo. Nessa hipótese, como a licitação estará em franco desenvolvimento, já tendo ocorrido a superação de fase do procedimento, impõe-se, sob pena de nulidade, a observância do contraditório e da ampla defesa, como pressupostos para a prática do ato (artigos 21, § 4º, e 49, § 3º).

Observação 69 – Alteração em razão de fato superveniente e o exercício do contraditório e da ampla defesa

Se no decorrer do procedimento, ainda que superada uma ou mais de suas fases, a Administração verificar o surgimento de fato superveniente, devidamente comprovado, àquele que determinou a abertura da licitação, capaz inclusive de envolver alterações que digam respeito à boa gestão do interesse público, não outra alternativa restará senão sua revogação, facultando-se às empresas licitantes, antes da formalização do ato, o exercício do contraditório e da ampla defesa (artigos 21, § 4º, e 49, § 3º).

Observação 70 – Alteração em decorrência de erros que não afetem a apresentação de documentos e a elaboração de propostas

Alterações que não afetem a apresentação de documentos e nem mesmo a formulação de propostas não estarão sujeitas à reabertura do prazo inicialmente fixado (artigo 21, § 4º).

A esse respeito, impõe-se registrar que o legislador empregou erroneamente o termo "proposta" na indicada disposição legal, porquanto não poderia deixar de lado "as condições de habilitação" que, certamente, também constituem causas que podem provocar impugnação ao instrumento e, como decorrência, a respectiva alteração.

Observação 71 – Alteração do instrumento e o exercício do contraditório e da ampla defesa, independentemente da validade das propostas

Mesmo que a Administração venha a constatar ilegalidade no instrumento convocatório ou a necessidade de alterar o edital para reformulação do próprio objeto licitado, para melhor atender ao interesse público, ainda que as propostas estejam com a validade vencida, a observância do contraditório e da ampla defesa não pode ser relegada, constituindo-se em obrigação da entidade pública para o regular desfecho da anulação ou da revogação.

Proposta com prazo de validade vencido não libera a Administração, porque, ao se constituir em garantia para o licitante, possibilita que este concorde com sua prorrogação. O término do prazo de validade da proposta não significa o fim de uma licitação. O licitante pode, observada exclusivamente sua conveniência, mantê-la ou não.

Observação 72 – Alteração do ato convocatório por meio de comunicação interna

O § 4º do artigo 21 é bastante claro no sentido de somente admitir alteração no edital da mesma forma como ocorreu a divulgação dada ao texto original, reabrindo-se o prazo inicialmente estabelecido, "exceto quando, inquestionavelmente, a alteração não afetar a formulação das propostas", e, suprindo o descuido do legislador, também a apresentação da documentação.

Nestes termos, constata-se que a lei exige a republicação do edital, com a reabertura do prazo inicialmente estabelecido, somente para as hipóteses de alteração de apresentação da documentação e formulação das propostas. Portanto, se a alteração não envolve os aspectos referidos, nada impede que seja procedida por meio de Comunicação Interna, impondo-se que seja anexada obrigatoriamente ao edital, para efeito de entrega deste para outros eventuais licitantes que ainda não o retiraram, seguida da remessa da Comunicação Interna àqueles que já o tenham feito, com a juntada aos autos dos correspondentes comprovantes.

Observação 73 – Alteração do edital, no curso da licitação, com a anuência de todos os participantes

A hipótese configurada tem sua resposta inserida na *Observação 67*, sendo importante reafirmar que, a despeito da anuência de todos os licitantes, qualquer alteração somente poderá ser levada a efeito nos termos do § 4º do artigo 21, sob pena de violação dos princípios de vinculação ao edital e da isonomia, expressamente consignados no artigo 3º, *caput*.

D – Habilitação e inabilitação

Observação 74 – Apresentação e abertura do envelope documentação e condições de habilitação

O dia, a hora e o local de apresentação do envelope DOCUMENTAÇÃO devem constar obrigatoriamente do convite ou do edital, integrando, também, o aviso que será objeto de publicação.

O referido envelope, e aquele pertinente à PROPOSTA, serão entregues à Comissão, observados os prazos anteriormente indicados, quase sempre na presença dos representantes dos licitantes que comparecerem. Nada impossibilita que a DOCUMENTAÇÃO seja entregue por correio, com aviso de recebimento, resguardando, assim, eventual direito do licitante (a hipótese delineada fica sempre condicionada a previsão editalícia). O mesmo ocorre com o envelope PROPOSTA, que, aliás, é colacionado ao mesmo tempo que o envelope DOCUMENTAÇÃO.

Observados os prazos indicados, a Comissão procederá à abertura dos envelopes contendo a DOCUMENTAÇÃO e, após a verificação dos documentos apresentados, possibilitará o seu exame por parte de todos os licitantes. Em seguida, será facultada a palavra aos representantes credenciados, para eventual impugnação. Ato contínuo, e havendo qualquer impugnação, a palavra será oferecida ao representante credenciado cuja DOCUMENTAÇÃO tenha sido objeto de ressalva.

O exame da habilitação dos concorrentes e de eventuais questões argüidas poderão ser levados a efeito durante a própria sessão, ou deixados para ulterior deliberação.

Durante a fase de habilitação, os licitantes comprovarão, com a juntada dos documentos pertinentes no envelope DOCUMENTAÇÃO, o atendimento das exigências relativas à habilitação jurídica, regularidade fiscal, qualificação técnica e qualificação econômico-financeira (artigo 43, inciso I), bem como o cumprimento do disposto no inciso XXXIII do artigo 7º da Constituição Federal; impõe-se, ainda, ressaltar que, embora a satisfação dessas condições implique a adoção de formalismo, inerente e próprio do procedimento licitatório, "Por formalismo formal não se entenda formalismo excessivo. Só são inválidos os atos que, não observando rigorosamente a forma prevista, deixam de atingir os objetivos prescritos na lei".[7]

Observação 75 – Habilitação jurídica: exigências e conteúdo

Como já demonstrado nas *Observações 30* e *31*, o artigo 28 exige, para efeito da aludida comprovação, vinculados à qualificação de cada licitante, os seguintes documentos: *pessoa física* – cédula de identidade (inciso I); *empresa individual* – registro comercial devidamente inscrito na Junta Comercial (inciso II); *sociedade comercial* – ato constitutivo, estatuto ou contrato social em vigor, registrado na Junta Comercial, e, no caso de sociedade por ações, ao lado dos mesmos documentos, também aqueles referentes à eleição de seus administradores (inciso III); *sociedade civil* – inscrição do ato constitutivo perante o Registro Civil de Pessoas Jurídicas, acompanhada da comprovação da eleição de seus administradores (inciso IV); *empresa ou sociedade estrangeira em funcionamento no País* – decreto de autorização, bem como a indicação dos responsáveis, e, quando a atividade assim o exigir, o ato de registro ou a autorização para funcionamento expedida pelo órgão competente (inciso V).

Observação 76 – Habilitação jurídica e alteração do contrato social

Conforme enfatizado na *Observação 75*, exige-se que as sociedades comerciais e as por ações apresentem o ato constitutivo (estatuto ou contrato social em vigor), devidamente registrados na Junta Comercial.

Nestes termos, constata-se que a lei, ao referir-se a ato constitutivo, estatuto ou contrato social em vigor, está exigindo a apresentação completa do documento, envolvendo, obviamente, todas as alterações, inclusive a última. A apresentação tão-somente da última alteração nada significa no contexto

---

7 NETO, Diogo de Figueiredo Moreira, in: SOUTO, Marcos Juruena Villela. *Licitações e contratos administrativos*, p.48.

da exigência legal, mesmo porque a Administração ficará impedida de conhecer o ato constitutivo, estatuto ou contrato social em vigor que, em razão da alteração, está modificado.

Observação 77 – Habilitação jurídica e inscrição do ato constitutivo

A firma individual deve comprovar a inscrição de seu ato constitutivo por meio do registro feito na Junta Comercial. Em se tratando de sociedades comerciais e por ações, a comprovação respectiva far-se-á também com o registro na Junta Comercial. As sociedades civis devem formalizar a inscrição perante o Registro Civil de Pessoas Jurídicas (artigo 28).

Observação 78 – Habilitação jurídica e empresa estrangeira

Exige-se, para efeito de participação em licitações, o decreto de autorização, bem como o ato de registro ou a autorização para funcionamento expedidos pelo órgão competente, quando a atividade assim o exigir (artigo 28, inciso V), impondo-se também que sejam apontados seus dirigentes, por meio de documentos comprobatórios da eleição ou designação.

Observação 79 – Regularidade fiscal: exigências e conteúdo

O aspecto foi objeto de exame quando se abordou a eventualidade de exclusão de exigências, por meio da *Observação 31*, cabendo recordar que o artigo 29 estabelece que, conforme o caso, a documentação relativa à regularidade fiscal consistirá em: prova de inscrição no Cadastro de Pessoas Físicas (CPF) ou no Cadastro Nacional de Pessoas Jurídicas (CNPJ); prova de inscrição no cadastro de contribuintes estadual ou municipal, se houver, relativo ao domicílio ou à sede do licitante, pertinente ao ramo de atividade e compatível com o objeto contratual; prova de regularidade para com as Fazendas Federal, Estadual e Municipal e com a Seguridade Social e o Fundo de Garantia do Tempo de Serviço.

Observação 80 – Regularidade fiscal para com a Fazenda Federal

Tão logo da edição da Lei n. 8.666/1993, surgiram dúvidas para o cumprimento do aspecto indicado, e a doutrina a respeito também não é pacífica.

Sidney Bittencourt mostra que a comprovação da regularidade com a Fazenda Federal é feita por meio da Certidão de Quitação de Tributos e Contribuições Federais, expedida pela Secretaria da Receita Federal, entendendo como descabida a exigência de Certidão Negativa da Dívida Ativa da União. Argumenta que, valendo-se de posicionamentos de Diogo de Figueiredo Moreira Neto e Marçal Justen Filho, "sendo a 'Dívida Ativa' um crédito fiscal, que, por sua vez, é subdividido em 'créditos fiscais propriamente ditos e os que são a ele equiparáveis' englobando tributos, contribuições, multas, foros, aluguéis, alcances e reposições, é inconcebível, por falta de amparo legal, inabilitar-se um licitante (ou um não cadastramento de um pretendente), por ter o mesmo deixado de efetuar um pagamento de, por exemplo, uma multa ou um aluguel. Sendo o débito de natureza não tributária, afastada está a incidência que a lei visa evitar, não havendo restrição para o mesmo vir a ser contratado pela Administração".[8]

Ocorre, porém, que o Tribunal de Contas da União firmou posicionamento, com amparo na Lei Orgânica da Procuradoria Geral da Fazenda Nacional (Decreto-lei n. 147/1967, artigo 62), no sentido de que,

> na aplicação do inciso III do art. 29 da Lei nº 8.666/93, a prova da regularidade para com a Fazenda Nacional deverá incluir obrigatoriamente, além da Certidão de Quitação de Tributos e Contribuições Federais, expedida pela Secretaria da Receita Federal, a Certidão de Quitação da Dívida Ativa da União, fornecida pela Procuradoria da Fazenda Nacional competente.[9]

Com efeito, o artigo 62 do Decreto-lei n. 147/1967 determina que, na hipótese de se exigir quitação de tributos federais, também deverá ser comprovada a inexistência de débito inscrito em dívida pública, o que se faz com a apresentação da Certidão de Quitação da Dívida Ativa da União fornecida pela Procuradoria da Fazenda Nacional.

Observação 81 – Regularidade fiscal para com a Fazenda Federal e greve na Receita Federal

Como mostrado na Observação anterior, a comprovação da regularidade fiscal para com a Fazenda Federal deve ser feita por meio da Certidão de

---

8 *Licitação passo a passo*, p.92.
9 MENDES, Renato Geraldo, in: *Lei de licitações* ..., p.81, nota 486.

Quitação de Tributos e Contribuições Federais, expedida pela Secretaria da Receita Federal, e da Certidão de Quitação da Dívida Ativa da União, fornecida pela Procuradoria da Fazenda Nacional.

Ocorre, porém, que a Receita Federal pode paralisar totalmente suas atividades, dando ensejo à caracterização de greve em seu meio, impossibilitando, com isso, a expedição da Certidão de Quitação de Tributos e Contribuições Federais, documento este indispensável para que as empresas possam participar de procedimentos licitatórios (artigo 29, inciso III).

Pode ocorrer, também, que determinada empresa, exatamente nesse período de greve, tenha necessidade de renovar a certidão, para participar de determinada licitação, sendo impossível sua obtenção em face da paralisação geral das atividades do órgão.

A apresentação tão-somente da Certidão de Quitação da Dívida Ativa da União não atende à exigência legal, de sorte que se impõe também a juntada daquela referente à Quitação de Tributos e Contribuições Federais, expedida pela Secretaria da Receita Federal, órgão que se encontra paralisado e, portanto, impossibilitado de fornecê-la.

Em face da situação exposta, pergunta-se: como viabilizar a participação da empresa cuja Certidão de Tributos e Contribuições Federais esteja com o prazo de validade vencido? A greve na Receita Federal e a decorrente impossibilidade de renovação da aludida certidão autorizam a apresentação daquela já vencida? Mais ainda: o protocolo do pedido de certidão atenderia à exigência?

Invertendo, para efeito de resposta, a ordem de colocação das questões, deve-se ter presente, de início, que o protocolo do pedido de certidão não possui qualquer significado no contexto, notadamente porque situa-se como mera solicitação, nada comprovando. Também a pura e simples juntada de certidão com prazo já vencido deixa de ter validade, pois que essa condição deve ser aferida no momento da abertura dos envelopes DOCUMENTAÇÃO.

O equacionamento da questão proposta, que acabará resultando na conseqüente possibilidade de participação da empresa no certame licitatório, deve ser formalizado à luz do Decreto n. 84.702, de 13.5.1980, que "Simplifica a prova de quitação de tributos, contribuições, anuidades e outros encargos, e restringe a exigência de certidões no âmbito da Administração Federal", com a apresentação da Certidão de Tributos e Contribuições Federais já vencida, acompanhada das comprovações subseqüentes de recolhimento dos impostos, demonstrando, com isso, a regularidade do pagamento de tributos e de contribuições federais, não se olvidando, jamais, da obrigatoriedade de apresentação da Certidão de Quitação da Dívida Ativa da União.

A propósito, a referida norma legal estabelece, em seu artigo 1º, que a comprovação de impostos perante a Administração Federal "far-se-á por meio de certidão ou comprovante de pagamento", o que legaliza o procedimento indicado. Todavia, encerrada a greve, deve o licitante que foi forçado a fazer uso desse expediente apresentar a certidão em questão, objetivando normalizar a situação.

Deve-se registrar que, dada a excepcionalidade da situação, o procedimento ora sugerido pode ser adotado independentemente de previsão editalícia, uma vez que a ocorrência de greve revela, além de se situar no contexto de força maior, a impossibilidade para a obtenção da aludida certidão, documento esse indispensável para participar da licitação. Assim é que, nesta circunstância, para a satisfação da exigência editalícia, basta provar que, a partir do término de validade da referida certidão, efetivamente ocorreram os recolhimentos devidos.

Observação 82 – Regularidade fiscal relativa à Seguridade Social e ao Fundo de Garantia do Tempo de Serviço

Na edição da Lei n. 8.666/1993, o artigo 29, inciso IV, preconizava a exigência apenas da prova da regularidade relativa à Seguridade Social. Somente a partir das alterações levadas a efeito pela Lei n. 8.883/1994, a referida disposição legal houve por bem determinar também a comprovação relativa ao Fundo de Garantia do Tempo de Serviço.

A regularidade relativa à Seguridade Social é feita com a apresentação da Certidão Negativa de Débito, expedida pelo Instituto Nacional do Seguro Social (INSS), e aquela pertinente ao Fundo de Garantia do Tempo de Serviço (FGTS), por meio de Certificado de Regularidade de Situação, fornecido pela Caixa Econômica Federal (CEF), na qualidade de entidade gestora do Fundo de Garantia.

Discutiu-se muito, no entanto, se essas exigências alcançariam toda e qualquer modalidade de licitação, notadamente porque o § 1º do artigo 32 faculta a dispensa, no todo ou em parte, das documentações de que tratam os artigos 28 a 31, nos casos de convite, concurso, fornecimento de bens para pronta entrega e leilão *(Observações 30 e 31)*.

Embora ainda persistam as discussões doutrinárias, o fato é que o Tribunal de Contas da União fixou entendimento a respeito, por meio da Decisão Plenária n. 705/1994, nos seguintes termos:

a) Por força do disposto no § 3º do art. 195, da Constituição Federal – que torna sem efeito, em parte, o permissivo do § 1º do art. 32 da Lei nº 8.666/93 –, a documentação relativa à regularidade com a Seguridade Social, prevista no inciso IV do art. 29 da Lei nº 8.666/93 e, mais discriminadamente, no art. 27 – a da Lei nº 8.036/90, no art. 47 – I – a da Lei nº 8.212/91, no art. 2º da IN nº 93/93 – SRF e no item 4 – I – a da Ordem de Serviço INSS/DARF nº 052/92 é de exigência obrigatória nas licitações públicas, ainda que na modalidade de convite, para contratação de obras, serviços ou fornecimento, e mesmo que se trate de fornecimento para pronta entrega; b) a obrigatoriedade de apresentação da documentação referida na alínea "a" acima é aplicável aos casos de contratação de obra, serviço ou fornecimento com dispensa ou inexigibilidade de licitação "ex vi" do disposto no § 3º do artigo 195 da CF, citado; c) nas tomadas de preços, do mesmo modo que nas concorrências para contratação de obra, serviço ou fornecimento de bens, deve ser exigida obrigatoriamente também a comprovação de que trata o inciso III do art. 29 da Lei nº 8.666/93 a par daquela a que se refere o inciso IV do mesmo dispositivo legal; d) nos contratos de execução continuada ou parcelada, a cada pagamento efetivado pela administração, há que existir a prévia verificação da regularidade da contratada com o sistema de seguridade social, sob pena de violação do disposto no § 3º do art. 195 da Lei Maior.[10]

Assim é que a documentação atinente à Seguridade Social e ao Fundo de Garantia do Tempo de Serviço abrange todo e qualquer procedimento licitatório, inclusive as hipóteses de dispensa e inexigibilidade de licitação, como já enfatizado nas *Observações 30 e 31*.

E tanto é assim que, embora o artigo 32, § 1º, faculte a dispensa da aludida documentação, para as hipóteses delineadas a título de convite, concurso e fornecimento de bens de pronta entrega e leilão, o fato é que também nesses casos devem ser exigidas, em função da regra contida no artigo 195, § 3º, da Constituição Federal, a PROVA DA REGULARIDADE COM A SEGURIDADE SOCIAL, com a apresentação da CERTIDÃO NEGATIVA DE DÉBITO expedida pelo Instituto Nacional do Seguro Social (INSS), e, com fundamento na Lei n. 8.036/1990, artigo 47, inciso I, a PROVA DE REGULARIDADE COM O FUNDO DE GARANTIA DO TEMPO DE SERVIÇO (FGTS), mediante o oferecimento do CERTIFICADO DE REGULARIDADE DE SITUAÇÃO fornecido pela Caixa Econômica Federal (CEF), com prazos de validade em vigor.

---

10 Decisão Plenária n. 705/1994 do Tribunal de Contas da União.

Observação 83 – Regularidade fiscal e prazo de validade da Certidão Negativa de Débito expedida pelo Instituto Nacional do Seguro Social (INSS)

Recorde-se que o prazo de validade da Certidão Negativa de Débito era de seis meses, contado de sua emissão, nos termos do § 5º, do artigo 47, da Lei n. 8.212/1991, que dispõe sobre a organização da Seguridade Social, institui o Plano de Custeio, e dá outras providências (redação dada pela Lei n. 9.032, de 28.4.1995).

Por sua vez, a Lei n. 9.711, de 20.11.1998, que altera a referida disposição legal, reduzia o prazo de validade da Certidão Negativa de Débito (CND), fixando-o em sessenta dias, contado de sua emissão, podendo, todavia, ser ampliado por regulamento para até 180 dias.

No entanto, em que pese a possibilidade de ampliação do prazo para 180 dias, o Decreto n. 3.048, de 6.5.1999, que aprova o Regulamento da Previdência Social, e dá outras providências, manteve o prazo de validade da aludida certidão em sessenta dias, também contado da data de sua emissão.

E o Decreto n. 4.729, de 9.6.2003, que altera dispositivos do Regulamento da Previdência Social, estabelece que "O documento comprobatório de inexistência de débito do Instituto Nacional do Seguro Social é a Certidão Negativa de Débito, cujo prazo de validade é de noventa dias, contado da data de sua emissão" (artigo 257, § 7º).

Nestes termos, para efeito da regularidade fiscal relativa à Seguridade Social, consoante exigência capitulada no artigo 29, inciso IV, a validade da CND será de noventa dias, contados da data de sua emissão.

Observação 84 – Regularidade fiscal relativa à Seguridade Social e greve no Instituto Nacional do Seguro Social (INSS)

O mesmo entendimento exposto na *Observação 81* tem inteira aplicação para a greve no INSS, que também poderia ensejar impedimento para o fornecimento da Certidão Negativa de Débito (CND).

O amparo legal para a juntada da CND já vencida, acompanhada das comprovações subseqüentes de recolhimento das contribuições devidas, também está situado no Decreto n. 84.702, de 13.5.1980, que "Simplifica a prova de quitação de tributos, contribuições, anuidades e outros encargos, e restringe a exigência de certidões no âmbito da Administração Federal", e seu artigo 1º contempla o fato de que a prova de quitação das contribuições fiscais, parafiscais, encargos sociais, trabalhistas e previdenciários "far-se-á por meio de certidão ou comprovante de pagamento", o que legaliza o procedimento indicado.

Também nessa hipótese se impõe, após o término da greve, a apresentação da nova CND.

Ocorre que, a partir do ano de 2001, e à vista das greves desencadeadas por parte dos servidores do INSS, o próprio Instituto equacionou o problema por meio da edição de Resoluções, determinando que as Certidões Negativas e as Certidões Positivas com efeito de Negativa, que estariam válidas até o início da paralisação dos referidos servidores, ficariam com a validade prorrogada, inclusive com a especificação da data.

Observação 85 – Empresa recém-criada, sem empregados registrados, e expedição da Certidão Negativa de Débito pelo Instituto Nacional do Seguro Social (INSS)

A Lei n. 8.212/1991, que "Dispõe sobre a organização da Seguridade Social, institui Plano de Custeio, e dá outras providências", estabelece que a matrícula da empresa será feita simultaneamente com a inscrição, registro ou arquivamento de ato constitutivo na Junta Comercial, e, em se tratando de sociedades civis, mediante inscrição no Cartório de Registro Civil de Pessoas Jurídicas, ou até mesmo de ofício; e o Departamento Nacional de Registro do Comércio (DNRC), por meio das Juntas Comerciais, bem como os Cartórios de Registro Civil de Pessoas Jurídicas, prestarão, obrigatoriamente, ao Instituto Nacional do Seguro Social (INSS), todas as informações referentes aos atos constitutivos e alterações posteriores referentes a empresas e entidades neles registrados (artigo 49, inciso I, §§ 1º e 4º).

Dentro dessa linha, a Ordem de Serviço do INSS n. 71/2002, hoje revogada pela Instrução Normativa n. 100, de 18.12.2003, tratava da Certidão Negativa de Débito (CND), Certidão Positiva de Débito (CPD), Certidão Positiva de Débito com Efeitos de Negativa (CPD – EN) e atualizava normas para suas expedições, e não trazia qualquer vedação em função das aludidas condições, exigindo o fornecimento do número de inscrição no Cadastro Nacional de Pessoas Jurídicas (CNPJ) ou no Cadastro Específico do INSS.

Nos termos da Instrução Normativa n. 100, de 18.12.2003, do INSS, a expedição da Certidão Negativa de Débito não está condicionada ao tempo de constituição da empresa e à existência ou não de empregados, mas sim à indicação do número de inscrição no CNPJ ou no Cadastro Específico do INSS (CEI), ou o número de inscrição do trabalhador, no caso de contribuintes individuais, especificando a finalidade da certidão que requer nos termos do artigo 548; sem contar, ainda, a comprovação da exatidão dos dados cadastrais fornecidos (artigo 543, parágrafo único, e artigos 544, 545 e seguintes).

Em outras palavras, a pura e simples matrícula no Instituto Nacional do Seguro Social credencia a empresa a requerer e a obter a Certidão Negativa de Débito, observadas, é obvio, as exigências contempladas na Instrução Normativa n. 100/2003.

Observação 86 – Qualificação técnica: exigências e conteúdo

O exame e a verificação das exigências do artigo 30, da Lei n. 8.666/1993, foram demonstrados na *Observação 30*, e as indicações previstas correspondem à amplitude fixada pela lei, não se constituindo, todavia, em exigências mínimas, e por isso mesmo situadas em duas categorias: 1ª) exigências que deverão ser indicadas independentemente da modalidade e do tipo de licitação e do objeto a ser licitado; 2ª) exigências que serão colacionadas em função basicamente do objeto a ser licitado.

Observação 87 – Qualificação técnica e prova de filiação a Sindicato e de quitação da contribuição sindical

Normalmente ocorre impugnação do edital, em especial quando se trata de licitação para execução de serviços de limpeza, procurando-se incluir, como item editalício, a exigência de que os licitantes comprovem a filiação a Sindicato e a regularidade da quitação da respectiva contribuição sindical, bem como daquela descontada de seus empregados, sempre escudada no artigo 607 da Consolidação das Leis do Trabalho (CLT).

Muito embora o artigo 607 da CLT considere necessária a apresentação da documentação indicada para participação em "concorrências públicas ou administrativas", o que deve ser entendido em licitações, o fato é que a referida disposição legal não foi acolhida pela Lei n. 8.666/1993, uma vez que não foi reproduzida nos seus artigos 27 a 33, que tratam exclusivamente da habilitação nos procedimentos licitatórios.

Em função de somente poder se exigir a documentação relacionada nos artigos indicados, e como a norma do artigo 607 da CLT não integra quaisquer destas disposições, parece bastante nítida a impossibilidade de se estabelecer a previsão referida.

Com efeito, a Lei n. 8.666/1993 estabeleceu os requisitos que devem ser exigidos na fase da habilitação, prevendo a sua exclusividade, e, mais ainda, nem sequer indicando a previsão do artigo 607 da CLT como integrante de qualquer um deles.

Ora, em função das disposições pertinentes à habilitação nas licitações, a Administração fica inteiramente vinculada a essas disposições, não podendo, em hipótese alguma, extrapolar quaisquer delas, exigindo documentação não prevista na Lei de Licitações (artigo 27).

Nestes termos, como nenhuma regra contempla a exigência referida, a impossibilidade de sua colocação é simplesmente manifesta.

Além disso, a regra do artigo 607 é anterior à Lei de Licitações, e, ao não ser reproduzida nesse ordenamento, significa dizer que ao legislador houve por bem não adotá-la como exigência para a habilitação.

A propósito, o edital não pode exigir que, para efeito de habilitação, o licitante integre associação privada, como é o caso do Sindicato, já que não está sujeito a qualquer interferência estatal. Além do mais, tal requisito não é exigido para o exercício da profissão ou atividade econômica.

Nesse sentido, decidiu o Tribunal de Justiça do Estado de São Paulo: "anulado deve ser o Edital que contém exigência consistente em somente admitir licitantes que pertençam aos quadros associativos de entidade particular quando norma alguma prevê a obrigatoriedade dessa filiação".[11]

Como se não bastassem os argumentos já colacionados, e como o artigo 8º, inciso V, da Constituição Federal, declara expressamente que "ninguém será obrigado a filiar-se ou a manter-se filiado a sindicato", prevalece o entendimento que os artigos 607 e 608, que também envolvem exigência de quitação de contribuição sindical para outra finalidade, estão tacitamente revogados, posto que não foram recepcionados pela atual Constituição.

Observação 88 – Qualificação técnica e registro no Conselho Regional de Engenharia, Arquitetura e Agronomia da região onde se localizarem as obras e os serviços

Em se tratando de obras e serviços de engenharia, a título de qualificação técnica genérica, exige-se do licitante o registro ou a inscrição no Conse-

---

11 RT 666/80.

lho Regional de Engenharia, Arquitetura e Agronomia (CREA), como decorrência da imposição legal consubstanciada no artigo 30, inciso I, da Lei n. 8.666/1993.

Todavia, se o profissional, empresa ou organização não se encontrarem registrados no CREA da região que se desenvolverá a execução da obra ou serviços, para a celebração contratual, ficará obrigada a visar nela o seu registro (artigo 58, da Lei n. 5.194/1966). A esse respeito, o TCU consagrou entendimento no sentido de que o profissional deve, para exercer atividade em outra região, obter neste local visto em seu registro, nos termos do artigo 58 da Lei nº 5.194/66. Esta exigência não deve ser preconizada para participação na licitação, mas sim com a formalização da contratação, exatamente porque só então exercerá sua atividade técnica (Decisão n. 279/98 – *DOU* de 3.6.1998).

Observação 89 – Qualificação técnica e comprovação de atividade pertinente e compatível

Em que pese o aspecto em questão continuar ainda muito discutido, o que enseja mais conhecimento e possibilidade de fixação de regras editalícias em perfeita consonância com as normas pertinentes estabelecidas no artigo 30, na atual conjuntura ainda existem editais com cláusulas divorciadas da legislação e, sobretudo, afrontando posicionamentos doutrinários e jurisprudenciais que já se cristalizaram a respeito da matéria.

O artigo 30, inciso II, e o § 1º da Lei n. 8.666/1993 preconizam que a comprovação de aptidão para o desempenho de atividade pertinente e compatível com o objeto da licitação em características, quantidades e prazos, no caso de licitações referentes a obras e serviços, far-se-á por meio de atestados expedidos por pessoas jurídicas de direito público ou privado, devidamente registrados na entidade profissional competente.

A compreensão dessa previsão deve situar-se no devido contexto legal, de forma que se impõe, de um lado, o estabelecimento da amplitude da expressão "pertinente e compatível", e, de outro, a verificação da forma de sua comprovação, ensejando, com isso, a adequada previsão editalícia.

Assim é que, por atividade pertinente e compatível, deve ser entendida aquela que reúne atributos semelhantes e concernentes em características, quantidades e prazos com o objeto a ser licitado, afastando, desde logo, a comprovação, na fase de habilitação, de que os licitantes já estão executando serviços equivalentes em forma e em quantidade.

A esse propósito, Renato Geraldo Mendes mostra que o Tribunal de Contas de Pernambuco já enfrentou a questão, tendo decidido que, ao se exigir que a equivalência de serviços em forma e em quantidade esteja sendo prestada, "restringe a participação no certame de licitantes que já tenham efetuado serviços similares e de complexidade tecnológica e operacional equivalentes ou superiores" (TC/PE – Decisão n. 742/1995 – Processo n. 9.503.318-0).[12]

Roberto Ribeiro Bazilli e Sandra Julien Miranda enfatizam que

> A comprovação de aptidão do licitante deve ser pertinente e compatível com o objeto da licitação. A partir do objeto de certame deve ser verificado se o licitante atua na área de atividade e se sua atividade é compatível em características, quantidades e prazos (art. 30, II). Significa dizer que para a comprovação de sua aptidão a Administração pode perfeitamente exigir que o licitante demonstre ter realizado algo semelhante, tomando para confrontação com o objeto da licitação as obras, serviços e/ou fornecimentos já efetivados, similares, de complexidade tecnológica e operacional equivalente ou superior (art. 30, § 3º), sem limitações de tempo, de época, e de locais específicos ou quaisquer outras não previstas na lei de licitações (art. 30, § 5º).[13]

A esse respeito, Dora Maria de Oliveira Ramos revela que

> Não pode a Administração, em nenhuma hipótese, fazer exigências que frustrem o caráter competitivo do certame. Assim, se a fixação de quantitativos em parâmetros de tal forma elevados reduzir drasticamente o universo de licitantes, dirigindo a licitação a um único participante ou a um universo extremamente restrito deles, ilegal será a exigência, por violação ao art. 3º, § 1º, I, da Lei nº 8.666/93.

Continuando, observa que:

> Da mesma forma, se a exigência de quantitativos se mostrar desproporcional em relação à complexidade do objeto licitado, violado estará o art. 37, inc. XXI da Constituição Federal, posto que são admissíveis, apenas, exigências de qualificação técnica "indispensáveis à garantia do cumprimento das obrigações".[14]

---

12 *Lei de licitações...*, p.84, nota 522.
13 *Licitação à luz...*, p.233.
14 Habilitação. Exigência de quantitativos nos atestados comprobatórios de qualificação técnica. In: *Temas polêmicos...*, p.121.

No que diz respeito à forma de comprovação dessa atividade pertinente e compatível, tenha-se presente que ela será feita por meio de atestados fornecidos por pessoas jurídicas de direito público ou privado, devidamente registrados nas entidades profissionais competentes.

A forma de comprovação é conhecida de todos que atuam na área, quer na condição de membros da Comissão de Licitação, quer daqueles que participam do procedimento como licitantes. A questão aparece, no entanto, no momento da elaboração do edital, uma vez que aí é estabelecido, para efeito da comprovação da qualificação técnica, que os licitantes devem apresentar três, quatro ou cinco atestados pertinentes e compatíveis com o objeto da licitação (como já tive a oportunidade de constatar, o número de atestados está diretamente relacionado ao valor da licitação, de forma que em concorrência chega-se a exigir cinco deles).

A lei não obriga. O edital não deve fixar o número de atestados. O licitante é que deve se valer de sua experiência anterior e, em função dela, apresentar o atestado necessário compatível e pertinente ao objeto a ser licitado, ou, mais propriamente, apresentar tantos atestados quanto sejam indispensáveis para a aludida comprovação.

Mais uma vez trago à colação os ensinamentos do jurista Renato Geraldo Mendes que, com muita propriedade, assim aborda a questão:

> Ainda sobre a exigência de atestados para a comprovação de experiência anterior, o TCU entendeu ilegal a cláusula do edital que exija a apresentação de dois atestados de aptidão técnica, pois contraria o disposto no § 5º do art. 30 desta lei, o qual veda a exigência de comprovação de atividade ou aptidão com limitações de tempo ou época, ou ainda em local específico ou quaisquer outras não referidas no texto legal, que inibam a participação na licitação. (Decisão nº 292/98 – TCU, DOU de 03 de junho de 1.998, p.59). O que o texto legal quer afastar com tais vedações é a possibilidade de exigência de quantidades determinadas de atestados. Todavia, não afasta a faculdade de apresentação de mais de um atestado, a fim de que somadas as experiências reste evidenciada a habilidade técnica exigida à vista do objeto licitado.[15]

Tanto é assim que a cláusula editalícia a respeito, ao ser inserida no edital, deve exigir a comprovação de aptidão para o desempenho de atividade pertinente e compatível em características, quantidades e prazos com o objeto da

---

15 *Lei de licitações...*, p.85, nota 528.

licitação, que será atendida por pelo menos um atestado expedido por pessoa jurídica de direito público ou privado, em nome da licitante, onde figure como contratada, devidamente certificado pela entidade profissional competente, contendo, ainda, outras informações alusivas, por exemplo, ao objeto do contrato, período/prazo de execução, quantificação principal etc.

Observação 90 – Qualificação técnica diretamente relacionada com aptidão técnica da empresa licitante e com capacidade técnico-profissional dos seus empregados

O Conselho Regional de Engenharia, Arquitetura e Agronomia do Estado de São Paulo (CREA/SP) procurou defender, por ocasião da edição da Lei n. 8.666/1993, que a qualificação técnica da empresa, aliás consubstanciada na apresentação de pelo menos um atestado expedido por pessoa jurídica de direito público ou privado, em nome da licitante, onde figure como contratada, não pode ser exigida em licitações para obras e serviços de engenharia.

Segundo entendimento referido, também sustentado por outros especialistas na área, a comprovação da qualificação técnica se restringiria à demonstração da capacidade técnico-profissional dos empregados da empresa, valendo-se, para tanto, da disposição contida no § 1º do artigo 30.

Argumentam, também, que a previsão do inciso II, do artigo 30, se aplica às licitações em geral, com exclusão daquelas referentes às obras e aos serviços de engenharia, cuja comprovação, para efeito da qualificação técnica, situar-se-á no âmbito da capacidade técnico-profissional dos empregados da empresa (§ 1º, inciso I, do artigo 30).

A esse respeito, existiam posicionamentos no sentido de que o veto presidencial à alínea "b", § 1º, do artigo 30, do Projeto de Lei n. 1.491-F, que resultou na Lei n. 8.666/1993, repetido agora quanto ao inciso II, § 1º, do artigo 30, do Projeto de Lei de Conversão n. 10/1994, que resultou na Lei n. 8.883/1994, importou na proibição de exigir-se da empresa demonstração de sua capacidade técnica, requisito esse que se restringiria à capacidade técnico-profissional dos empregados da empresa.

Todavia, o entendimento exposto já não mais prevalece, apesar das insistentes colocações a respeito, estando, assim, plenamente afastado o posicionamento segundo o qual o inciso II do artigo 30 se aplica às licitações em geral, com exclusão daquelas referentes às obras e aos serviços de engenharia.

O aspecto foi muito bem equacionado pelo jurista Antônio Carlos Cintra do Amaral, que, ao abordar a questão, mostra a validade da exigência, uma vez que o inciso II do artigo 30 contempla a capacidade técnica da empresa e a capacidade técnico-profissional. O veto aposto à alínea "b", do § 1º, deixou o artigo 30, neste aspecto, truncado. Com isso, o § 1º, ficando com apenas uma alínea, passou a disciplinar tão-somente a capacidade técnico-profissional.

Ora, nestes termos, esse jurista assim desenvolve, entre outros argumentos, sua linha de interpretação:

> Com efeito, o inciso II do art. 30 menciona "comprovação de aptidão para desempenho de atividade pertinente e compatível em características, quantidades e prazos com o objeto da licitação". Aptidão de quem? Parece-me claro que é do interessado, que, segundo o art. 27, é quem deverá demonstrar sua qualificação técnica. Quem é o interessado? É, na maioria das vezes, a pessoa jurídica.
>
> Essa opinião é reforçada, por um lado, pelo fato de que o inciso II do art. 30 é repetição quase que literal do item 2 do § 2º do art. 25 do Decreto-Lei nº 2.300/86. Vale dizer: não houve modificação, nesse ponto, do esquema da lei anterior. Por outro lado, determina ele que se faça indicação não apenas do pessoal técnico que realizará o objeto da licitação, mas também das instalações e do aparelhamento, o que é reforçado pelo § 6º do mesmo art. 30. A pessoa jurídica deve, portanto, comprovar sua aptidão técnica e indicar instalações, aparelhamento e pessoal técnico adequados e disponíveis. Se bastasse a exigência relativa à capacitação técnico-profissional, o interessado deveria fazer a indicação apenas de seu pessoal técnico, "bem como da qualificação de cada um dos membros da equipe técnica que se responsabilizará pelos trabalhos". Essa indicação do pessoal técnico é, porém, uma das indicações que o interessado, ou seja, a pessoa jurídica, deve fazer. É condição necessária, mas não suficiente, para qualificação técnica do interessado, ou seja, da pessoa jurídica.

Acrescente-se, ainda, que o jurista Cintra do Amaral, ao concluir o exame da qualificação técnica da empresa na Lei n. 8.666/1993, observa que,

> para efeito de qualificação técnica das empresas licitantes, a Administração deve, com base na Lei 8.666/93, exigir atestados referentes à sua capacidade técnica, com vista à "comprovação de aptidão para desempenho de atividade pertinente e compatível em características, quantidades e prazos com o objeto da licitação" (art. 30, II). Além da aptidão da empresa, comprovável em função de sua experiência ou tradição, a Administração deve exigir comprovação da capacidade técnico-profissional, nos termos do § 1º do mesmo art. 30.[16]

---

16 *Ato administrativo, licitações...*, p.72-3 e p.75-6.

Igualmente, o Egrégio Tribunal de Contas da União, ao dar provimento, em parte, à representação apresentada pelo Conselho Regional de Engenharia, Arquitetura e Agronomia do Estado de São Paulo (CREA/SP), embora alterando a redação do edital questionado, para eliminar limitações de tempo, de época, de locais específicos, consagra a legalidade da exigência pertinente à capacidade técnica, para a execução do serviço licitado, que, por se encontrar colocada de forma genérica, abrange indiscutivelmente também a capacidade técnica da empresa e a capacidade técnico-profissional.[17]

O entendimento em questão repousa tanto no Parecer do Ministério Público como no voto do Ministro Relator, integrantes do referido despacho, preconizando que, "Como se vê, trata-se de serviço eminentemente técnico e, como tal, deve exigir a participação de profissionais especializados aliada à capacidade operativa da empresa a ser contratada" (p.13.228 – item 34).

Continuando, o Ministro relembra que,

> Conforme estabelece a Constituição Federal, em seu art. 37, inciso XXI, há a permissão, nas licitações públicas, de exigências de qualificação técnica e econômica indispensáveis à garantia do cumprimento das obrigações, pois caracterizam-se como instrumentos eficazes de garantia para a boa conservação das obras públicas (p.13.228 – item 35).

Lança mão dos ensinamentos de Antônio Carlos Cintra do Amaral, ressaltando que:

> O que foi impedido pelo veto, de ingressar no sistema jurídico não foi a capacidade técnico-operacional, mas a disciplina dessa capacitação contida na alínea "b" do § 1º do art. 30 do projeto de lei. É verdade que não existe na lei, em decorrência do veto, a expressão capacitação técnico-operacional, como ocorre com a capacitação técnico-profissional. Mas o conceito de capacitação técnico-operacional ingressou no sistema jurídico por força do inciso II do art. 30, interpretado em conjugação com o art. 33, III, que permite o somatório de quantitativos de empresas consorciadas (p.13.228 – item 32).

Dentro da mesma linha de posicionamento, registre-se, mais uma vez, as observações do insigne Antônio Carlos Cintra do Amaral, citado pelo representante do Ministério Público, no sentido de que "não são as exigências referentes à qualificação técnica que estão limitadas à capacidade técnico-

---

17 Decisão do TCU n. 395/1995, *DOU* de 28.9.1995, p.13.226-9.

profissional; as exigências referentes à capacitação técnico-profissional é que estão limitadas ao disposto na alínea "a" do § 1º do artigo 30 (p.13.228).

Para trazer à colação mais um sustentáculo à legalidade da exigência, tenha-se presente que o Egrégio Tribunal de Contas do Estado de São Paulo faz constar em seus editais idêntica previsão.

Recorrendo mais uma vez aos argumentos da r. decisão do Tribunal de Contas da União, na qual é mostrado que, embora o acervo técnico do profissional deva integrar a capacidade técnica da empresa, esta não se resume, por sua vez, à soma da capacidade dos técnicos que fazem parte de seu quadro de empregados, visto que deve incluir a disponibilidade de recursos materiais para a execução do objeto contratual, que nada mais é do que a capacidade técnica e operativa da própria empresa (item 30, p.13.228).

Por último, cabe enfatizar que a jurisprudência imprime à questão a mesma linha de entendimento, tendo o Tribunal de Alçada de Minas Gerais decidido, por maioria, nos autos de Agravo Regimental no Mandado de Segurança n. 187.389-0/2001, que não se vislumbra

> na redação do subitem 6.2.2 do Edital qualquer ilegalidade, quanto à interpretação do art. 30, item II, da Lei nº 8.666/93, de 21 de junho de 1993, combinado com o § 1º, item I, da Lei nº 8.883, de 8 de junho de 1994, que veio dar nova redação ao art. 30 da Lei nº 8.666/93; dentro de um critério gramatical, lógico e sistemático, leva à inarredável conclusão de que o legislador ordinário distinguiu, claramente, a aptidão técnica da empresa licitante para a execução dos serviços planejados, da aptidão de seu pessoal técnico, com a qualificação técnica de cada um deles. Ora, se o próprio texto legal impõe a comprovação da aptidão da empresa licitante e de seu pessoal técnico, ilegalidade alguma se vislumbra no subitem 6.2.2, decorrendo daí o acerto do entendimento da Comissão Especial de Licitação no sentido de que a agravante comprovou a aptidão técnica de sua equipe, com a sua devida qualificação, mas deixou de comprovar, como era de imposição legal, a sua própria aptidão, como empresa licitante, pois é óbvio que a licitante era ela, a agravante, e não sua equipe técnica. Não há dúvida de que digna de respeito a tese dos ilustrados patronos da agravante de que a comprovação da aptidão técnica da equipe de uma empresa não pode deixar de refletir a aplicação técnica da própria empresa, se é aquela que instrumentaliza a atividade operacional desta. Acontece, porém, que não é isso que está na *mens legis*, como reflexo da *mens legislatoris* pois o que está ali é que não se confunde a aptidão da empresa licitante com a aptidão de sua equipe técnica e, por um princípio de hermenêutica, *ubi lex distinguire* nos *distinguire debemus*, em oposição àquele outro, segundo o qual *ubi lex non distinguire nec nos distinguire debemus*. Assim, uma coisa é a comprovação da aptidão da empresa licitan-

te, que não foi feita pela agravante; outra coisa é a comprovação da capacidade técnica de sua equipe, o que foi plenamente exigido no subitem 6.2.2 do Edital que, desta forma, não se reveste de qualquer ilegalidade.[18]

Observação 91 – Qualificação técnica e comprovação, por parte de empresa recém-criada, de desempenho de atividades pertinentes e compatíveis com o objeto da licitação

O aspecto em questão foi muito discutido no momento da edição da Lei n. 8.666/1993, em especial nas licitações para obras e serviços de engenharia.

Empresas do ramo recém-constituídas, sem qualquer trabalho na área, procuravam se valer da experiência dos profissionais que integravam seu corpo técnico para participar de licitações do gênero, o que, conforme demonstrado na *Observação 90*, não encontra respaldo legal (recorde-se que, além da capacidade técnico-profissional do profissional que a integra, a empresa deverá também comprovar sua aptidão para o desempenho de atividade pertinente e compatível em características, quantidades e prazos com o objeto da licitação).

A Constituição Federal admite a inclusão de cláusula editalícia que estabeleça exigências relativas à qualificação técnica e econômica, desde que indispensáveis à garantia do cumprimento das obrigações (artigo 37, inciso XXI).

Em função dessa previsão constitucional, e exatamente para que a Administração possa ter mais garantias para o cumprimento contratual decorrente, a Lei de Licitações exige a demonstração, por parte da empresa licitante, de desempenho anterior, envolvendo atividade pertinente e compatível com o objeto da licitação (artigo 30, inciso II).

Ora, se a empresa deixa de atender à exigência, ou, mais propriamente, se ainda não executou serviços ou trabalhos pertinentes e compatíveis com o objeto da licitação, não está legalmente habilitada a contratar com a Administração, impondo-se, em decorrência, o seu afastamento do certame licitatório, com a caracterização de sua inabilitação.

Observação 92 – Qualificação econômico-financeira: exigências e conteúdo

O panorama alusivo foi delineado na *Observação 30*, ressaltando-se, na oportunidade, as exigências que independem da modalidade e do tipo de li-

---

18 BLC n. 11/579-581, nov.1997.

citação e do objeto a ser licitado, como também aquelas vinculadas ao objeto a ser licitado, notadamente em função do valor estimado para a futura contratação (artigo 31).

Observação 93 – Qualificação econômico-financeira e balanço patrimonial e demonstrações contábeis do último exercício social

A exigência em tela é elemento importantíssimo para apuração das situações econômica e financeira da empresa, não podendo ser considerado, no âmbito da Comissão Julgadora, apenas mais um documento a ser juntado ao envelope DOCUMENTAÇÃO, como, aliás, já tive a oportunidade de constatar.

O artigo 31, inciso I, da Lei n. 8.666/1993, refere-se ao balanço patrimonial e às demonstrações contábeis do último exercício social, indicando, com isso, a obrigatoriedade de apresentação de dados atualizados, que possam refletir o comportamento da empresa sob os prismas econômico e financeiro. A disposição legal em comento assegura a possibilidade de atualização "por índices oficiais quando encerrado há mais de 3 (três) meses da data de apresentação da proposta".

A propósito, Sidney Martins mostra que, para efeito da verificação da idoneidade financeira dos licitantes, "a Administração não é livre para estabelecer quais os documentos que pretende sejam apresentados", enfatizando que ela deve exigir somente aquilo que lhe faculta a Lei n. 8.666/1993.

Em seguida, após esclarecer que "a Lei de Licitações limita", além da comprovação da idoneidade financeira, "à prescrição de apresentação do balanço patrimonial e demonstrações contábeis do último exercício social, já exigíveis e apresentados na forma da Lei, vedada a substituição por balanços provisórios, podendo ser atualizados por índices oficiais, quando encerrados há mais de 3 (três) meses da data de apresentação da proposta (art. 31, I, da Lei nº 8.666/93)", complementa o aspecto afirmando que

> Exigir balanço patrimonial anterior ao último exercício, além de conduta contrária ao texto legal, constitui rematado disparate, porque o que interessa à Administração é investigar a situação financeira do licitante na atualidade, a fim de se aquilatar se este, caso logre ser vencedor do certame, apresenta condições suficientes para honrar os compromissos contratuais.[19]

---

19 *Licitações nos tribunais*, p.112-3.

Surge, então, um aspecto significativo para o exame da questão: qual seria o marco de exigibilidade legal para a caracterização do último exercício social?

A resposta enseja pequena, porém importante, colocação preambular, no sentido de registrar que, em função da previsão legal "já exigíveis e apresentados na forma da lei" (artigo 31, inciso I), a Administração somente pode determinar a juntada do balanço patrimonial e das demonstrações contábeis que, por força de lei, possam ser exigíveis, em função da regulamentação das várias espécies societárias.

Embora, atualmente, o término do exercício social para todas as empresas coincida com o final do ano civil (31 de dezembro), o fato é que as sociedades por ações continuam a ser regidas por legislação especial, nos termos do artigo 1.089 do Código Civil. Assim é que a Lei n. 6.404/1976 prevê que as sociedades anônimas realizem seus balanços até o quarto mês após o término do exercício social (artigo 132). As outras espécies societárias devem concluir seus balanços, nos termos do artigo 1.078 do Código Civil, também nos quatro meses seguintes ao término do exercício social.

A respeito do aspecto tratado, cabe ainda mostrar que, se o balanço patrimonial se encontra encerrado "há mais de 3 (três) meses da data de apresentação da proposta", o licitante pode, para apresentar o envelope DOCUMENTAÇÃO, atualizá-lo por índices oficiais (artigo 31, inciso I), o que equivale a reproduzir, para esse momento, aquilo que se apurou no momento de sua realização anterior, devidamente assinado por seu representante legal e profissional habilitado perante o Conselho Regional de Contabilidade, o que enseja a devida conferência por parte da Administração.

Da mesma forma, faculta-se à Comissão de Licitação a devida atualização das peças contábeis, podendo valer-se de técnicos especializados, devendo, para tanto, além de estabelecer o índice oficial escolhido, ou preferencialmente apontado no próprio edital, registrar todas as ocorrências pertinentes levadas a efeito no próprio processo da licitação.

Por último, deve ser enfatizada situação que tem trazido questionamentos para o desenvolvimento do procedimento licitatório, envolvendo, de um lado, a não apresentação ou o oferecimento equivocado do balanço patrimonial e das demonstrações contábeis do último exercício social; de outro, em função dessa particularidade, muito mais em uma tentativa desesperada de evitar a inabilitação, a alegação de que, em função de a empresa haver adotado o sistema do lucro presumido, encontra-se desobrigada de apresentação do balanço social e das demonstrações contábeis do último exercício.

Contudo, mesmo admitindo-se a opção pelo lucro presumido, ainda assim, para fim de habilitação em licitações públicas, a apresentação do balanço patrimonial e das demonstrações contábeis do último exercício social se impõe como medida de direito, por força da previsão estabelecida no artigo 31, inciso I.

A empresa está, isto sim, desobrigada de apresentar os referidos documentos tão-somente para fins do imposto de renda, como previsto no artigo 45 da Lei Federal n. 8.981/1995, que "Altera a legislação tributária federal e dá outras providências".

A propósito, ao abordar o aspecto atinente à Qualificação Econômico-Financeira: Balanço Patrimonial e Demonstrações Contábeis, Diógenes Gasparini ensina que:

> Ditas exigências, portanto, devem ser feitas, pois a segurança financeira da futura relação contratual deve restar cabalmente demonstrada pelo proponente, em função do desejado pela Administração Pública licitante. Sendo assim, não importa o fato segundo o qual algumas empresas, para outros fins, não estão submetidas ao regime de balanço patrimonial e demonstrações contábeis. É irrelevante, para fins de licitação, saber se a empresa está, para efeitos fiscais, notadamente os pertinentes ao Imposto de Renda, sujeita ao regime de lucro presumido ou de lucro real, pois essa sujeição não a libera da apresentação das indigitadas peças contábeis se pretender participar de licitação onde esses documentos são exigidos. Esses documentos, diga-se, são sempre necessários, pois o interesse público e a continuidade do serviço devem ser assegurados mesmo nas contratações de menor vulto e isso só se consegue com o conhecimento prévio da situação econômico-financeira de todo e qualquer proponente.

E as microempresas? Será que elas, em função das regras que as disciplinam, ora impondo uma receita bruta máxima, ora dispensando-as de cumprimento de encargos administrativos e tributários, estão desobrigadas da apresentação do balanço patrimonial e das demonstrações financeiras?

O mesmo jurista posiciona-se no sentido de que a obrigatoriedade se faz presente, salientando que:

> Com efeito, se desejarem participar de certa licitação onde é indispensável a demonstração de que possuem adequadas condições financeiras para suportar as obrigações do futuro contrato, é evidente que não há de ser o fato de se submeterem a esse regime fiscal administrativo que as liberará da apresentação dos respectivos balanços e demonstrações contábeis. Esse entendimento resta mais forte na medida em que se usa como apoio o disposto no art. 33,

III, do Estatuto Federal Licitatório, que proíbe o acréscimo de 30% no caso de consórcio de micro e pequenas empresas. Ora, se não se pode exigir tal adicional, é evidente que devem ser considerados singelamente os valores de cada consorciada. Para que isso seja factível, é necessário que o balanço e as demonstrações contábeis de cada microempresa consorciada sejam exigidos. Se essa exigência é legítima nos casos de consórcios, por que não o seria nas participações isoladas dessas empresas? Aqui e lá a segurança da futura contratação deve ser demonstrada.

Em seguida, mostra que:

> Ainda que se rebelem, a exigência de balanço patrimonial e demonstrações contábeis das microempresas é, como se observou, extremamente compreensível e vem sendo praticada pela legislação de entes federados, como ocorre no Rio de Janeiro. Nesse Estado, conforme menciona Marcos Juruena Villela Souto, para o cadastramento de microempresa exige-se, entre outros documentos, "demonstrações contábeis do último exercício que comprovem a boa situação financeira da empresa". Também esse princípio, *mutatis mutantis*, subsumem-se as pequenas e médias empresas.[20]

Observação 94 – Qualificação econômico-financeira e empresa recém-criada

Diferentemente da conclusão da **Observação 91** que examina a comprovação da qualificação técnica (desempenho de atividade pertinente e compatível com o objeto da licitação) por parte de empresa recém-criada, a questão ora tratada comporta dois posicionamentos diametralmente opostos.

Dentro desta linha, a título de primeiro posicionamento, se o edital pura e simplesmente consignar a exigência na forma prevista no artigo 31, inciso I, prevendo, em conseqüência, a apresentação do balanço patrimonial e das demonstrações contábeis do último exercício social, a empresa licitante recém-criada (ou, ainda, aquela que não tenha o tempo exigido para realizar o balanço) estará impedida de atender aos requisitos indicados caso tenha sido constituída há menos de um ano, impondo-se, em função de afronta ao prin-

---

20 Qualificação econômico-financeira: balanço patrimonial e demonstrações contábeis. In: *BLC...*, maio 1995, p.209-17.

cípio da vinculação ao instrumento convocatório (artigo 3º, *caput*), seu afastamento do certame.

Seria essa previsão editalícia, no entanto, correta sob o prisma jurídico? A empresa recém-criada há menos de um ano jamais poderia participar de licitação? E os princípios constitucionais da livre iniciativa e da livre concorrência?

Essas e muitas outras questões deram origem ao surgimento do segundo posicionamento, no sentido de que outro documento pode ser exigido em substituição ao balanço patrimonial e às demonstrações contábeis do último exercício, aliás, consistente no oferecimento, a título de substituição, por exemplo, do balancete do mês anterior à data da abertura da licitação.

Não se argumente que o próprio artigo 31, inciso I, veda a substituição do balanço patrimonial e das demonstrações contábeis do último exercício social por balancetes, porque, na verdade, essa proibição somente alcança empresas que, constituídas há mais de um ano, possam apresentar, nos termos legais, os documentos indicados.

Marcos Juruena Villela Souto ensina que,

> A rigor, o que pretendeu o legislador do novo diploma legal das licitações, ao vedar a substituição daquela documentação por balancetes ou balanços provisórios, foi estabelecer tal proibição exclusivamente para aquelas empresas já constituídas há mais de um ano e que, portanto, estariam compelidas a apresentar a documentação relativa à qualificação econômico-financeira. A vedação cabe apenas nesta hipótese.[21]

Roberto Ribeiro Bazilli e Sandra Julien Miranda emprestam à questão idêntico tratamento, salientando que,

> Nesses casos, demonstrações contábeis referentes a período relativamente próximo à abertura da documentação poderão vir a substituir o balanço patrimonial e as demonstrações contábeis do último exercício, recomendando-se, pois, que essa possibilidade tenha previsão editalícia, de maneira a evitar pendências desnecessárias. A Resolução 686, de 14.12.1990, do Conselho Federal de Contabilidade arrola quais seriam as demonstrações: demonstração do resultado, de lucros ou prejuízos acumulados, de mutações do patrimônio líquido e das origens e aplicações de recursos. O que não se pode é afastar, a priori, do certame a empresa recém-constituída, sob pena de ferir o princípio consti-

---

21 *Licitações e contratos...*, p.136.

tucional da igualdade e, de maneira especial, o disposto no art. 170, *caput* e seu inciso IV, da Constituição Federal, que assegura a livre iniciativa e a livre concorrência.[22]

Ora, se no âmbito doutrinário, evidentemente que sem qualquer afronta à Lei de Licitações, o segundo posicionamento prevalece, e se a quase totalidade dos editais não faculta essa oportunidade, de forma a ensejar que a empresa recém-criada, há menos de um ano, possa comprovar a qualificação econômico-financeira por meio de outro instrumento que não o balanço patrimonial e as demonstrações contábeis, desponta da presente conclusão que instrumentos convocatórios dessa espécie podem estar sujeitos à impugnação, nos exatos termos do artigo 41, §§ 1º e 2º, e, mais ainda, sujeitos até mesmo à impetração de Mandado de Segurança.

Observação 95 – Qualificação econômico-financeira e certidão de falência ou concordata ou de execução patrimonial

Para a comprovação da qualificação econômico-financeira exige-se também, em se tratando de pessoa jurídica, certidão negativa de falência e concordata, expedida por distribuidor de sua sede, enquanto a pessoa física deverá apresentar certidão de execução patrimonial, igualmente expedida pelo distribuidor de seu domicílio (artigo 31, inciso II, da Lei n. 8.666/1993).

Nesses termos, uma vez declarada a falência ou deferido o pedido de concordata da pessoa jurídica e presumida a insolvência da pessoa física, a lei não permite sua participação em procedimentos licitatórios, exatamente porque deixa de satisfazer à exigência pertinente à qualificação econômico-financeira.

Verifica-se, portanto, que a caracterização da insolvência enseja o afastamento das pessoas jurídica e física da licitação. Com relação a essa última, dá-se a chamada insolvência civil, ou, "toda vez que as dívidas excederem à importância dos bens do devedor", nos termos do artigo 748 do Código de Processo Civil.

Deve-se ter presente, no entanto, que se da referida certidão constar a existência de execução patrimonial, porém garantida com a penhora, não haverá, do meu ponto de vista, razão para a inabilitação, porque demonstra-

---

22 *Licitação à luz...*, p.237.

do estará que a indicada circunstância já se encontra garantida, sem contar ainda quando a própria execução envolver valores diminutos, sem qualquer significado para o licitante.

Também inexistirá fundamento para o afastamento da licitação enquanto não houver decisão judicial, uma vez que a execução patrimonial, ainda não decidida no âmbito do Poder Judiciário, deixa de constituir previsão legal para tanto.

E se a execução envolver cobrança de pensão alimentícia? A questão é levantada e respondida por Marçal Justen Filho, nos seguintes termos:

> A lei alude a execução "patrimonial". A expressão parece indicar as espécies de cobrança em que o móvel do exeqüente seja exclusivamente patrimonial. Assim, uma execução para cobrança de pensão alimentícia, por exemplo, ficaria excluída, na medida em que a questão não seria exclusivamente patrimonial. De modo idêntico, a execução de obrigação de fazer ou não fazer, que colima em obter uma conduta do executado distinta de entregar quantia em dinheiro, não impediria a habilitação.[23]

Aqui impende registrar também que, consoante ensinamentos de Roberto Ribeiro Bazilli e Sandra Julien Miranda, o texto do artigo 31, inciso II, restringiu "a situação de execução patrimonial à pessoa física, quando na verdade alcança, ainda, as sociedades civis", nos termos do artigo 786 do Código de Processo Civil.[24]

Por sua vez, se efetivamente reconhecido, por meio de decisão judicial, que a pessoa jurídica deixou de cumprir pagamentos líquidos e certos a que se encontrava obrigada, culminando com a decretação da falência, ou também na hipótese de deferimento da concordata requerida pela empresa, a lei não faculta qualquer opção, devendo ser, em ambas as hipóteses, afastada do procedimento licitatório.

Nessa situação deve, também, ser enfatizado que, para a inabilitação da empresa, não basta tão-somente o pedido de falência apresentado por terceiro ou a formalização do requerimento de concordata, impondo-se, na verdade, a decisão judicial a respeito.

Deve-se enfatizar, também, que o impedimento da empresa concordatária de participar da licitação, de acordo com a previsão legal ora comentada, tem sido objeto de severas críticas.

---

23 *Comentários...*, p.322.
24 *Licitação à luz...*, p.239.

Antônio Roque Citadini mostra que,

> Tratando-se de concordata, a situação merece análise mais abrangente por parte da Administração, pois não se pode negar ao concordatário a possibilidade da continuidade de sua atividade, sob pena de impedi-lo de se recuperar, fato que o levará, fatalmente, à falência, o que contraria os objetivos da concordata, que é o de permitir o retorno à normal atividade empresarial. Neste caso, caberá ao Administrador adotar todas as cautelas necessárias a obter a comprovação de que, mesmo em concordata, o interessado apresenta condições de vir a cumprir a contratação; isto se faz necessário, uma vez que a situação de concordatário é indicativa de problemas na empresa.[25]

Embora também tenha posicionamento no sentido de que não permitir a participação de empresa concordatária em procedimentos licitatórios significa contribuir, decisivamente, para o surgimento de maiores entraves que dificultam o seu retorno à situação de normalidade, o que contraria a própria finalidade da concordata, o fato é que, nos termos legais, a possibilidade estaria restrita à participação em licitações de fornecimentos de bens de pronta entrega, já que estaria dispensada a fase de habilitação (artigo 32, § 1º), sendo obrigatória, contudo, a apresentação da prova de regularidade com a SEGURIDADE SOCIAL e com o FUNDO DE GARANTIA DO TEMPO DE SERVIÇO, conforme evidenciado na *Observação 82*; sem prejuízo da declaração pertinente ao cumprimento do disposto no artigo 7º, inciso XXXI, da Constituição Federal, por força do inciso V, artigo 27, da Lei n. 8.666/1993, regulamentada nos termos do Decreto Federal n. 4.358, de 5.9.2002.

Observação 96 – Qualificação econômico-financeira e exigência de garantia para participar de licitação

A Lei de Licitações e Contratos facultou a exigência de garantia para a habilitação do licitante, que, além de estar devidamente contemplada no edital e autorizada pela autoridade competente, pode ser prestada por meio de caução em dinheiro ou títulos da dívida pública, seguro-garantia e fiança bancária, limitada, todavia, a 1% do valor estimado do objeto da contratação (artigos 31, inciso III, § 2º, e 56).

---

25 *Comentários e jurisprudência...*, p.273-4.

Embora considerada inconstitucional por muitos juristas, destacando-se, entre eles, Marçal Justen Filho, por não se harmonizar com o preceito estabelecido no artigo 37, inciso XXI, da Constituição Federal, o fato é que a exigência de garantia, como requisito para habilitação, até hoje continua vigorando, notadamente porque não foi declarada a sua inconstitucionalidade.

Portanto, como a condição básica para que a garantia possa ser eliminada ainda não foi levada a efeito, ou seja, não houve a declaração de sua inconstitucionalidade, o administrador público deve se cercar de todas as cautelas para a formalização da exigência, de maneira que sua previsão editalícia, envolvendo compras para entrega futura e execução de obras e serviços (§ 2º do artigo 31), deve guardar estreita dependência fática com a natureza do objeto a ser licitado, sem perder de vista, o que também assume importância ímpar no contexto, a eventualidade de que ela dê ensejo à caracterização de afronta ao princípio da competitividade, postulado obrigatório de qualquer procedimento licitatório, por força do artigo 3º, § 1º.

Deixando de lado o aspecto alusivo à constitucionalidade da garantia, entendo que, a despeito de opiniões no sentido de que "a prática das licitações vem consagrando-a como meio de incrementar a consistência das propostas e diminuir a inadimplência de adjudicatários",[26] a exigência se mostra desnecessária, notadamente porque, além de a situação envolver pouquíssimos casos (registro esse ditado em função de longos anos de experiência na área), a própria Lei de Licitações contempla a aplicação de penalidades ao adjudicatário que, de maneira injustificada, se recuse a assinar o contrato, aceitar ou retirar o instrumento equivalente, observado o prazo fixado para tanto, caracterizando, portanto, o descumprimento total da obrigação assumida (artigo 81).

Tanto é que a referida disposição legal estabelece hipótese especial de responsabilidade pré-contratual, o que significa dizer que a pura e simples apresentação da proposta, por si só, obriga o proponente, amparada nos termos dos artigos 127 do Código Comercial e 1.080 do Código Civil.

Trata-se, em rigor, do inadimplemento da obrigação resultante da participação em uma licitação, podendo dar ensejo, uma vez caracterizada a recusa injustificada, à aplicação das sanções administrativas de multa, suspensão temporária de licitar e contratar com a Administração e na declaração de inidoneidade de licitar ou contratar com a Administração Pública, consoante previsão do artigo 87, sem prejuízo de indenização por perdas e danos.

---

26 MOTTA, Carlos Pinto Coelho, in: *Eficácia nas licitações...*, p.185.

Nestes termos, a garantia não precisaria ser exigida, embora venha facilitar o recebimento, por parte da Administração, de eventual multa ou ressarcimento de dano, nem sequer havendo necessidade de socorrer-se do Poder Judiciário, o que não é seu objetivo; a mantença da proposta pelo adjudicatário, essa sim sua verdadeira finalidade, pode e deve ser viabilizada com a aplicação dos comandos determinados pelos artigos 81 e 87; isso sem levar em conta a eventualidade de afronta ao princípio da constitucionalidade, conforme já apontado.

Ainda a esse respeito, deve ser abordado o aspecto relativo ao prazo de validade da garantia que, obrigatoriamente, precisa coincidir com o término da licitação e a celebração do contrato, ou com a retirada da nota de empenho ou do instrumento equivalente, sob pena de frustrar o seu próprio objetivo que, na verdade, procura obrigar o licitante a manter sua proposta. Nestes termos, a liberação da garantia será levada a efeito para todos os licitantes, inclusive para aquele que se sagrou vencedor, o qual, no entanto, poderá tê-la aproveitada, com as devidas adaptações, como garantia contratual, evidentemente se exigida.

Observação 97 – Qualificação econômico-financeira e devolução de garantia exigida para participação de licitação

Uma vez adotada a exigência de garantia, nos exatos termos e condições dos artigos 31, inciso III, § 2º, e 56, e considerando que ela é exigida a título de mantença de propostas, todas as empresas consideradas inabilitadas têm direito às respectivas devoluções.

Portanto, exaurido o prazo para apresentação de recurso ou indeferido aquele interposto, e, portanto, definida a fase de habilitação, a garantia prestada por parte das empresas inabilitadas será restituída e, quando em dinheiro, atualizada monetariamente (§ 4º do artigo 56).

Observação 98 – Qualificação econômico-financeira e apresentação de cheque sem fundos a título de garantia para participar de licitação

De acordo com o entendimento apresentado nas *Observações* anteriores, amparado nos artigos 31, inciso III, § 2º, e 56, a garantia constitui requisito relativo à qualificação econômico-financeira, cuja comprovação deve ser juntada ao envelope DOCUMENTAÇÃO, para posterior verificação de sua regularidade, por parte da Comissão de Julgamento, no momento de sua abertura.

Nesses termos, se, por ocasião do exame da documentação apresentada, a Comissão constatar que a prestação da garantia acabou se formalizando em dinheiro, por meio de cheque, deve, de imediato, e anteriormente ao término da fase de habilitação, para verificar a existência de fundos, adotar as medidas para a concretização de seu depósito. A constatação da existência de "fundos" é condição para habilitação do licitante, sob pena de habilitá-lo às escuras, portanto, ao arrepio das exigências editalícias.

No entanto, mesmo que a providência não tenha sido concretizada na forma indicada, culminando com a habilitação de empresa que tenha apresentado cheque sem provisão de fundos, somente constatado após a preclusão dessa fase, não resta outra alternativa senão a inabilitação, fundamentada em fato superveniente que chegou ao conhecimento da Comissão de Julgamento depois do julgamento da habilitação, nos termos do § 3º do artigo 43.

Observação 99 – Qualificação econômico-financeira e possibilidade de oferecimento de título da dívida agrária como garantia

O aspecto é sempre objeto de questionamento nos vários Seminários de Licitação já ministrados, quando, em função do teor das indagações, percebe-se desde logo que a grande maioria desconhece a conceituação de títulos da dívida pública.

A própria formulação da questão revela essa particularidade, uma vez que é apresentada, invariavelmente, nos seguintes termos: se o artigo 56, § 1º, inciso I, permite que a garantia seja prestada por meio de títulos da dívida pública, por que também não possibilita o oferecimento de título da dívida agrária?

A resposta é simples, curta e enfática: a lei não proíbe que o título da dívida agrária venha a ser utilizado para essa finalidade, uma vez que ele é espécie do gênero título da dívida pública.

Com efeito, De Plácido e Silva conceitua título da dívida pública como "a denominação atribuída a qualquer espécie de título emitido pelo Estado, ou mesmo por suas subunidades administrativas, na qualidade de empréstimos, ou de antecipação de receita". Continuando, esclarece que os "títulos da dívida pública, geralmente chamados de apólices, obrigações do tesouro, e de bônus, constituem-se em fundos públicos, sendo às vezes tidos como títulos de renda, e como títulos de obrigações do Estado.[27]

E tanto é assim que o Estatuto da Terra (Lei n. 4.504, de 30.11.1964) autoriza o Poder Executivo a emitir título da dívida agrária, que é, na verdade, espécie do gênero título da dívida pública, ensejando sua apresentação sem qualquer objeção ou restrição.

Observação 100 – Habilitação de empresas em consórcio

Hely Lopes Meirelles conceitua o consórcio de firmas ou empresas como

> a associação de várias organizações técnicas, industriais, comerciais, ou até mesmo de profissionais, para a participação em determinada concorrência. É a soma de técnica, capital, trabalho e know-how para execução de um empreendimento certo, que nenhuma das firmas, isoladamente, teria condições de realizar, dada a complexidade, o custo e a diversificação das obras, serviços e equipamentos exigidos.[28]

Pela pura e simples conceituação de consórcio, já se pode destacar algumas características próprias e inerentes à sua constituição, ressaltando de início que, embora o artigo 33 trate apenas da participação de empresa em consórcio, descartado não se encontra o consórcio de pessoas físicas. Carlos Ari Sundfeld também contempla a possibilidade, "quando o objeto o admita, como nos concursos.[29]

Além disso, não é todo e qualquer procedimento licitatório que permite a formação do consórcio, uma vez que ela está invariavelmente condicionada à magnitude do empreendimento, quando caracterizada a impossibilidade de uma empresa atender à execução do objeto licitado, não ostentando, isoladamente, condições para participar do certame e, como decorrência, também para cumprir o contrato a ser celebrado. Tanto é que a própria lei somente admite a participação de empresas em consórcio desde que haja previsão expressa no instrumento convocatório (artigo 33).

Marçal Justen Filho alerta para a circunstância de que

---

27 *Vocabulário jurídico*, p.1.563, v.IV.
28 *Licitação e contrato...*, p.78.
29 *Licitação e contrato administrativo*, p.131, nota 43.

No campo de licitações, a formação de consórcios poderia reduzir o universo da disputa. O consórcio poderia retratar uma composição entre eventuais interessados: em vez de estabelecerem disputa entre si, formalizariam acordo para eliminar a competição. Mas o consórcio também pode prestar-se a resultados positivos e compatíveis com a ordem jurídica. Há hipóteses em que as circunstâncias do mercado e (ou) a complexidade do objeto tornam problemática a competição. Isso se passa quando grande quantidade de empresas, isoladamente, não dispuserem de condições para participar da licitação. Nesse caso, o instituto do consórcio é a via adequada para propiciar ampliação do universo de licitantes. É usual que a Administração Pública apenas autorize a participação de empresas em consórcio quando as dimensões e a complexidade do objeto ou as circunstâncias concretas exijam a associação entre particulares. São as hipóteses em que apenas umas poucas empresas estariam aptas a preencher as condições especiais exigidas para licitação.[30]

Por outro lado, no que tange à participação de empresas em consórcio, destaque-se também que sua concreta e efetiva constituição não é condição para o ingresso no certame, bastando, para tanto, tão-somente apresentar "compromisso público ou particular de constituição de consórcio, subscrito pelos consorciados" (artigo 33, inciso I). A constituição e o registro do consórcio devem ocorrer anteriormente à celebração do contrato, sendo requisitos indispensáveis para tanto (artigo 33, § 2º).

O edital deverá estabelecer, ainda, outras regras pertinentes, enfatizando desde logo a indicação da empresa responsável pelo consórcio, que atenderá às condições de liderança necessárias ao desenvolvimento da licitação e respectivo contrato (artigo 33, inciso II), e, na hipótese de os consórcios envolverem empresas brasileiras e estrangeiras, a liderança caberá, obrigatoriamente, à empresa brasileira (artigo 33, § 1º).

Na mesma licitação, nenhuma empresa consorciada poderá participar de mais de um consórcio e nem isoladamente (artigo 33, inciso IV). Anote-se, porque bastante interessante, o posicionamento de Renato Geraldo Mendes, no sentido de que "Parece-nos que a proibição normativa não tem aplicação se o objeto for dividido em itens ou lotes e o julgamento for cindido.[31]

As empresas consorciadas respondem solidariamente por todos os atos praticados em consórcio, tanto na fase de licitação, quanto na de execução

---

30 *Comentários...*, p.335.
31 *Lei de licitações e...*, p.94, nota 592.

do contrato, diferentemente daquela responsabilidade nos termos da Lei n. 6.404/1976, que dispõe sobre as Sociedades por Ações, quando então "as consorciadas somente se obrigam nas condições previstas no respectivo contrato, respondendo cada uma por suas obrigações, sem presunção de solidariedade" (artigo 278, § 1º).

Por último, cada uma das empresas consorciadas deverá apresentar, para efeito de habilitação, os documentos pertinentes à habilitação jurídica, regularidade fiscal, qualificação técnica, qualificação econômico-financeira e também ao cumprimento do inciso XXXIII do artigo 7º da Constituição Federal (artigos 33, inciso III, e 27, inciso V), podendo, para tanto, desde que haja permissão editalícia, valer-se do Certificado de Registro Cadastral (artigo 32, § 1º); não se olvidando, todavia, mesmo nessa hipótese, da obrigatoriedade de apresentação da prova de regularidade relativa à Seguridade Social e ao Fundo de Garantia do Tempo de Serviço *(Observação 82)*.

Portanto, embora cada empresa que participe do consórcio deva apresentar sua documentação de forma individualizada, para efeito da qualificação técnica admitir-se-á o somatório dos quantitativos de cada consorciado, e na qualificação econômico-financeira o somatório dos valores também de cada consorciado, porém na proporção da respectiva participação. A Administração poderá, imaginando-se que os valores referidos sejam aqueles do patrimônio líquido ou capital social, aumentá-los em até 30% daqueles fixados para licitante individual, excluindo dessa incidência, todavia, os consórcios formados, em sua totalidade, por micro e pequenas empresas, assim definidas por lei (artigo 33, inciso III).

Observação 101 – Habilitação e necessidade de especificação do documento exigido pela Administração

Conforme enfatizado por meio da *Observação 80*, a comprovação da regularidade fiscal perante a Fazenda Federal, nos termos da previsão do artigo 29, inciso III, acabou provocando problemas de ordem jurídica, quanto à exata indicação dos documentos que deveriam ser colacionados no instrumento editalício para a satisfação da exigência.

Alguns editais contemplavam a previsão de forma genérica, limitando-se a exigir prova da regularidade fiscal com a Fazenda Federal, reproduzindo pura e simplesmente o estatuído no referido inciso III. Outros exigiam, para a finalidade indicada, a Certidão de Quitação de Tributos e Contribuições

Federais, expedida pela Secretaria da Receita Federal, sendo necessário registrar, também, a existência daqueles que, acertadamente, além desse documento anteriormente relacionado, preconizavam a obrigatoriedade da Certidão Negativa da Dívida Ativa da União, fornecida pela Procuradoria da Fazenda Nacional competente.

Deixando de lado a última previsão, a qual, a propósito, se encontra de acordo com a legislação e em conformidade com a exigência do Tribunal de Contas da União *(Observação 80)*, o fato é que, nos termos da primeira previsão (prova da regularidade fiscal com a Fazenda Federal), a comprovação da particularidade ficava ao arbítrio do licitante, devendo definir e providenciar a juntada do documento que viesse considerar correto. Na segunda (Certidão de Quitação de Tributos e Contribuições Federais), a Administração limitava-se a indicar tão-somente parte da documentação necessária para o atendimento da exigência.

Em ambas as hipóteses o edital estaria viciado. Na primeira, a Administração transferiria ao licitante obrigação que lhe é própria, na medida em que, em vez de definir a documentação que deve ser apresentada, praticamente transferiria esse encargo ao licitante, impondo-lhe o cumprimento de tarefa não contemplada na Lei de Licitações e Contratos, ou seja, adivinhar o documento que vá atender à exigência editalícia.

Os documentos exigidos devem constar do edital, não sendo permitido à Comissão escolhê-los por ocasião do julgamento. Recorde-se que, "Como bem o disse o Prof. José Fernandes Filho, ilustre desembargador de Minas Gerais, na licitação a única surpresa admissível para o licitante é o conteúdo da oferta de seus concorrentes. Nenhuma outra é juridicamente tolerável".[32]

No que diz respeito à segunda hipótese, quando a Administração preconiza tão-somente um dos documentos indispensáveis para a comprovação exigida, além de patenteado o não-cumprimento da legislação, o que já seria suficiente para a anulação do instrumento de convocação, certamente provocaria outros incidentes, como, por exemplo, a impugnação ao edital e até mesmo recursos na fase de habilitação, o que certamente implicaria a nulidade da licitação.

Assim, o edital deve sempre especificar os documentos pertinentes para a comprovação da exigência, de forma que a inexistência de qualquer indicação ou o apontamento incompleto acarretará o surgimento de vício insanável

---

32 BANDEIRA DE MELLO, Celso Antônio, in: *Licitação*, p.70.

no procedimento, que, por ofensa ao princípio da legalidade, fatalmente decretará a correspondente anulação.

Observação 102 – Habilitação. Forma de apresentação dos documentos necessários para tanto. Prazo de validade de certidões que não estabeleçam previsão. Utilização da internet para efeito de comprovação da regularidade fiscal

Embora o aspecto esteja devidamente equacionado no *caput* do artigo 32, algumas vezes o licitante acaba apresentando cópia de documento sem a devida autenticação, e, mais ainda, nem sequer traz o original para que o servidor da Administração possa autenticá-lo, incorrendo na sua inabilitação.

Todo o cuidado é pouco para participar de uma licitação, devendo o licitante se preocupar, com muita precisão, com as exigências editalícias, jamais olvidando, no que tange ao aspecto tratado, que a documentação para a habilitação deve ser apresentada no original, ou mediante qualquer processo de cópia autenticada por cartório competente, ou por servidor da Administração, desde que apresentado o original para a devida conferência, ou ainda por publicação na imprensa oficial, com a apresentação também do original (artigo 32, *caput*).

Deve-se lembrar, a propósito, que, em se tratando de licitações internacionais, as empresas estrangeiras que não funcionem no Brasil atenderão, tanto quanto possível, às exigências pertinentes à habilitação por meio de documentos equivalentes, autenticados pelos respectivos consulados e traduzidos para o idioma nacional por tradutor juramentado (artigo 32, § 4º).

Ainda a respeito da forma de apresentação dos documentos, entendo ser aconselhável registrar que, mesmo na hipótese de o próprio documento expedido pelo órgão conter a expressão "VÁLIDO SOMENTE NO ORIGINAL", não significa dizer que somente serão aceitos os documentos "NO ORIGINAL".

Conforme salientado, os licitantes poderão colacionar a documentação exigida no original, mediante qualquer processo de cópia autenticada por cartório competente, ou por servidor da Administração, desde que apresentado o original para a devida conferência, ou ainda por publicação na imprensa oficial, com a apresentação também da publicação original (artigo 32, *caput*).

Portanto, exigir apresentação do original, negando-se a aceitar fotocópia autenticada por tabelião, equivaleria, de um lado, a negar credibilidade ou validade a documento que recebeu autenticação de profissional legalmente investido desse poder; e, de outro, a afrontar o princípio constitucional da legalidade, segundo o qual o administrador público está sempre sujeito aos preceitos legais, e, em conseqüência, impedido de deixar de cumpri-los.

Nesses termos, os documentos devem ser colacionados tanto na fase de habilitação como na de proposta na forma expressamente indicada no *caput* do artigo 32, deixando de lado qualquer referência inserida no próprio documento que condiciona sua aceitação à apresentação da via ORIGINAL. O "ORIGINAL" precisa ser apresentado, para fins do procedimento licitatório, ao tabelião de notas, para a competente autenticação, ou ao servidor da Administração, também para a mesma finalidade.

E o prazo de validade das certidões que não contemplem qualquer previsão a respeito?

Para o devido equacionamento da questão proposta, impõe-se acentuar, desde logo, que a Lei de Licitações e Contratos Administrativos não estabelece prazo de validade, fazendo surgir, com isso, duas situações diametralmente opostas.

Na primeira delas, a própria certidão colacionada preconiza a correspondente validade, de forma que o exame da particularidade não oferece qualquer dificuldade. A Comissão Julgadora deve observar, portanto, se a certidão ainda é válida ou não.

Na segunda hipótese, o prazo de validade da certidão não foi estabelecido e, portanto, não consta de seu conteúdo. Aqui, no entanto, a questão desdobra-se em duas outras alternativas.

A primeira alternativa envolve certidão cuja validade esteja disciplinada por normas que regulamentem a sua atividade objeto, não tendo sido estabelecida, todavia, qualquer previsão nesse sentido, como, por exemplo, no caso de certidões de regularidade com o INSS e com o FGTS. A situação deve ser dirimida em função do exame da respectiva legislação, aferindo-se, em função desse exame, a validade ou não da certidão.

A segunda alternativa circunscreve-se em certidão cujo prazo de validade não esteja previsto em seu conteúdo, inexistindo, também, qualquer normatização a respeito. Ora, nesses termos, e dada a inviabilidade de a Administração aceitar certidões já defasadas no tempo, não resta outra alternativa senão, à semelhança da Instrução Normativa n. 5/1975 – Sicaf, a uniformização do prazo de validade de todas as certidões exigidas na licitação, inserindo cláusula editalícia genérica a respeito.

Por último, cumpre ainda examinar a possibilidade de utilização da internet para comprovação da regularidade relativa à Seguridade Social e ao Fundo de Garantia do Tempo de Serviço.

No que diz respeito à seguridade social, deve-se ter presente que a matéria estava normatizada à luz da Ordem de Serviço INSS n. 211, de 10.6.1999 (item 4), tendo sido revogada pela Instrução Normativa n. 71/2002 (artigo 255 e parágrafo único), que passou a disciplinar a particularidade até a publicação da Instrução Normativa n. 100, de 18.12.2003, ambas da Diretoria Colegiada do Instituto Nacional do Seguro Social.

E tanto é assim que o artigo 542 desta última Instrução Normativa consagra que

> A prova de inexistência de débito perante a Previdência Social será fornecida por certidão emitida por sistema informatizado do INSS, cuja validade independerá de assinatura manual ou de aposição de carimbos, ficando o responsável pela sua aceitação condicionado à verificação da autenticidade do documento na rede de comunicação da internet, no endereço *www.previdenciasocial.gov.br*, ou junto a qualquer APS, mediante solicitação do interessado.

A regularidade do Fundo de Garantia do Tempo de Serviço, por sua vez, mediante Certificado de Regularidade Fiscal emitido pela Caixa Econômica Federal, pode ser comprovada também via internet, por força da previsão do artigo 34 da Medida Provisória n. 2.176/1979, de 23.8.2001, convertida na Lei n. 10.522, de 19.7.2002 (artigo 35). Ainda à época da vigência da Medida Provisória, a Caixa Econômica Federal (CEF) expediu Circular n. 204/2001, disciplinando a expedição do CRF por meio da internet.

E tanto é assim que, aliás, como já evidenciado, para efeito do reconhecimento da validade das certidões, a Comissão de Licitação deverá confirmar o seu inteiro teor, ou suas autenticidades na própria rede de comunicação da internet, como decorrência de determinações contidas tanto na Instrução Normativa do INSS como na Circular da CEF.

Observação 103 – Habilitação e devolução dos documentos originais apresentados

Muitas vezes, como já tive oportunidade de constatar, a empresa apresenta, para fins de habilitação, os documentos originais, esquecendo-se de que as cópias ostentam o mesmo efeito, desde que autenticadas por cartório competente ou por servidor da Administração, e, posteriormente, por qualquer razão, solicita a sua devolução (artigo 32, *caput*).

Ainda que os documentos juntados devam permanecer no processo administrativo que tratou do procedimento, o pedido pode e deve ser atendido, bastando que, anteriormente à devolução, sejam providenciadas as suas fotocópias e respectivas autenticações por servidor da Administração, juntando-as aos autos em substituição aos originais. Apenas um último lembrete: as fotocópias podem e devem ser cobradas da empresa requerente, com amparo no § 5º, também do artigo 32.

Observação 104 – Habilitação e apresentação de documento irregular, porém não exigido

A questão ora em discussão já foi, entre muitas outras colacionadas neste trabalho, objeto de exame por parte do autor quando no exercício da função de Procurador de Universidade, na época também responsável por licitações e contratos administrativos.

Naquela oportunidade foi aberto um convite, envolvendo a apresentação dos envelopes DOCUMENTAÇÃO e PROPOSTA.

Estabeleceu-se, com amparo no artigo 32, § 1º, que deveria constar do envelope DOCUMENTAÇÃO a comprovação de regularidade relativa à Seguridade Social, com a apresentação da Certidão Negativa de Débito, expedida pelo Instituto Nacional do Seguro Social, e também aquela pertinente ao Fundo de Garantia do Tempo de Serviço, por meio de Certificado de Regularidade de Situação, fornecido pela Caixa Econômica Federal.

Ocorre porém que, por ocasião da abertura dos envelopes DOCUMENTAÇÃO e do exame das exigências pertinentes, constatou-se que determinada empresa apresentou, por engano, além dos documentos apontados, aqueles que comprovariam a regularidade com as Fazendas Federal, Estadual e Municipal, estando este último com o prazo de validade vencido.

A Comissão Permanente de Licitação houve por bem afastar a licitante do procedimento, motivando sua decisão em função de a Certidão Negativa de Débito com a Fazenda Municipal encontrar-se com o prazo de validade vencido.

A empresa licitante recorreu, por entender que o documento apresentado inadvertidamente não poderia ser considerado, que não era sequer exigido no Convite e, conseqüentemente, não fora apresentado por qualquer outro concorrente.

Ao examinar a situação, mostrei a procedência do recurso interposto, sustentando que, ao mesmo tempo em que era válida a dispensa parcial de documentos (artigo 32, § 1º), uma vez fixadas as regras da licitação, a Comissão deveria, inexoravelmente, observá-las. A propósito, as regras indicadas obrigam tanto a Administração como os licitantes, em decorrência dos comandos traçados nos artigos 41 e 3º.

Hely Lopes Meirelles, por exemplo, sempre sustentou que

> A Administração não pode tomar conhecimento de papel ou documento não pedido no edital ou convite, nem exigir mais do que foi solicitado, nem conceder prazo para apresentação dos faltantes, porque isto criaria situação de desigualdade entre os licitantes, invalidando o procedimento licitatório.[33]

Com efeito, se o convite houve por bem exigir, a título de habilitação, a Certidão Negativa de Débito, expedida pelo INSS, e o Certificado de Regularidade de Situação, fornecido pela CEF, dispensando, assim, os demais documentos, *ex vi* do disposto no artigo 32, § 1º, não pode a Comissão Julgadora, ao efetuar o julgamento, à vista de irregularidade no documento inadvertidamente apresentado e não exigido, afastar o licitante do procedimento licitatório.

A Comissão Julgadora não pode desrespeitar as regras estabelecidas no edital ou convite (artigo 41), estando o desenvolvimento da licitação inteiramente vinculado ao instrumento convocatório (artigo 3º, *caput*, impedindo, com isso, a inclusão de requisito não exigido (Certidão Negativa de Débito com a Fazenda Municipal).

Observação 105 – Habilitação de proponente atrasado

Os prazos para apresentação dos envelopes DOCUMENTAÇÃO e PROPOSTA estão estabelecidos em termos de mínimos, observando-se, para tanto, as previsões dispostas no artigo 21, §§ 2º e 3º.

Fixados o dia, a hora e o local para a entrega dos referidos envelopes, as empresas que se interessarem em participar do procedimento deverão efetuar sua entrega até o último momento do aludido prazo, sob pena de inviabilizarem suas participações.

---

33 *Licitação e contrato...*, p.110.

Muitas vezes, porém, o proponente acaba se atrasando e, em que pese a ocorrência, ainda assim, insiste em entregar os envelopes e participar da licitação. O que fazer?

A resposta não oferece dificuldade, situando-se, todavia, em dois extremos distintos.

Admitindo-se que os envelopes DOCUMENTAÇÃO ainda não tenham sido abertos, mesmo com a extrapolação do prazo para a entrega, nada impede que a Comissão de Licitação consulte os demais licitantes, se presentes todos aqueles que apresentaram os envelopes, sobre a eventualidade de participação ou não da empresa que não chegou no momento devido, ficando a participação do licitante retardatário condicionada à expressa concordância de todos os demais participantes do procedimento licitatório, registrando-se a ocorrência em ata, independentemente da decisão. A consulta em questão está irremediavelmente condicionada à presença de todos os licitantes, uma vez que a ausência de um deles inviabiliza a medida.

No entanto, se a abertura dos envelopes já houver se concretizado, o licitante retardatário deve manter-se afastado da licitação. Antônio Carlos Cintra do Amaral, abordando o aspecto, enfatiza que

> Em princípio, horário é para ser cumprido e uma empresa que não se organiza para que seus representantes compareçam pontualmente às sessões de abertura de licitação é, pelo menos em princípio, não muito confiável quanto ao cumprimento de prazos contratuais. É óbvio, porém, que o atraso pode, excepcionalmente, ter sido causado por um imprevisto, imune a qualquer organização, por mais eficiente que seja.[34]

Observação 106 – Habilitação por evidência

Determinada empresa licitante deixou de juntar ao envelope DOCUMENTAÇÃO os atestados que comprovariam a aptidão para o desempenho de atividade pertinente e compatível em características, quantidades e prazos com o objeto da licitação, sendo considerada inabilitada. Inconformada, recorreu da decisão inabilitadora, alegando, em síntese, que, em função de haver prestado idêntico serviço ao órgão licitante, estaria dispensada de colacionar a documentação exigida.

---

34 *Licitações nas empresas...*, p.93.

Na verdade, à vista da lamentável omissão, a licitante procurou supri-la, alegando que estava habilitada até mesmo por evidência, ficando, assim, dispensada de apresentação dos referidos atestados.

Nada mais ilusório. Independentemente de a situação em questão não figurar como previsão legal, o que, por si só, já impediria sua adoção, se a empresa já executou serviços compatíveis para o órgão licitante deveria ter juntado o atestado correspondente. Não se qualifica uma empresa por evidência; não se qualifica uma empresa simplesmente por haver prestado serviços anteriores, ainda que compatíveis com o objeto da licitação instaurada. Impõe-se, para tanto, a observância das regras editalícias e, em conseqüência, a apresentação da documentação exigida.

A desatenção e, mais ainda, a ausência de cuidados, imprescindíveis para participar de uma licitação, são os fatores responsáveis pela inabilitação da empresa, e não qualquer interpretação errônea da Comissão de Julgamento.

Observação 107 – Habilitação e apresentação de documentos complementares

Abertos os envelopes DOCUMENTAÇÃO, a Comissão de Julgamento examinará os documentos apresentados, procedimento esse diretamente vinculado às exigências editalícias.

Assim é que, atendidas as condições fixadas, o licitante estará habilitado, podendo participar da fase de abertura das PROPOSTAS. Aqueles que não satisfizerem aos termos do edital com a juntada de documentos exigidos, ou ainda, deixarem de colacionar qualquer deles, estarão afastados do procedimento, impondo-se, como medida de direito, as correspondentes inabilitações.

Ocorre porém que, embora o licitante tenha juntado documento que não se presta a atender a exigência editalícia, ou deixado de juntar aqueles exigíveis, o que acontece com certa freqüência, inclusive por desatenção, normalmente ele interpõe recurso contra sua inabilitação, procurando sanar a irregularidade e, ao mesmo tempo, ser declarado habilitado, juntando, para tanto, aquele documento que deveria ter sido apresentado.

No entanto, em que pese o recurso interposto e o interesse da Administração em ter o maior número possível de propostas para o confronto dos preços, nada se pode fazer, devendo a inabilitação ser mantida.

Com efeito, a Administração e os licitantes estão inteiramente vinculados aos termos do instrumento convocatório (artigos 41 e 3º), impondo-se, em conseqüência, a obediência às regras nele capituladas.

Segundo entendimento consagrado na doutrina e na jurisprudência, a Comissão de Licitação não pode ensejar ou possibilitar que qualquer licitante complemente a documentação depois da abertura dos envelopes, sob pena de ofensa ao princípio da igualdade.

Qualquer procedimento em sentido contrário acarretará em vício que, na verdade, além de constituir ofensa ao direito líquido e certo dos demais participantes de exigir a aplicação geral da norma, certamente dará origem a inúmeros problemas que resultarão na anulação da licitação e na apuração de responsabilidades.

O Tribunal de Justiça do Estado de São Paulo decidiu que é ilegal a reabilitação de concorrente que juntou os documentos faltantes intempestivamente.

> Assim, por ser vinculada à atuação da comissão julgadora, não podendo alterar critérios quando da fase de habilitação, clara é a ofensa ao direito líquido e certo dos demais concorrentes de exigir a aplicação geral da norma, devendo ser concedido o Mandado de Segurança.[35]

A esse respeito, Hely Lopes Meirelles empresta à situação o seguinte entendimento:

> A Administração não pode tomar conhecimento de papel ou documento não pedido no edital ou no convite, nem exigir mais do que foi solicitado, nem conceder prazo para apresentação dos faltantes, porque isto criaria situação de desigualdade entre os licitantes, invalidando o procedimento licitatório.[36]

Carlos Ary Sundfeld aborda a questão proposta de forma a não ensejar qualquer dúvida, enfatizando que

> Se um licitante esqueceu-se de anexar documento vital, embora dele já dispusesse na época própria, estará eliminado. Isso, que pode parecer rigor excessivo por reduzir o universo de competidores – e, em conseqüência, a competitividade – tem fundamento relevante: trata-se de garantir o tratamento isonômico. Todos os interessados devem merecer igual tratamento. Por isso, têm o mesmo prazo para preparar e entregar seus dossiês de habilitação. Permitir a um deles a complementação posterior seria privilegiá-lo no confronto com os outros, pondo a perder o caráter igualitário do certame.[37]

---

35 RT 664-69.
36 *Licitação e contrato...*, p.110.
37 *Licitação e contrato administrativo*, p.111.

Sidney Martins salienta, ao comentar a decisão antes referida, que

> A Comissão de Licitação, a fim de esclarecer ou complementar a instrução do processo licitatório, pode promover as diligências que julgar necessárias, sendo-lhe vedado, no entanto, aceitar a inclusão pelos licitantes de documento ou informação que já deveria ter sido apresentado anteriormente, como preconiza o § 3º, do art. 43, da Lei n. 8.666/93.

Continuando, Martins ensina que o artigo 41 da referida Lei estabelece que "a Administração não pode descumprir às normas e condições do edital, ao qual se acha estritamente vinculada".

Para concluir a matéria, afirma que

> Aceitar que o licitante que deixou de apresentar documento exigido no instrumento convocatório na época oportuna, o faça posteriormente, identifica manifesta violação do princípio da isonomia previsto no art. 37, da CF/88 e, reiterado no art. 3º, da Lei nº 8.666/93.[38]

A esse propósito, também Marçal Justen Filho revela que "incumbe ao interessado o ônus de provar o atendimento aos requisitos legais; se não fizer a prova, de modo satisfatório, a solução será sua inabilitação. Não há cabimento para presunções: ou os requisitos foram atendidos de modo cabal ou não o foram". Em seguida, mostra que "Inexistirá possibilidade de suprir defeitos imputáveis aos licitantes. O esclarecimento de dúvidas não significa eliminar a omissão dos licitantes. Se o licitante dispunha de determinado documento, mas esqueceu de apresentá-lo, arcará com as conseqüências de sua própria conduta".[39]

Observação 108 – Apresentação da documentação indispensável à habilitação, e da própria proposta, em um único envelope

O exame da presente observação demanda pequena colocação preliminar, no sentido de recordar que a licitação é desenvolvida, obrigatoriamente, por meio do cumprimento de fases, que, uma vez concluídas, tornam-se preclusas, impedindo que se retorne àquela anteriormente levada a efeito, sob

---

38 *Licitações nos tribunais*, p.57-8.
39 *Comentários...*, p.398.

pena de anulação do procedimento, ressalvada a hipótese delineada no artigo 43, § 5º, envolvendo fatos supervenientes, ou só conhecidos após a habilitação ou julgamento.

Satisfeitas as exigências anteriores indispensáveis ao desenvolvimento do procedimento licitatório, inclusive aquelas referentes à publicação do edital e apresentação dos envelopes DOCUMENTAÇÃO e PROPOSTA, a licitação será processada e julgada com observância dos procedimentos elencados no artigo 43.

Assim é que, em se tratando de licitação do tipo de menor preço, em primeiro lugar avalia-se a habilitação dos licitantes, implicando, portanto, a abertura do envelope DOCUMENTAÇÃO e o exame dos documentos exigidos e apresentados (inciso I do artigo 43).

Em seguida, após a definição das empresas habilitadas, e havendo desistência expressa de recurso contra o julgamento da habilitação por parte de todos os licitantes, ou decurso do prazo para a medida, ou ainda o provimento ou não de qualquer deles, implicando, também, a devolução dos envelopes PROPOSTA fechados aos inabilitados, dar-se-á início à fase de abertura dos referidos envelopes apresentados por parte daquelas empresas que foram habilitadas, seguido do exame das propostas (incisos II, III e IV do artigo 43).

Portanto, como se constata pelas previsões legais, a lei exige, de antemão, que seja verificado se os licitantes efetivamente ostentam capacidade e idoneidade para celebrar contratos com a Administração. Somente aqueles que satisfizerem as exigências editalícias estarão habilitados e, em função dessa habilitação, terão seus envelopes PROPOSTA abertos e examinados, o que culminará, observados os procedimentos pertinentes, com a contratação daquele que apresentou a proposta vencedora.

Pelo fato de a lei exigir que somente após o término de uma fase (habilitação) pode-se alcançar a seguinte (julgamento), todos os editais preconizam a apresentação das exigências pertinentes à habilitação em um envelope (normalmente identificado como n. 1), e aquelas relativas à proposta em outro (normalmente identificado como n. 2), evidenciando, com isso, o cumprimento da legislação e, como decorrência, a verificação inicial da habilitação daqueles que poderão contratar com a Administração.

À vista de toda essa regulamentação para oferecimento dos envelopes DOCUMENTAÇÃO e PROPOSTA, pergunta-se: será que o fato de o licitante apresentar os documentos e a proposta em um único envelope poderá resultar na caracterização de sua inabilitação, afastando-o da competição? Mais ainda, a inabilitação não seria apego exagerado ao formalismo?

As respostas a essas indagações certamente conduzirão ao desfecho da situação, enfatizando, desde logo, que se o licitante houve por bem proceder à juntada, em um só envelope, de todas as exigências alusivas à documentação e proposta sem qualquer separação, ou mais propriamente, sem identificá-las, a inabilitação é, sem dúvida, a medida a ser levada a efeito. Na hipótese configurada, além do engano cometido, o licitante transfere à Comissão tarefa que lhe é própria, atribuindo-lhe o encargo de dividir, discriminar e selecionar os documentos pertinentes à habilitação e à proposta aleatoriamente juntados.

Todavia, mesmo que todas as exigências relativas à documentação e à proposta sejam apresentadas em um único envelope, porém, desta feita, devidamente ordenadas, com a identificação clara e precisa daquelas alusivas às correspondentes fases do procedimento, entendo que, a despeito das previsões estabelecidas no artigo 43, nada impede que a Comissão venha a separar os respectivos blocos de documentos, devolvendo ao envelope aqueles que dizem respeito à proposta e, ao mesmo tempo, considerando, para efeito de exame, somente os correspondentes à habilitação, para ampliar o universo de eventuais competidores que é, aliás, o maior objetivo da licitação. A esse respeito, não se deve olvidar a obrigatoriedade do registro da ocorrência na ata de abertura dos envelopes DOCUMENTAÇÃO para ambas as hipóteses colacionadas.

O formalismo delineado no artigo 43 não foi afrontado, nem sequer propiciando a quebra do sigilo da proposta e também deixando de ensejar violação do princípio da isonomia, o que poderia acarretar até mesmo a anulação da fase de habilitação. Ainda que a juntada dos documentos e da proposta tenha sido feita inadvertidamente em um único envelope, o fato de terem sido devidamente discriminados e separados acabou por tornar a finalidade da exigência atendida.

Com efeito, ocorrendo a hipótese levantada, o primeiro passo consistiria na verificação do atendimento da finalidade. Para tanto, basta o exame da brilhante conceituação de Diogo de Figueiredo Moreira Neto, segundo a qual "Por formalismo formal não se entenda formalismo excessivo. Só são inválidos os atos que, não observando rigorosamente a forma prevista, deixam de atingir os objetivos prescritos em lei".[40]

Ora, nesses exatos termos, o delineamento básico contido na lei se circunscreve à apresentação dos documentos alusivos à habilitação e à propos-

---

40 SOUTO, Marcos Juruena Villela, in: *Licitações e contratos administrativos*, p.48.

ta, de sorte que, em que pese o engano de juntá-los em um único envelope, ainda assim devidamente indicados e separados, a finalidade prevista em lei está atendida.

A quebra do sigilo da proposta não pode ser alegada porque, na verdade, embora a importância cotada pelo licitante que apresentou um único envelope, englobando os documentos e a proposta, possa chegar ao conhecimento dos demais, tal ocorrência não tem mais o mesmo significado, mormente porque todos os participantes já entregaram as suas propostas, ou, ainda, todos já indicaram os seus preços, sendo impossível qualquer alteração, ou até mesmo comparação, para efeito de posterior cotação.

Também o princípio da isonomia não resta ofendido, principalmente porque o procedimento a ser adotado pela Comissão Julgadora não constitui vantagem ao licitante que apresentou um único envelope em detrimento dos demais, mas, sim, a consagração de posicionamentos doutrinários e jurisprudenciais, segundo os quais a Administração deve evitar a adoção de excesso de zelo no formalismo, exatamente para buscar a melhor proposta.

Observação 109 – Troca do conteúdo dos envelopes de habilitação e de proposta

Embora a presente *Observação* possa apresentar semelhança com a tratada anteriormente, elas se diferenciam.

Nesta configuração, o licitante acaba por trocar o conteúdo dos envelopes, de sorte que procede à juntada da proposta no envelope DOCUMENTAÇÃO N. 1, e as exigências pertinentes à documentação no envelope PROPOSTA N. 2.

Ao abrir o envelope DOCUMENTAÇÃO N. 1, a Comissão de Julgamento depara com o engano cometido, estando, assim, impossibilitada de examinar os documentos pertinentes à fase de habilitação, uma vez que foram colacionados no envelope PROPOSTA N. 2.

Novamente, as indagações: será que o fato de o licitante trocar o conteúdo dos envelopes poderá resultar na caracterização de sua inabilitação? Mais ainda, não seria apego exagerado ao formalismo?

Desta feita, porém, em vez de equacioná-la, reporto-me ao Tribunal de Justiça do Distrito Federal e dos Territórios que, nos autos da Apelação n. 47.354/1998, Quarta Turma Cível, Relator: Desembargador Mário Machado, Revisor: Desembargador Jair Soares, assim decidiu:

EMENTA: LICITAÇÃO. TROCA DE ENVELOPES DE DOCUMENTAÇÃO E PROPOSTA, EQUÍVOCO RELEVÁVEL NO CASO. Relevável o equívoco evidente, consistente em o licitante de transporte público alternativo (lotação) trocar o conteúdo dos envelopes destinados à documentação de habilitação e à proposta. Inexistência de má-fé e de quebra ao princípio da isonomia de tratamento aos licitantes, posto que inalterável a proposta do impetrante, previamente aberta, o mesmo sucedendo em relação às ofertadas pelos demais licitantes. Interessa à própria Administração a participação do maior número possível de licitantes, devendo-se afastar rigorismos inúteis. Sentença concessiva de segurança mantida.

Adotando como razões de decidir os doutos fundamentos do pronunciamento da Procuradora de Justiça, Dra Terezinha S. Lavocat Galvão, o Relator Desembargador Mário Machado assim se posicionou:

Não merece censura a r. sentença atacada.

Com efeito, a eliminação do impetrante do processo licitatório de seleção de proponentes ao serviço de transporte público alternativo pela troca do conteúdo dos dois envelopes, ou seja, os documentos de habilitação foram anexados no envelope n. 2 e a proposta ao envelope de n. 1, quando deveria ter ocorrido o inverso, não tem o condão de macular o processo licitatório.

Como bem salientou o ilustre Promotor de Justiça, Dr. Jesus Crisóstomo de Almeida:

No caso em análise, não se pode concluir que a mera troca do conteúdo dos envelopes implicaria na inversão das fases procedimentais, pois bastaria a autoridade impetrada ter levado em consideração o conteúdo dos envelopes, e não se prender à etiqueta identificadora do envelope, por ocasião da fase respectiva.

Tal consideração em nenhum momento significaria violação ao princípio da isonomia, uma vez que não houve atribuição de vantagem ao ora impetrante em detrimento dos demais licitantes.

Ora, o objetivo maior de todo o processo licitatório, há de ser o da busca da melhor proposta e a Administração deve agir dentro dos limites fixados no edital, sem, entretanto, agir com excesso de zelo no formalismo.

No caso, a eliminação do concorrente, sem dúvida, em que pese o cuidado demonstrado pela Autoridade Pública em cumprir as normas editalícias, pecou pelo excesso.[41]

---

41 *Informativo licitações e contratos, Jurisprudência* – 838/68/out. 1999 – Zênite.

Observação 110 – Habilitação de pessoa física na licitação

O aspecto foi sempre objeto de inúmeras consultas quando no exercício da função de Procurador de Universidade, notadamente durante os seminários e cursos ministrados.

A resposta também era sempre a mesma, de forma a evidenciar que a possibilidade de participação está presente, inexistindo qualquer proibição, em especial na Lei de Licitações.

Em princípio, a pessoa física poderia ingressar em procedimento licitatório, em igualdade de condições para disputar determinado objeto, pois a licitação tem por objetivo ensejar a participação do maior número de licitantes e selecionar a proposta mais vantajosa para a Administração, observado o princípio constitucional da isonomia, conforme expressamente previsto no artigo 3º.

Contudo, o exame decorrente não se limita ao aspecto indicado; seu alcance é muito mais amplo. Situa-se, sim, na imperiosa necessidade de verificação, por parte da Administração, se, efetivamente, o objeto a ser licitado pode ou não ser cumprido por pessoa física.

Com efeito, aqui realmente está situado o âmago da questão. Existindo a possibilidade de a pessoa física cumprir o contrato decorrente da licitação, entendo que a Administração se obriga a compatibilizar as exigências editalícias, ensejando, dessa forma, também a indicada participação.

Com isso, o edital ou convite deve ser devidamente preparado para possibilitar a participação de pessoa jurídica e de pessoa física, compatibilizando-se as exigências, notadamente no que tange à fase de habilitação, à situação jurídica do participante.

Mas aí surge outra questão: o que exigir da pessoa física? A resposta não oferece dificuldade, situando-se, na verdade, em patamar relativamente simples.

A título de habilitação jurídica (artigo 28), exige-se, como decorrência legal, tão-somente a cédula de identidade. Todavia, de acordo com os ensinamentos de Marçal Justen Filho, exatamente em função de a cédula de identidade não comprovar, por si só, a plena capacidade de fato do sujeito, aliado à circunstância de a Lei de Licitações proibir a apresentação de outros documentos além daqueles indicados, a Administração deve exigir, por ocasião da celebração do contrato, que a pessoa física comprove que dispõe de capacidade para praticar os atos da vida civil, condicionando-a ao exato cumprimento da exigência. Com isso, evitar-se-á, por exemplo, a contratação de pessoa física que tenha sido interditada, "após processo regular, em virtude de reconhecimento de loucura de todo gênero", o que implicaria a nulidade de todos os atos praticados.⁴²

Como regularidade fiscal (artigo 29), penso que, além da prova de inscrição no Cadastro de Pessoas Físicas, poderão ser solicitadas provas de regularidade com a Federal, Estadual e Municipal e, na hipótese de a pessoa física possuir empregados, prova de regularidade com o Fundo de Garantia do Tempo de Serviço, além de prova de regularidade com a Seguridade Social, evidentemente, desde que o licitante contribua para o INSS. Aqui se impõe um pequeno registro, no sentido de que é simplesmente impossível a apresentação da Certidão Negativa de Débito por pessoa física, para efeito de comprovação da regularidade com a Seguridade Social, documento este expedido somente para pessoas jurídicas (artigo 47, da Lei n. 8.212/1991, e 195, § 3º, da Constituição Federal).

A esse propósito, quando for o caso, a pessoa física poderá se valer de outros documentos expedidos pelo próprio INSS, como, por exemplo, do carnê de pagamento.

No que tange à qualificação técnica (artigo 30), e diretamente vinculado ao objeto a ser cumprido, poder-se-á solicitar a apresentação do registro ou da inscrição na entidade profissional competente, bem como as demais exigências contempladas, desde que compatíveis.

Para efeito da qualificação econômico-financeira (artigo 31), poder-se-á exigir certidão de execução patrimonial, além da prestação de garantia, na forma do artigo 56, § 1º.

Não se cogita possibilitar a participação de pessoa física para a execução de uma obra e nem mesmo para o fornecimento de grandes proporções, mas sim para o cumprimento de atividades passíveis de atendimento, na maioria das vezes rotineiras, de menor complexidade, que não exijam todo um complexo de aparelhamento impossível de ser por ela ostentado; o que, ao lado da satisfação integral da necessidade, certamente poderá resultar em vantagens de ordem pecuniária para a Administração.

Observação 111 – Habilitação de cooperativa em procedimento licitatório

O aspecto foi, e ainda continua sendo, muito discutido, existindo aqueles que entendem que à Cooperativa é vedada a participação em licitação; outros

---

42 *Comentários...*, p.286.

a admitem apenas quando o edital, à semelhança dos consórcios, expressamente contemplar a possibilidade, enquanto a maioria é favorável ao seu ingresso no certame licitatório, podendo celebrar contrato com a Administração.

Toda essa discussão decorre, basicamente, do estímulo para a formação da Cooperativa, de ordem constitucional (artigo 174, § 2º, da Constituição Federal), que, dada a sua própria estruturação jurídica (Lei n. 5.764/1971, que "Define a Política Nacional de Cooperativismo, institui o regime jurídico das sociedades cooperativas e dá outras providências", alterada pela Lei n. 6.981/1982), ao participar de uma licitação teria menos custos do que uma empresa, conseguindo sagrar-se vencedora, em especial nas licitações do tipo "menor preço".

Inúmeros são os argumentos contrários à participação da Cooperativa no procedimento licitatório, destacando-se, entre eles, de início, aquele que se fundamenta no artigo 4º da Lei n. 5.764, de 16.12.1971, quase sempre defendendo o entendimento de que as cooperativas, nos termos da disposição legal retroindicada, são "constituídas para prestar serviços aos associados". Esquecem-se, todavia, que, ao lado de estarem constituídas como sociedades civis, nos termos do referido artigo 4º, portanto, em condições de participar de licitações, o artigo 86 da mesma legislação, observadas as exigências pertinentes aos objetivos sociais e aquelas próprias de sua formação jurídica, faculta o fornecimento de bens e serviços a não-associados, sendo ainda considerados renda tributável os resultados obtidos em função das operações de que trata o artigo 86 (vide artigo 111 da Lei n. 5.764/1971).

Mas não param aí. Alegam ainda que, ao se admitir a contratação de cooperativas, dariam ensejo ao rompimento do princípio constitucional estabelecido no artigo 37, inciso II, da Constituição Federal, uma vez que estar-se-ia possibilitando a prestação de serviços sem a obrigatória submissão e aprovação em Concurso Público de Provas ou de Provas e Títulos.

Também esse argumento não prevalece. Com efeito, no âmbito da Administração Pública os contratos de prestação de serviços são juridicamente lícitos, não podendo, todavia, dar ensejo ao surgimento de contratos de locação de mão-de-obra, que não se confundem com a prestação de determinadas atividades por parte de cooperativas, as quais estão devidamente definidas nas cláusulas contratuais, demais especificações e em memoriais descritivos do contrato.

Antônio Roque Citadini traz à colação decisão do Tribunal de Contas do Paraná, consagrando o posicionamento exposto, nos seguintes termos:

> Terceirização de serviços públicos. Atividade-meio. Contratação de cooperativa. Possibilidade. Licitação obrigatória. Impossibilidade de terceirização de

serviços públicos. Possibilidade de contratação de pessoal através de cooperativa, apenas para o desempenho de funções que não impliquem o exercício de prerrogativas públicas, ou seja, que sejam atividades acessórias ou complementares em relação ao serviço público. As demais funções deverão ser exercidas por servidores públicos legalmente investidos no cargo.[43]

Também argumentam que, dada a não verificação do fato gerador, as cooperativas estão dispensadas do pagamento das contribuições sociais, o que teria reflexo considerável na formação do preço a ser proposto em eventual licitação.

A circunstância de inexistir vinculação trabalhista entre as cooperativas e seus associados pouco significado tem no contexto, já que, embora isentas dos encargos patronais, inclusive daqueles pertinentes à seguridade social, estão sujeitas à legislação trabalhista e previdenciária em relação aos seus empregados, igualando-se, portanto, às demais empresas (artigos 90 e 91 da Lei n. 5.764/1971, e 442, parágrafo único, da Consolidação das Leis do Trabalho – CLT). Mais ainda, esses mesmos associados, na condição de autônomos, ficam, também, obrigados ao recolhimento das contribuições sociais decorrentes da prestação de serviços para terceiros.

Cumpre observar que, embora as circunstâncias anteriores deixem de afetar quaisquer princípios elencados no artigo 3º da Lei de Licitações, o fato é que a participação das cooperativas em licitações, sem a devida e, sobretudo, justa equalização das propostas, praticamente acaba impedindo a verificação da melhor proposta para a Administração, ou, mais propriamente, a escolha da proposição mais vantajosa para o próprio interesse público; afetando, assim, a disposição legal indicada. Tanto é que, nos termos do artigo 22, inciso IV, da Lei n. 8.212/1991, com a redação dada pela Lei n. 9.876/1999, o órgão administrativo deve proceder ao recolhimento de 15% sobre o valor bruto da nota fiscal ou fatura de prestação de serviços, relativamente aos serviços que lhe são prestados por cooperativas, não incidindo qualquer desconto por ocasião dos pagamentos dos contratos com elas celebrados; enquanto, em se tratando de empresas, impera o recolhimento de 11% sobre o valor bruto da nota fiscal ou fatura de prestação de serviços no momento da realização dos pagamentos.

É exatamente essa a desigualdade que deve ser afastada do procedimento licitatório, cumprindo à Administração acrescentar à proposta apresenta-

---

[43] *Comentários e jurisprudência...*, p.26.

da por parte da cooperativa, por ocasião do seu julgamento, a alíquota de 15% sobre o valor proposto. Nesses termos, a proposta comercial da cooperativa não deve ser confrontada com aquelas colacionadas por empresas tão-somente com base na cotação formalizada; sobre ela deve incidir a alíquota referente ao INSS, cujo pagamento é de responsabilidade da Administração, para propiciar a equalização das propostas e, assim, apurar a proposta de menor preço, nivelando-as, igualando-as. Atribui-se, portanto, o mesmo tratamento às propostas apresentadas por sociedades de qualquer natureza.

A situação em questão também não é alterada pelo simples fato de as cooperativas se sujeitarem à constituição do Fundo de Reserva e Fundo de Assistência Técnica, Educacional e Social, envolvendo 10% e 5% das sobras líquidas apuradas no exercício, respectivamente (artigo 28 da Lei n. 5.764/ 1971), uma vez que, além de representarem regras pertinentes às correspondentes instituições, estabelecidas estatutariamente, deixam de evidenciar qualquer conotação com a formulação da proposta comercial, para efeito de concorrer em igualdade de condições com os demais participantes.

A equalização das propostas de preços afasta qualquer diferença para que a disputa se concretize em igualdade de condições, ainda que se trate de sociedades de estruturações jurídicas diversas.

Efetivamente, a adoção de posicionamento contrário equivaleria, de um lado, a voltar-se contra o estímulo constitucional para a formação de cooperativas que, além de desenvolverem melhorias nas condições de trabalho, na medida em que os empregados se transformam em empresários, com alcance em seus rendimentos, praticamente possibilitam aos associados dirigir suas atividades; de outro lado, tal adoção levaria ao desrespeito das regras disciplinadoras do Instituto, negando sua existência no universo jurídico.

Ainda a esse respeito, deve-se ter presente que o afastamento das cooperativas dos certames licitatórios daria ensejo, aí sim, à ofensa ao princípio constitucional da igualdade, por estar tratando desiguais (cooperativas e empresas) com igualdade, o que seria desigualdade flagrante, quando, na verdade,

> A regra da igualdade não consiste senão em quinhoar desigualmente aos desiguais, na medida em que se desigualam. Nesta desigualdade social, proporcionada à desigualdade natural, é que se acha a verdadeira lei da igualdade. Tratar com desigualdade a iguais, ou a desiguais com igualdade, seria desigualdade flagrante, e não igualdade real.[44]

---

44 BARBOSA, Rui. *Oração aos moços*, p.27.

Também o entendimento de que a participação das cooperativas nas licitações estaria, à semelhança dos consórcios, condicionada à necessidade de expressa previsão editalícia, não tem qualquer embasamento legal. A formação de consórcios está vinculada à expressa previsão no edital, como mostrado na *Observação 100*, porque pode ensejar violação ao princípio da competitividade, constituindo-se tal circunstância em regra legal, estabelecida no artigo 33, *caput*, da Lei n. 8.666/1993; diferentemente da participação das cooperativas que, além de legal, certamente ensejará a ampliação do universo dos concorrentes, objetivo maior do procedimento licitatório.

Por último, e para concluir o exame da matéria, deve-se enfatizar, mais uma vez, que as cooperativas poderão participar de licitações, impondo-se, para tanto, além da satisfação das exigências editalícias e da equalização da proposta apresentada, a demonstração da efetiva compatibilidade entre os objetivos/finalidades que constam de seus atos constitutivos e o objeto a ser licitado.

Para efeito da habilitação jurídica, exatamente por se tratar de sociedades civis, deverão apresentar, nos termos do artigo 28, inciso IV, o ato constitutivo registrado perante o órgão federal competente e a Junta Comercial (artigos 17 e 18, da Lei n. 5.764/1971).

As demais exigências pertinentes à regularidade fiscal, à qualificação técnica e à qualificação econômico-financeira também deverão ser satisfeitas na medida em que se constituírem exigências legais próprias e inerentes ao Cooperativismo. Tanto que, no que se refere à qualificação econômico-financeira – certidão negativa de falência e concordata –, a cooperativa está, na condição de sociedade civil, impossibilitada de apresentação do referido documento, porque não é sujeita à insolvência comercial.

A esse propósito, Roberto Ribeiro Bazilli e Sandra Julien Miranda mostram, com muita propriedade, que "Os dispositivos que regem a insolvência civil aplicam-se às sociedades civis, segundo o disposto no art. 786 do Código de Processo Civil. Portanto, a falência alcança o comerciante, enquanto que a insolvência civil alcança a pessoa física não comerciante e as sociedades civis".[45]

Ora, nesses termos, surgem duas questões: O que exigir da cooperativa para atendimento da determinação contida no artigo 31, inciso II, da Lei n. 8.666/1993? Nada deve ser exigido, porque incompatível com sua formação jurídica?

---

45 *Licitação...*, p.239.

Ainda que se trate de duas questões, a resposta pode ser uma só, no sentido de que a certidão negativa de falência e concordata seja substituída pela apresentação da certidão negativa de execução patrimonial, ainda que a citada disposição legal alcance apenas a pessoa física não comerciante, o que, na verdade, constitui uma falha da lei.

A adoção dessa linha de conduta não fere qualquer princípio licitatório, notadamente porque a apresentação da documentação deve ser compatibilizada com a natureza jurídica da participante, equivalendo a dizer que, na impossibilidade de atendimento específico da exigência contemplada na lei, não resta outra alternativa senão a aceitação daquela que legalmente seja compatível com sua natureza jurídica.

Observação 112 – Habilitação em convite

A fase de habilitação sofreu sensível alteração nos termos da Lei n. 8.666/1993, como evidenciado por meio das ***Observações 53, 54, 55 e 56***. O mesmo também ocorreu com a documentação necessária para habilitação em convite, por força da Constituição Federal e da Lei Federal n. 8.036/1990, que "Dispõe sobre o Fundo de Garantia do Tempo de Serviço, e dá outras providências".

O artigo 32, § 1º, da Lei n. 8.666/1993, estabelece que os documentos previstos nos artigos 28 a 31 desta lei, e que correspondem às exigências pertinentes à HABILITAÇÃO JURÍDICA, à REGULARIDADE FISCAL, à SEGURIDADE SOCIAL, ao FUNDO DE GARANTIA DO TEMPO DE SERVIÇO, à QUALIFICAÇÃO TÉCNICA, à QUALIFICAÇÃO ECONÔMICO-FINANCEIRA, poderão ser dispensados, no todo ou em parte, nos casos de convite, concurso, fornecimento de bens para pronta entrega e leilão.

Ocorre que, em função da previsão contida no artigo 195, § 3º, da Constituição Federal, deve ser exigida a PROVA DE REGULARIDADE COM A SEGURIDADE SOCIAL, com a apresentação da CERTIDÃO NEGATIVA DE DÉBITO expedida pelo INSS. Também deve ser obrigatoriamente apresentada, com fundamento na Lei n. 8.036/1990, artigo 47, inciso I, a PROVA DA REGULARIDADE COM O FGTS, mediante o oferecimento do CERTIFICADO DE REGULARIDADE DE SITUAÇÃO fornecida pela CEF.

Além dos dois documentos referidos, que não podem mais ser descartados tanto no convite, como também nas demais modalidades, sendo igualmente obrigatórios na dispensa e inexigibilidade de licitação *(Observação 82)*, deve-se ter presente uma terceira exigência, consubstanciada no "cumprimento do disposto no inciso XXXIII do art. 7º da Constituição Federal", que diz respeito à regularidade do trabalho do menor, também de incidência genérica em todos os procedimentos licitatórios, envolvendo, igualmente, os casos de dispensa e de inexigibilidade de licitação *(Observação 182)*.

Observação 113 – Habilitação em tomada de preços

Os órgãos que disponham de REGISTRO CADASTRAL INFORMATIZADO poderão exigir a apresentação do CERTIFICADO DE REGISTRO CADASTRAL, para a atividade pertinente ao objeto da licitação, válido na data de apresentação dos envelopes, OBRIGADA A PARTE (licitante) A DECLARAR, SOB AS PENALIDADES CABÍVEIS, A SUPERVENIÊNCIA OU NÃO DE FATO IMPEDITIVO DA HABILITAÇÃO (artigo 32, § 2º).

Os órgãos que não disponham de REGISTRO CADASTRAL INFORMATIZADO poderão utilizar, a título de fundamento, o § 3º do artigo 32, e exigir das empresas o CERTIFICADO DE REGISTRO CADASTRAL, nos termos da Lei n. 8.666/1993 e alterações subseqüentes, pertinente ao objeto da licitação e válido na data da apresentação dos envelopes, sem prejuízo da apresentação da COMPROVAÇÃO DA REGULARIDADE FISCAL com as Fazendas Federal, Estadual e Municipal, Seguridade Social e Fundo de Garantia do Tempo de Serviço (incisos III e IV do artigo 29), QUALIFICAÇÕES TÉCNICA E ECONÔMICO-FINANCEIRA (artigos 30 e 31), e ainda a OBRIGATORIEDADE DE A PARTE (licitante) DECLARAR, SOB AS PENALIDADES CABÍVEIS, A SUPERVENIÊNCIA OU NÃO DE FATO IMPEDITIVO DA HABILITAÇÃO (§ 2º do artigo 32); tudo isso sem contar a mais recente exigência, consubstanciada no cumprimento do disposto no inciso XXXIII do artigo 7º da Constituição Federal (artigo 27, inciso V) *(Observação 183)*.

Conforme já abordado na *Observação 58*, a empresa não cadastrada poderá participar da Tomada de Preços, devendo, para tanto, apresentar os documentos pertinentes à HABILITAÇÃO JURÍDICA, à REGULARIDADE FISCAL, à QUALIFICAÇÃO TÉCNICA, à QUALIFICAÇÃO ECONÔMICO-FINANCEIRA e AO CUMPRIMENTO DO DISPOSTO NO INCISO XXXIII DO ARTIGO 7º DA CONSTITUIÇÃO FEDERAL, até o terceiro dia anterior à data do recebimento das propostas, ficando dispensado de apresentação do envelope DOCUMENTAÇÃO (artigo 22, §§ 2º e 9º), exceto se tratar de licitação que permita a cotação de quantidade inferior à demandada *(Observação 41)*. Deve-se recordar, também, que, nessa circunstância, não haverá necessidade da juntada da declaração de superveniência ou não de fato impeditivo da habilitação *(Observação 58)*.

Observação 114 – Habilitação em concorrência

Para participar, a empresa deverá apresentar a documentação relativa à HABILITAÇÃO JURÍDICA, à REGULARIDADE FISCAL, à QUALIFICAÇÃO TÉCNICA e à QUALIFICAÇÃO ECONÔMICO-FINANCEIRA (artigo 22, § 1º, e artigos 27 a 31), bem como aquela referente ao CUMPRIMENTO DO DISPOSTO NO INCISO XXXIII DO ARTIGO 7º DA CONSTITUIÇÃO FEDERAL (artigo 27, inciso V).

A apresentação do CERTIFICADO DO REGISTRO CADASTRAL, emitido pelo órgão licitante ou por qualquer outro órgão ou entidade da Administração Pública, nos termos da Lei n. 8.666/1993 e subseqüentes alterações, pertinente ao objeto da licitação e válido na data da apresentação dos envelopes, substitui os documentos relativos à HABILITAÇÃO JURÍDICA (artigo 28) e aqueles indicados no artigo 29, incisos I e II, referentes à REGULARIDADE FISCAL, obrigada a parte a apresentar os documentos referidos no artigo 29, incisos III e IV (regularidade com as FAZENDAS FEDERAL, ESTADUAL e MUNICIPAL, a SEGURIDADE SOCIAL e o FUNDO DE GARANTIA DO TEMPO DE SERVIÇO). Também os atinentes às QUALIFICAÇÕES TÉCNICA E ECONÔMICO-FINANCEIRA (artigos 30 e 31), e aquele referente ao CUMPRIMENTO DO DISPOSTO NO INCISO XXXIII DO ARTIGO 7º DA CONSTITUIÇÃO FEDERAL, sem prejuízo ainda de DECLARAR, SOB AS PENALIDADES LEGAIS, A SUPERVENIÊNCIA, OU NÃO, DE FATO IMPEDITIVO À HABILITAÇÃO.

Observação 115 – Licitante habilitado

Considera-se habilitada a empresa que atendeu a todas as exigências atinentes à habilitação contempladas no convite/edital, envolvendo habilitação jurídica, regularidade fiscal, qualificação técnica, qualificação econômico-financeira e cumprimento do disposto no inciso XXXIII do artigo 7º da Constituição Federal, sem prejuízo da declaração, quando for o caso, sob as penalidades legais, da superveniência ou não de fato impeditivo à habilitação.

Nesses termos, o licitante habilitado tem direito assegurado de participar da fase seguinte: exame das propostas, como decorrência da abertura dos envelopes PROPOSTA.

Observação 116 – Licitante inabilitado

Considera-se inabilitada a empresa que deixou de atender qualquer exigência para habilitação contemplada no edital/convite, dizendo respeito a habilitação jurídica, regularidade fiscal, qualificação técnica, qualificação econômico-financeira e cumprimento do disposto no inciso XXXIII do artigo 7º da Constituição Federal, importando em "preclusão do seu direito de participar das fases subseqüentes" (artigo 41, § 4º).

Observação 117 – Apresentação de nova documentação

Na hipótese de TODOS os licitantes NÃO ultrapassarem a fase de HABILITAÇÃO, gerando, com isso, a inabilitação de TODOS eles, o órgão licitante poderá fixar para TODOS o prazo de oito dias úteis para apresentação de nova documentação, escoimados dos erros que tenham determinado as inabilitações, facultada, no caso de convite, a redução desse prazo para três dias úteis (artigo 48, § 3º).

A esse respeito, impõe-se considerar que a adoção do procedimento indicado constitui uma faculdade da Administração, que poderá ser levada a efeito em qualquer modalidade e tipo de licitação, condicionada, sempre, à verificação do interesse público.

Também releva observar que o licitante, como regra, não deverá apresentar toda a documentação anteriormente colacionada, mas sim apenas e tão-somente aqueles documentos eivados de vícios. Dessa forma, poderão existir licitantes que apresentarão um só documento, enquanto outros deverão providenciar a juntada de todos ou de grande parte deles.

A propósito, cumpre à Administração indicar a relação dos documentos que precisam ser colacionados, de forma que a ausência de indicação de qualquer um deles, por erro do órgão licitante, só mais tarde constatado, praticamente obriga a correção do ato, concedendo novo prazo ao licitante envolvido que, em rigor, deverá ser idêntico àquele inicialmente previsto.

Por último, importa registrar que a adoção da faculdade da previsão contida no § 3º do artigo 48 somente poderá ser desencadeada se todos os licitantes desistirem dos recursos, ou, então, após o não provimento de qualquer deles.

Observação 118 – Apresentação de nova documentação quando se tratar de única empresa participante da licitação

O aspecto em questão foi objeto de inúmeros questionamentos por parte de agentes administrativos, sempre preocupados pela circunstância do § 3º do artigo 48, ao utilizar a expressão "todos os licitantes", somente permitir o procedimento se existissem pelo menos dois licitantes.

Na verdade, se em determinada licitação participa um único licitante, ele (único proponente) representa a totalidade dos concorrentes.

A possibilidade de a Administração facultar a apresentação de NOVA DOCUMENTAÇÃO pode ser levada a efeito, sob esse prisma, sem qualquer problema.

No entanto, tendo em vista que o objetivo da COMPETIÇÃO não está sendo atingido, porque somente uma empresa houve por bem participar, entendo que, antes da adoção do procedimento previsto no § 3º do artigo 48, impõe-se o reexame do referido instrumento convocatório, para a verificação de cláusulas que, de uma maneira ou de outra, estejam dificultando, ou até mesmo impedindo, a participação de maior número de licitantes.

Somente após o desenvolvimento dessa medida e, mais ainda, quando efetivamente caracterizada a inexistência de qualquer impedimento para a participação, poderá a Administração se valer da faculdade contemplada no § 3º do artigo 48.

Observação 119 – Devolução do envelope proposta

Finalizada a fase de habilitação, envolvendo inclusive o decurso do prazo para apresentação de recurso, ou não provido aquele que foi interposto, proceder-se-á à devolução do envelope PROPOSTA à licitante inabilitada (artigo 43, inciso II), devidamente fechado, sem jamais ter sido aberto.

Na hipótese de o licitante se recusar a recebê-lo, a Administração deve proceder à sua devolução por meio de Aviso de Recebimento, colocando, portanto, um ponto-final no problema. Resta, ainda, a possibilidade de a Administração proceder à incineração do referido envelope, evidentemente que se a hipótese estiver prevista em edital, quando a empresa licitante não vier retirá-lo no prazo estabelecido nas regras editalícias.

Observação 120 – Lavratura de ata

O término de cada fase do procedimento licitatório deve ser formalizado por meio de ata, devidamente subscrita por todos os membros da Comissão de Licitação, inclusive por quem a lavrou, facultando-se que os licitantes também a assinem, consignando, ainda, todas as ocorrências que se verificaram no desenvolvimento da sessão.

É importante ressaltar que, havendo recusa por parte de qualquer licitante para a sua assinatura, essa circunstância deve ser objeto de registro, em tempo, na própria ata.

Ainda a esse respeito, a ata, após a devida formalização, deverá ser juntada ao processo que trata da licitação, constituindo-se, assim, em peça obrigatória dos autos, da qual poderá ser solicitada cópia, não só por parte dos licitantes, como também por aqueles que demonstrem legítimo interesse para tanto (artigo 5º, inciso XXXIV, alínea "b", da Constituição Federal). Deve-se recordar que "A licitação não será sigilosa, sendo públicos e acessíveis ao público os atos de seu procedimento, salvo quanto ao conteúdo das propostas, até a respectiva abertura" (artigo 3, § 3º).

E – Propostas – Julgamento: classificação e desclassificação

Observação 121 – Apresentação e conteúdo do envelope proposta

O envelope PROPOSTA deve sempre ser apresentado no dia, hora e local fixados, nada impedindo que ele seja entregue pelo correio, com Aviso de Recebimento, resguardando, assim, eventual direito do licitante (a hipótese delineada fica sempre condicionada a previsão editalícia). O mesmo ocorre com o envelope DOCUMENTAÇÃO, que é colacionado simultaneamente ao envelope PROPOSTA.

Seu conteúdo somente pode contemplar exigências expressamente previstas no edital, alusivas ao objeto licitado, sem qualquer direcionamento e especificação de marca *(Observações 1 e 2)*, procurando, com isso, assegurar o cumprimento do princípio isonômico; sem contar ainda a impossibilidade de inclusão de previsões inerentes e próprias à habilitação para a apresentação da proposta.

Não deve ser deixado de lado, também, que, conforme já indicado em outra passagem,

> O proponente há que submeter-se, irrestritamente, às cláusulas do edital e ofertar com clareza e exatidão, sob pena de invalidar sua própria oferta. Já dissemos – e convém repetir – que tudo que for oferecido além do pedido ou permitido no edital é de ser considerado não escrito, desde que possa ser eliminado da proposta sem desnaturá-la; o que faltar na proposta conduzirá à sua desclassificação.[46]

---

46 MEIRELLES, Hely Lopes, in: *Licitação e contrato...*, p.122-3.

Observação 122 – Abertura dos envelopes proposta

Havendo desistência expressa de recurso contra o julgamento da habilitação, por parte de todos os representantes credenciados, poderá a Comissão, na mesma sessão em que comunicar o resultado da habilitação, proceder à abertura dos envelopes PROPOSTA (artigo 43, inciso III); ou, decorrido o prazo de recurso contra o julgamento da habilitação, ou não providos aqueles que foram interpostos, a Comissão marcará local, dia e hora, publicados no Diário Oficial, para a sessão de abertura dos envelopes das empresas habilitadas (artigo 43, inciso III).

"A abertura dos envelopes" PROPOSTA deve ser levada a efeito "sempre em ato público previamente designado, do qual se lavrará ata circunstanciada, assinada pelos licitantes presentes e pela Comissão" (artigo 43, § 1º).

Observação 123 – Exame de propostas

Por ocasião do exame das propostas, verificar-se-á o atendimento às especificações do edital, com o envolvimento dos requisitos formais e materiais expressamente consignados, e, também, o aspecto alusivo à conformidade com os preços correntes no mercado, ou fixados por órgão competente (se houver a fixação do valor orçado como preço máximo, a conformidade deverá recair sobre ele).

Também como apontado na *Observação 74*, envolvendo a fase de habilitação, a Comissão procederá à abertura dos correspondentes envelopes, ensejando, após a verificação das propostas, o seu exame por parte de todos os licitantes presentes à sessão. Facultar-se-á, logo em seguida, a possibilidade de qualquer deles oferecer impugnação à proposta apresentada. Ato contínuo, e existindo qualquer impugnação, a palavra será facultada ao representante credenciado, cuja PROPOSTA tenha sido objeto de ressalva.

O exame da classificação das propostas, e de eventuais questões argüidas, poderá ser levado a efeito durante a própria sessão, ou, ainda, deixado para ulterior deliberação.

As empresas que não cumpriram as exigências editalícias estarão sujeitas à desclassificação, exatamente pela apresentação de PROPOSTAS desconformes ou incompatíveis. Aquelas que satisfizeram às previsões contidas no edital terão suas propostas classificadas e avaliadas em função do tipo de licitação adotado, com o envolvimento de fatores e de critérios compatíveis com ele (artigos 43, inciso IV, 44, 45 e 46, § 1º, inciso I).

Observação 124 – Julgamento, classificação e desclassificação de propostas

Ato contínuo ao exame das propostas, procede-se ao seu julgamento e classificação, com base no critério estabelecido (artigo 43, inciso V), indicando-se, também, os licitantes que, exatamente por não terem atendido as exigências pertinentes, devem ter suas propostas desclassificadas.

A esse respeito, socorrendo-me mais uma vez dos ensinamentos de Hely Lopes Meirelles, enfatizo que

> A desconformidade ensejadora da desclassificação da proposta deve ser substancial e lesiva à Administração ou aos outros licitantes, pois um simples lapso de redação, ou uma falha inócua na interpretação do edital, não deve propiciar a rejeição sumária da oferta. Aplica-se, aqui, a regra universal do *utile per inutile non vitiatur*, que o Direito francês resumiu no *pas de nullité sans grief*. Melhor será que se aprecie uma proposta sofrível na apresentação, mas vantajosa no conteúdo, do que desclassificá-la por um rigorismo formal e inconsentâneo com o caráter competitivo da licitação.[47]

Observação 125 – Publicidade do julgamento das propostas

Em seguida, promove-se a publicidade do julgamento realizado, por meio da imprensa oficial, indicando a classificação das empresas, inclusive aquelas que foram desclassificadas.

Tratando-se de CONVITE, o resultado será comunicado aos licitantes, com a juntada das correspondentes cópias aos autos, sem olvidar a obrigatoriedade de afixação no Quadro de Avisos do órgão licitante, admitindo-se a publicação no Diário Oficial, desde que prevista no instrumento convocatório.

Observação 126 – Desclassificação de propostas

Ao licitante desclassificado, ou até mesmo classificado, é facultado o oferecimento de recurso e de representação, observando-se, para tanto, os delineamentos contidos nas **Observações 134 a 153**.

---

47 *Licitação e contrato...*, p.124.

Observação 127 – Apresentação de outras propostas

Similarmente à situação relativa à inabilitação de TODAS as empresas, tratada na *Observação 117*, o § 3º do artigo 48 determina que a Administração poderá facultar, quando TODOS os licitantes forem desclassificados, a apresentação de outras propostas, eliminadas as causas que deram origem às desclassificações.

O prazo a ser estipulado é também de oito dias úteis, e, em se tratando de convite, poderá ser reduzido para três dias úteis.

Também nessa hipótese, a Administração deverá apontar todos os aspectos que deverão ser objeto de outras proposições, sempre direcionados para cada uma das empresas licitantes, de forma a não omitir qualquer indicação, culminando, assim, com a apresentação de nova proposta.

Aqui reside, efetivamente, a grande diferença da apresentação de NOVA DOCUMENTAÇÃO, uma vez que, se a omissão da Administração diz respeito aos documentos, deverá ser determinada a repetição do procedimento apenas para a empresa envolvida. No entanto, quando se tratar de OUTRA PROPOSTA, que conterá outro preço, a omissão da Administração no apontamento das falhas certamente vai acarretar apresentação de outras propostas por TODOS os licitantes, e não apenas por aqueles envolvidos no erro, uma vez que o preço cotado já será de conhecimento de TODOS os participantes.

O procedimento em questão somente pode ocorrer depois do decurso do prazo recursal, ou após a desistência de recursos por parte de todos os licitantes, ou então quando julgados improcedentes.

Ainda no que tange à apresentação de outra proposta, impõe-se considerar que a adoção da faculdade pela Administração poderá ser levada a efeito independentemente das causas que determinaram as desclassificações, não importando tratar-se de desobediência às exigências editalícias ou de oferecimento de preços inexeqüíveis ou excessivos.

Observação 128 – Apresentação de outra proposta quando se tratar de única empresa participante da licitação

A proposição em tela guarda, observadas as particularidades próprias e inerentes à APRESENTAÇÃO DE PROPOSTA, perfeita identidade com o delineamento contido na *Observação 118*.

Observação 129 – Apresentação de outras propostas técnicas, em se tratando de licitação do tipo "técnica e preço" ou "melhor técnica"

Na hipótese de desclassificação de TODAS as propostas técnicas, e como as correspondentes alterações poderão afetar os preços propostos, também TODAS as propostas de preço deverão ser devolvidas, para eventuais ajustes em função das modificações levadas a efeito no aspecto técnico.

Como qualquer alteração na proposta técnica poderá envolver alteração do preço, a Administração deve, ao exigir nova proposta técnica, também devolver aquela de preço, que, a propósito, poderá ou não sofrer influência da(s) alteração(ões) concretizada(s) quanto ao aspecto técnico.

Observação 130 – Desempate entre propostas

A Lei de Licitações e Contratos Administrativos estabelece, no § 2º do artigo 45, que "No caso de empate entre duas ou mais propostas, e após obedecido o disposto no § 2º, do art. 3º desta Lei, a classificação se fará, obrigatoriamente, por sorteio, em ato público, para o qual todos os licitantes serão convocados, vedado qualquer outro processo".

Por sua vez, a disposição indicada (§ 2º do artigo 3º) preconiza que,

> Em igualdade de condições, como critério de desempate, será assegurada preferência, sucessivamente, aos bens e serviços:
>
> I – produzidos ou prestados por empresas brasileiras de capital nacional;
>
> II – produzidos no País;
>
> III – produzidos ou prestados por empresas brasileiras.

Nesses termos, em primeiro lugar, para efeito de desempate, o privilégio contemplado no § 2º, inciso I, do artigo 3º, estava configurado em função da previsão estabelecida no artigo 171, § 1º, incisos I e II, da Constituição Federal de 1988, em que o § 2º, da mesma disposição constitucional, determinava que "Na aquisição de bens e serviços, o Poder Público dará tratamento preferencial, nos termos da lei, à empresa brasileira de capital nacional".

Em segundo lugar, na ausência de empresa brasileira de capital nacional, seriam privilegiados, para efeito de desempate, os bens e serviços produzidos no país, fornecidos por empresa tanto brasileira como estrangeira.

Em terceiro lugar, e inexistindo bens e serviços desenvolvidos por empresas brasileiras de capital nacional ou produzidos no país, independentemente da qualificação da empresa, passavam a ter preferência aqueles produzidos ou prestados por empresas brasileiras, cujo conceito estava contemplado no artigo 171, inciso I, também da Constituição Federal de 1988.

Ocorre que, com a promulgação da Emenda Constitucional n. 6, de 15.8.1995, o artigo 171 da Constituição Federal de 1988 foi expressamente revogado, fazendo desaparecer a diferenciação entre empresa brasileira de capital nacional e empresa brasileira, afastando, assim, os privilégios assegurados à empresa nacional de capital nacional, em especial no artigo 171, § 1º, inciso I e II, e § 2º.

Ora, como decorrência dessa alteração de ordem constitucional, constata-se que, nos termos do § 2º, incisos I e III, do artigo 3º, os privilégios contemplados para as empresas brasileiras, inclusive para aquelas de capital nacional, não mais existem, prevalecendo, no entanto, a preferência para bens e serviços produzidos no país, de acordo com o inciso II da citada disposição legal.

Portanto, para efeito de desempate de preços em determinada licitação, a Comissão Julgadora deverá verificar se os bens e os produtos foram fabricados no país. Sagrar-se-á vencedora a licitante cujos bens e produtos tenham sido feitos no país. Se todas a empresas empatadas ostentarem bens e produtos fabricados no país, a classificação será definida por sorteio, "vedado qualquer outro processo".

Observação 131 – Necessidade de desempate entre todas as propostas classificadas, e não apenas para a indicação do vencedor

O desempate entre propostas não deve limitar-se tão-somente à indicação da empresa vencedora, impondo-se, também, a necessidade de se definir a classificação de todas elas.

Admita-se, apenas a título de exemplo, que, em determinada licitação, ocorra empate de preços entre quatro empresas. Se adotado o sorteio, este deverá ser concretizado para apurar a classificação de todas elas, resultando, assim, no apontamento da primeira, segunda, terceira e quarta colocadas.

Independentemente dessa situação, e agora imaginando que o empate se situasse entre propostas que poderiam ser classificadas em quarto e quinto lugares, o sorteio também deverá ser levado a efeito entre elas, estabelecendo, dessa forma, a ordem de classificação no procedimento licitatório. A exigência referida tem apoio no próprio § 2º do artigo 45, alterado pela Emenda Constitucional n. 6/1995, que preconiza, após a observância da disposição contida no artigo 3º, § 2º, inciso II, a realização de sorteio "No caso de empate de duas ou mais propostas", e não somente para a definição da primeira classificada.

A determinação em questão assume importância ímpar no próprio desfecho da licitação, uma vez que, na hipótese de as três primeiras classificadas se recusarem a assinar o contrato, independentemente do aspecto alusivo à aplicação de sanções, somente para a primeira (artigo 64, § 2º), a quarta poderá ser convocada para tanto. Existe, também, a possibilidade da configuração da contratação de remanescente de obra, serviço ou fornecimento, em conseqüência de rescisão contratual, nos termos do artigo 24, inciso XI, figurando a ordem classificatória no certame como condição básica para a formalização respectiva.

Observação 132 – Obrigatoriedade ou não do comparecimento da empresa na realização do sorteio

A situação agora tratada foi objeto de recurso contra o julgamento decorrente de sorteio, pois a empresa que obteve o primeiro lugar não se fez representar por ocasião da realização do referido procedimento.

A segunda colocada postulou a desclassificação da empresa favorecida pela sorte, uma vez que esta deixou de comparecer ao sorteio, o que implicou, para a realização do ato, a indicação de servidor do órgão licitante para representá-la. A recorrente ressaltou, ainda, que a empresa somente poderia ser representada, nos termos do próprio edital, pelo representante legal ou representante credenciado, uma vez que a Administração deve manter-se neutra, sem qualquer participação, sob pena de violação do princípio da isonomia.

No entanto, o exame da situação e da peça recursal demonstrou o absurdo da pretensão, notadamente porque, para efeito de sorteio, inexistindo previsão editalícia obrigando o comparecimento, a Lei de Licitações exige tão-somente a convocação dos licitantes (artigo 45, § 2º) e, em função do princípio da isonomia, a igualdade de condições para a prática do ato, aspectos esses plenamente cumpridos.

O comparecimento do licitante ao sorteio é matéria de sua exclusiva deliberação, inexistindo qualquer obrigatoriedade nesse sentido, da mesma forma que para as reuniões de abertura dos envelopes DOCUMENTAÇÃO e PROPOSTAS. Nem mesmo para o JULGAMENTO da licitação é necessária sua presença.

No entanto, deve-se registrar também que não constitui problema o fato de determinado servidor haver participado do sorteio, mesmo porque, dada a ausência da empresa, que não obrigatória, alguém deveria substituí-la no ato, que poderia ter sido qualquer dos presentes. Na hipótese, não há que falar-se em representação da empresa ausente ao sorteio, mas, sim, na indicação de alguém para proceder ao sorteio em seu nome, o que, em hipótese alguma, dá ensejo à necessidade de representação para a prática do ato.

Observação 133 – Julgamento das propostas por meio de ato reservado

Muito embora a abertura dos envelopes PROPOSTA tenha que ser formalizada sempre em ato público, como mostrado na *Observação 122*, nada impede que a Comissão resolva efetuar o julgamento reservadamente. Para tanto, após a abertura dos envelopes, e o registro de todas as ocorrências envolvendo até mesmo apresentação de impugnações, bem como o oferecimento da palavra àqueles cujas propostas foram objeto de ressalvas, a Comissão deve, ao encerrar a sessão, comunicar aos licitantes que o julgamento será realizado reservadamente, e que o resultado será publicado no Diário Oficial ou, em se tratando de convite, devidamente comunicado a eles, sem prejuízo da afixação no quadro de avisos.

F – Recurso, representação e pedido de reconsideração

Observação 134 – Recurso administrativo. Modalidades e cabimento

No desenvolvimento da licitação são praticados atos encadeados e sucessivos, objetivando sempre a escolha da melhor proposta para a Administração, que acaba culminando na formalização da contratação.

Ocorre que, durante todo esse procedimento, inúmeros atos podem ser levados a efeito, contrariando os interesses e as pretensões de licitantes, podendo ou não estarem amparados por normas de direito, decorrendo daí a faculdade de os interessados se voltarem contra eles, pleiteando, em conseqüência, a revogação da decisão por meio de RECURSO ADMINISTRATIVO.

Emerge, assim, a oportunidade para interposição de RECURSO ADMINISTRATIVO que, para Hely Lopes Meirelles, "em sentido amplo, é todo meio de provocação de revisão interna dos atos ou decisões da Administração; em sentido restrito, é a via específica para a correção de ato ou decisão inferior pelo superior hierárquico".[48]

O artigo 109 disciplina a interposição de recursos em licitações e contratos administrativos, situando-os em três modalidades: recurso hierárquico (inciso I), representação (inciso II) e pedido de reconsideração (inciso III).

O recurso hierárquico tem cabimento contra atos de natureza decisória, dizendo respeito a habilitação ou inabilitação, julgamento das propostas, com o envolvimento da classificação e desclassificação de propostas, anulação ou revogação da licitação, indeferimento do pedido de inscrição em registro cadastral, alteração ou cancelamento, rescisão de contrato a que se refere o inciso I, do artigo 79, da Lei n. 8.666/1993, e aplicação das penas de advertência, suspensão temporária ou de multa (artigo 109, inciso I, alíneas "a", "b", "c", "d", "e" e "f").

A representação pode ser apresentada contra atos que, embora de natureza decisória, não comportem o oferecimento de recurso hierárquico, como, por exemplo, aqueles que se referem à homologação da licitação e à adjudicação do objeto licitado (artigo 109, inciso II).

O pedido de reconsideração contempla endereçamento definido, ensejando formalização contra a sanção de declaração de inidoneidade para licitar e contratar com a Administração Pública (artigo 109, inciso III).

Anote-se que, independentemente da provocação do licitante, deve a Administração rever seus próprios atos por meio da autoridade responsável pela sua prática, ou, então, por intermédio daquela hierarquicamente superior. A propósito, uma vez constatada a ilegalidade do ato administrativo, a Administração tem a obrigação de anulá-lo, constituindo essa declaração em "dever jurídico", amparada sobretudo no princípio da "indisponibilidade do interesse público".

Essa declaração não é apenas e tão-somente uma faculdade, como deixa entrever a Súmula n. 473 do Supremo Tribunal Federal, ao pontificar: "A Administração pode anular seus próprios atos, quando eivados de vícios que os

---

48 *Licitação e contrato...*, p.144.

tornam ilegais, porque deles não se originam direitos; ou revogá-los, por motivo de conveniência ou oportunidade, respeitados os direitos adquiridos, e ressalvada em todos os casos a apreciação judicial". Muito pelo contrário. Uma vez que a Administração tem o dever de cumprir a lei, gerando, com isso, a presunção *juris tantum*, de que seus atos devem ser praticados com base na lei, o puro e simples reconhecimento da ilegalidade de qualquer deles deve comportar a correspondente declaração de nulidade.

Esse é, também, o entendimento de toda a doutrina sobre o assunto, em que se acentua sempre o caráter de "dever jurídico" da correspondente declaração, principalmente quando em jogo interesses de terceiros.

Acrescente-se, por fim, que a Súmula n. 346, também do Supremo Tribunal Federal, prevê que "A Administração Pública pode declarar a nulidade se seus próprios atos", não havendo, em conseqüência, qualquer restrição quanto ao momento da declaração de invalidade, devendo a mesma ser levada a efeito ao se constatar a nulidade.

Observação 135 – Interposição de recurso hierárquico

Durante o desenvolvimento do procedimento licitatório é facultada a interposição de recurso hierárquico por parte de empresa inabilitada ou desclassificada, bem como por aquela que tenha sido considerada habilitada ou classificada.

A empresa inabilitada ou desclassificada pode recorrer contra sua própria inabilitação ou desclassificação e, até mesmo, postular a inabilitação ou desclassificação de empresa habilitada ou classificada. A empresa habilitada ou classificada pode pleitear a inabilitação ou a desclassificação de concorrente considerada habilitada ou classificada (artigo 109, inciso I, alíneas "a" e "b").

As empresas habilitada, inabilitada, classificada e desclassificada podem, ainda, pleitear a anulação da licitação (artigo 109, inciso I, alínea "c").

Observação 136 – Prazo para interposição de recurso hierárquico

O inciso I do artigo 109 estabelece que o prazo para a interposição do recurso hierárquico será de cinco dias úteis a contar da intimação do ato, ou da lavratura da ata, nos casos de habilitação ou inabilitação do licitante, julgamento das propostas com o envolvimento de classificação e de desclassificação, anulação ou revogação da licitação, quando se tratar de licitação nas modalidades CONCORRÊNCIA, TOMADA DE PREÇOS, CONVITE, CONCUR-

SO ou LEILÃO; indeferimento do pedido de inscrição em registro cadastral, sua alteração ou cancelamento; rescisão do contrato a que se refere o inciso I, artigo 79, da Lei n. 8.666/1993, e aplicação das penas de advertência, suspensão temporária ou de multa (o aspecto atinente à intimação do ato de declaração de inidoneidade – sujeito ao pedido de reconsideração – é tratado nas *Observações 152 e 153*).

Por sua vez, o § 1º do artigo 109 estabelece que o início do prazo para apresentação do recurso ocorre com a intimação dos atos referentes às alíneas "a" (habilitação ou inabilitação do licitante), "b" (julgamento das propostas), "c" (anulação ou revogação da licitação) e "e" (rescisão de contrato a que se refere o inciso I, artigo 79, da Lei n. 8.666/1993), que serão levados a efeito por meio de publicações na imprensa oficial, ou, então, com a lavratura da ata, em se tratando de atos de habilitação ou inabilitação do licitante (alínea "a") ou julgamento das propostas (alínea "b"), evidentemente se presentes à sessão todos os representantes credenciados, inserindo-se nela o registro correspondente, assinado por todos (artigo 109, inciso XI, § 1º).

O início do prazo para recorrer da aplicação das penas de advertência ou multa não pode ser determinado em função de publicação na imprensa oficial, como decorrência da expressa exclusão contida no referido § 1º, tudo indicando que deve ser contado da intimação pessoal.

Mas aí surge uma indagação: tendo em vista que o indicado § 1º não se refere à pena de suspensão temporária, também incluída na alínea "f" do inciso I, que abrange as penas de advertência ou multa, como deve ser procedida a intimação daquela sanção? A resposta parece indicar que o legislador, ao deixar de ressalvar a sanção de suspensão temporária no § 1º, inciso I, do artigo 109, praticamente optou por incluí-la entre aqueles atos cuja intimação deve ser formalizada por meio de publicação na imprensa oficial.

O mesmo também acontece com o indeferimento do pedido de inscrição em registro cadastral, sua alteração ou seu cancelamento, de forma que, ao não ser sequer incluída no § 1º do artigo 109, a correspondente intimação será levada a efeito também por meio da imprensa oficial.

Observação 137 – Prazo para interposição de recurso hierárquico em convite

Embora o prazo para interposição de recurso hierárquico em CONCORRÊNCIA, TOMADA DE PREÇOS, CONCURSO OU LEILÃO seja de cinco dias úteis, conforme demonstrado na *Observação 136*, em se tratando de CONVITE ele é mais reduzido, ou seja, de apenas dois dias úteis, a contar da ciência da decisão (artigo 109, § 6º).

Observação 138 – Início do prazo para interposição de recurso hierárquico

Embora o início do prazo para interposição de recurso hierárquico esteja vinculado à intimação do ato, na forma apontada nas *Observações 136* e *137*, esse termo pode ser alterado em função da previsão contida no artigo 109, § 5º.

A regra indicada estabelece que "Nenhum prazo de recurso, representação ou pedido de reconsideração se inicia ou corre sem que os autos do processo estejam com vista franqueada ao interessado".

Com efeito, de nada adiantaria a lei facultar prazo para recurso se o licitante não pudesse ter acesso ao processo e, conseqüentemente, também não tivesse a oportunidade de verificar as razões que fundamentaram a decisão a ser objeto de pedido de reexame. Nesses termos, é preciso que fique definido que o prazo para interposição de recurso, ainda que regularmente processada a intimação, somente tem início, ou começa a correr, a partir do momento em que os autos do processo estejam com vista franqueada ao interessado.

Mas essa previsão pode dar ensejo a três situações distintas. Na primeira delas, o ato de intimação coincide com a possibilidade de vista do processo ao interessado, contando-se, a partir daí, o início do prazo recursal.

Na segunda situação, no mesmo dia da intimação do ato, ou logo no primeiro dia depois dela, o licitante comparece ao órgão e solicita vista do processo, que, no entanto, ainda não pode ser consultado para a finalidade requerida. Nessa circunstância, deve o requerente formalizar a ocorrência por meio de petição, registrando que o seu prazo recursal ainda não teve início, já que os autos do processo não estavam com vista franqueada. Assim, o prazo para que o licitante possa recorrer somente será objeto de contagem quando o processo de licitação se apresentar disponível para efeito de vista, o que deve ser objeto de intimação por parte da Administração.

Na terceira situação, o licitante comparece ao órgão somente após o decurso de alguns dias da intimação do ato e, mesmo assim, o processo não se encontra à disposição para vista. Nessa hipótese, embora o prazo já tenha sido iniciado, a partir do comparecimento do licitante fica suspenso, deixando de correr até o momento em que o processo esteja em condições de ser consultado. Também nesse caso o licitante deve apresentar registro da ocorrência por escrito, de forma que o restante do prazo somente reiniciará seu percurso quando houver a disponibilidade dos autos para fins de vista, ensejando, igualmente, a intimação por parte da Administração.

O exame da presente *Observação* demanda, ainda, outra colocação, no sentido de enfatizar que, ocorrendo pedido de cópias de peças do processo licitatório, mesmo que os autos estejam com vista franqueada aos licitantes, o prazo somente terá início ou continuará seu percurso após o atendimento da solicitação *(Observação 141)*.

Observação 139 – Contagem dos prazos recursais, em razão de suspensão do expediente do órgão ou de encerramento antecipado

O aspecto tratado está regulamentado nos artigos 109, inciso I, e 110, parágrafo único.

O artigo 110 consagra a adoção da regra tradicional contemplada no artigo 184 do Código de Processo Civil, preconizando que os prazos deverão ser computados em dias corridos, "exceto quando for explicitamente disposto em contrário", e o dia do início não se computa no prazo, incluindo-se, todavia, o dia final, constituindo-se em exigência legal que os dois marcos (dia do início e dia final) sejam úteis.

Por sua vez, e tendo em vista a ressalva existente no artigo 110 ("exceto quando for explicitamente disposto em contrário"), os prazos recursais não são contados em dias corridos, mas, em dias úteis, conforme expressa previsão contida no artigo 109, inciso I, a exemplo daqueles de publicidade do convite (artigo 21, § 2º, inciso IV) e impugnação do edital (artigo 41).

Voltando ao artigo 110, constata-se que seu parágrafo único determina que "Só se iniciam e vencem os prazos referidos neste artigo em dia de expediente no órgão ou na entidade", o que autoriza a estabelecer o entendimento de que, para efeito de contagem de prazo, deve ser considerado como dia não-útil aquele em que o expediente foi suspenso, ou tenha se encerrado antecipadamente.

Ainda a esse respeito, impõe-se destacar que o retardamento do início do expediente no órgão ou repartição, no último dia do prazo, não autoriza sua prorrogação, uma vez que, em que pese a ocorrência, inexiste obstáculo para que o licitante venha a protocolar o recurso dentro do marco estabelecido para tanto.

Observação 140 – Interposição de recurso e prazo de validade da proposta

Algumas vezes a licitação tem seu desenvolvimento retardado por inúmeros fatores, destacando-se, entre eles, a interposição de recurso hierárquico que, exatamente porque dotado de efeito suspensivo, impede a Administração de dar prosseguimento ao processo licitatório sem antes decidi-lo, provocando, com isso, a possibilidade iminente de expiração do prazo de validade da proposta.

Como é de rigor, o instrumento convocatório estabelece regra pertinente à validade da proposta, que obriga o licitante a manter sua proposição até o marco final estabelecido, sob pena de dar ensejo ao descumprimento total da obrigação assumida, sujeitando-o às penalidades fixadas (artigo 81). No entanto, se decorrido o prazo estipulado sem convocação para a contratação, o licitante fica liberado da obrigação, não se sujeitando a qualquer reprimenda (artigo 64, § 3º).

Ora, nesses termos, e constatando a Administração a possibilidade de acabar perdendo todo o trabalho realizado, dada a superação do prazo de validade da proposta, não resta outra alternativa senão consultar os licitantes sobre a eventualidade de prorrogação desse marco, o que, na verdade, constitui mera liberalidade por parte deles.

Havendo concordância dos licitantes, o certame poderá ter andamento, devendo a contratação ser celebrada durante esse novo prazo.

A esse respeito, deve-se observar que não basta a convocação para a assinatura do contrato estar situada dentro do prazo prorrogado. É preciso, ainda, que a própria assinatura do contrato seja levada a efeito, pelo menos até o último dia do novo prazo de validade da proposta.

A partir daí, a Administração não tem o direito de exigir a formalização contratual, nada impedindo, contudo, que a empresa vencedora do certame licitatório resolva assinar o contrato, ainda que igualmente superado o marco da prorrogação.

No entanto, agora enfocando a questão sob outro prisma, e admitindo que, em um universo de três propostas, apenas uma delas tenha seu prazo de validade prorrogado, pergunta-se: pode-se dar andamento à licitação mesmo sem possibilidade de conhecer o teor das demais propostas? A resposta não oferece dúvida, sendo certo que, mesmo que a extrapolação do prazo de validade tenha ocorrido na fase de habilitação, portanto, sem revelação do valor das propostas, nada obsta que a licitação tenha prosseguimento apenas com aquele licitante que anuiu à prorrogação do prazo, tratando-se, a contar desse momento, de licitação com uma única proposta.

Assim é que, em razão da impossibilidade de comparação de propostas, maiores cuidados deverão ser tomados pela Administração, notadamente no que diz respeito ao preço cotado, decorrendo daí a efetiva constatação de sua compatibilidade com aqueles de mercado.

Observação 141 – Pedido de cópia para interposição de recurso administrativo

É muito comum verificar-se que determinados órgãos públicos se recusam a fornecer cópia do processo de licitação, notadamente quando requerida interposição de recursos, ainda que não exista obrigatoriedade de indicação da finalidade. Esquecem, contudo, de examinar as regras pertinentes, estabelecidas na Lei de Licitações e Contratos Administrativos; e, o que é pior, mesmo concedendo vista dos autos, inclusive para fins de recursos, nos termos do artigo 109, § 5º, negam-se peremptoriamente a fornecer cópias, por exemplo, de peças integrantes dos envelopes DOCUMENTAÇÃO e PROPOSTA, já abertos, de outras empresas licitantes.

Bastaria o exame do artigo 63, como decorrência do princípio constitucional da publicidade, expressamente aplicado ao procedimento licitatório, por força da previsão insculpida no artigo 3º, para constatar que, uma vez abertos os envelopes DOCUMENTAÇÃO e PROPOSTA, até este momento sigilosos, é permitido a qualquer licitante e eventuais interessados (demais cidadãos) não só o exame da licitação, como também a obtenção de cópias autenticadas, procedimento esse condicionado ao pagamento dos emolumentos devidos, ou seja, "ao valor do custo efetivo de reprodução gráfica da documentação fornecida", decorrente da aplicação do critério consagrado no artigo 32, § 5º.

Observação 142 – Apresentação oral de recurso hierárquico

O aspecto em questão tem ensejado discussões doutrinárias, entendendo alguns especialistas que a hipótese estaria condicionada à respectiva previsão editalícia; outros, no entanto, preconizam que a possibilidade está invariavelmente presente, condicionada, todavia, a que a formalização do recurso se complete no próprio ato, não podendo ficar condicionada à apresentação de provas que, certamente, não estarão disponíveis na ocasião.

Aqueles que defendem a primeira posição procuram mostrar que, embora a lei não disponha de qualquer normatização a respeito, em especial o artigo 109 que trata da matéria, nos termos do artigo 40, inciso XV, o edital deve estabelecer "instruções e normas para os recursos previstos nesta lei", e que, inexistindo previsão, acaba gerando a inviabilidade da medida, notadamente em função do procedimento formal que disciplina o desenvolvimento da licitação.

A adoção dessa linha de entendimento pode dar ensejo ao surgimento de mais dificuldades aos licitantes que, por um motivo ou outro, pretendam manifestar seu inconformismo com a decisão da Comissão Julgadora no próprio momento, contribuindo para agilizar o processo licitatório, eis que suprimido estaria o prazo a ser concedido ao licitante que tenha sido HABILITADO, INABILITADO, CLASSIFICADO OU DESCLASSIFICADO para eventual interposição de recurso; evidentemente, admitindo-se que os demais licitantes tenham desistido de recorrer.

Além disso, não representa ofensa ao procedimento formal delineado para o desenvolvimento da licitação porque, conforme ensinamentos de Diogo de Figueiredo Moreira Neto, a não adoção do "formalismo formal" somente dá ensejo à invalidação do ato quando, em função da não observância da forma prevista em lei, deixa de atingir os objetivos também prescritos em lei.[49] Ora, a partir do momento em que a iniciativa parte do próprio licitante, a formalização oral do recurso atinge os objetivos previstos em lei, decorrendo daí a legalidade do ato.

Em contrapartida, ainda ligado à *Observação* proposta, deve-se ter presente que, mesmo admitida a interposição oral do recurso, independentemente de previsão editalícia, somente pode ser aceito aquele que se completar no próprio ato do recurso, envolvendo questões relativas ao cumprimento e à interpretação de regras do edital e da lei, exame dos documentos ou de propostas apresentados, e que não requeira a juntada de provas que, certamente, não estarão disponíveis no momento. A necessidade de juntada de qualquer documento, a título de prova (não disponível no momento), acaba por inviabilizar a apresentação do recurso por via oral, exatamente porque ele não se completa no próprio ato.

---

49 SOUTO, Marcos Juruena Villela, in: *Licitações e contratos administrativos*, p.22.

Nesses termos, inexistindo previsão editalícia a respeito, ou não havendo qualquer estipulação contrária ao procedimento, e, mais ainda, se o recurso não exigir a apresentação de provas que, certamente, não estarão disponíveis no momento, envolvendo apenas os aspectos já mencionados, inexiste qualquer óbice à correspondente apresentação após o término da competente fase, registrando-o na mesma ata.

Observação 143 – Recurso hierárquico em licitação do tipo "melhor técnica" ou "técnica e preço"

Conforme já evidenciado nas *Observações 19, 20 e 129*, em função do tipo de licitação – "melhor técnica" ou "técnica e preço" –, serão avaliadas, além da habilitação e das propostas de preços, também as propostas de ordem técnica, resultando, em decorrência do exame dos requisitos de técnica e preços, no apontamento da classificação das licitantes.

Percebe-se assim que, ao lado de três decisões envolvendo a habilitação e os julgamentos dos aspectos de ordem técnica e de preço, aparece – uma quarta – aquela que se encarregará da própria indicação da empresa licitante vencedora do certame que, na verdade, se traduz no apontamento da classificação.

À vista dessa disciplinação, durante o desenvolvimento do procedimento licitatório podem despontar, para efeito de licitação do tipo "melhor técnica" ou "técnica e preço", diferentemente do tipo "menor preço" ou do "maior lance ou oferta", quatro atos decisórios que estão sujeitos ao recurso hierárquico, dizendo respeito às fases de habilitação, julgamento da proposta técnica, julgamento da proposta de preços e da própria classificação.

O recurso contra a habilitação ou a inabilitação de empresa licitante tem amparo, conforme salientado anteriormente, no artigo 109, inciso I, alínea "a", estando aquele atinente à proposta técnica compreendido, embora sem previsão específica, na disposição contida no artigo 109, inciso I, alínea "b", que, exatamente por envolver "julgamento das propostas", acaba abrangendo, além do julgamento da proposta técnica, também aqueles pertinentes à proposta de preços e à classificação das empresas licitantes.

Observação 144 – Efeito do recurso hierárquico

O § 2º do artigo 109 preconiza que os recursos de habilitação, ou inabilitação, e de julgamento das propostas, envolvendo também a classificação e a desclassificação de proponentes, terão efeito suspensivo, enquanto aos outros é atribuído efeito meramente devolutivo, podendo, todavia, a autoridade competente, motivadamente e presentes razões de interesse público, atribuir-lhes efeito suspensivo.

Em função dessa normatização pode-se constatar que, durante o desenvolvimento do procedimento licitatório, a lei atribui dois efeitos aos eventuais recursos interpostos, destacando que aquele com efeito suspensivo impede o prosseguimento da licitação, paralisando-a até que sobrevenha decisão a respeito do apelo formulado.

Por sua vez, o recurso com efeito devolutivo permite o prosseguimento do certame, independentemente de seu julgamento. Aqui é importante observar que a autoridade competente pode atribuir-lhe efeito suspensivo, mormente quando, em determinadas situações, o recurso interposto envolver discussões complexas, com opiniões divergentes sobre a mesma matéria, ou ainda fatos que precisam ser melhor esclarecidos. Nas hipóteses aventadas, é mais conveniente à Administração paralisar o procedimento, resultando na atribuição de efeito suspensivo ao recurso, e aguardar a decisão, do que, de maneira precipitada, dar prosseguimento à licitação e, em caso de provimento ao apelo, ficar obrigada a determinar a anulação daqueles atos praticados a partir de sua interposição ou, conforme o caso, do próprio certame.

Observação 145 – Efeito do recurso hierárquico em licitação cujo objeto está dividido em itens

O problema apresentado situava-se nos seguintes termos: a concorrência destinava-se à aquisição de material permanente, distribuído em vinte itens, e, em função do julgamento realizado, determinada licitante teve sua proposta desclassificada para os itens 1 e 2.

Não se conformando com a decisão, houve a interposição de recurso hierárquico contra o julgamento levado a efeito que, nos termos do artigo 109, inciso I, alínea "b", combinada com o § 2º, tem efeito suspensivo. Pergunta-se: o recurso apresentado paralisa a licitação, de forma a impedir que a Administração possa dar prosseguimento ao certame com a formalização dos atos de homologação, adjudicação e contratação dos dezoito itens também licitados, porém não objetos de recursos?

A resposta não oferece qualquer dificuldade, impondo-se, para bem fundamentá-la, uma observação inicial, no sentido de que, em se tratando de licitação por itens, o julgamento será feito em relação a cada um deles, ensejando, com isso, a elaboração de ordens de classificação diretamente relacionadas com os itens julgados, ou, mais propriamente, serão elaboradas tantas ordens de classificação quantos forem os itens licitados.

Assim é que, como cada item julgado se traduz em uma ordem de classificação, deve-se ter presente que o efeito suspensivo do recurso somente alcançará aquele contra o qual foi interposto.

Nessas condições, os demais itens de classificação não abrangidos pelo efeito suspensivo do recurso podem ter prosseguimento normal, ensejando a prática dos atos de homologação do certame, adjudicação dos correspondentes objetos licitados e, até mesmo, a contratação.

Observação 146 – Comunicação aos demais licitantes

Interposto o recurso hierárquico, a Administração deverá comunicar aos demais licitantes, encaminhando sempre cópia de tal recurso, oferecendo, assim, o prazo de cinco dias úteis para o exercício da faculdade de impugnação (artigo 109, § 3º).

A propósito do assunto, recomenda-se a leitura da *Observação 149*.

Observação 147 – Obrigatoriedade de a Administração responder a todos os aspectos do recurso

É bastante comum as empresas apresentarem argumentos de toda a ordem nos recursos interpostos, em especial, contra suas inabilitações e desclassificações, procurando dar origem a situações que não dizem respeito às efetivas e concretas questões que poderiam ser, em tese, questionadas.

Na verdade, embora atuações nesse sentido acabem por dificultar a atuação administrativa, notadamente em função do tempo e do trabalho gastos pela Administração para o devido equacionamento das questões, o fato é que o órgão licitante e, em especial, as Comissões de Julgamento, devem responder obrigatoriamente a todas elas, mostrando sempre a sua improcedência, de forma motivada.

A propósito, a motivação do ato administrativo constitui postulado indeclinável para sua eficácia e validade, sendo indispensável para toda e qualquer decisão administrativa, como de maneira uniforme têm decidido os Tribunais (RDP, 34:141, RDA, 46:189), e a Constituição Paulista a coloca como princípio da Administração Pública (artigo 111).

Ainda a esse respeito, deve-se enfatizar que esse é também o posicionamento que prevalece no âmbito do Tribunal de Contas da União que, em razão de a necessidade da decisão se apresentar motivada, e em função do princípio da ampla defesa (artigo 5º, incisos XXXIV e LV), a Administração deve responder a todos os itens dos recursos propostos (Decisão n. 740/1997 – *DOU* n. 217, de 10.11.1997).

Observação 148 – Possibilidade de oferecimento de recurso em razão de fatos supervenientes, ou só conhecidos após o julgamento, que afetem a habilitação do licitante

Como já abordado nas *Observações 136, 137* e *138*, o prazo para recorrer contra a habilitação ou inabilitação do licitante é de cinco dias, contados da intimação, condicionado, também, à circunstância de que o processo licitatório esteja com vista franqueada ao interessado.

Ultrapassada essa fase sem interposição de recursos, ou decididos aqueles interpostos, a habilitação estará preclusa, impondo-se, assim, o início da fase de julgamento das propostas, com as respectivas aberturas.

O § 5º do artigo 43 estabelece, na primeira parte, que, ultrapassada a fase de habilitação dos concorrentes e abertas as propostas, não cabe desclassificá-los por motivo relacionado a habilitação jurídica, qualificação técnica, qualificação econômico-financeira, regularidade fiscal e cumprimento do disposto no inciso XXXIIII, artigo 7º, da Constituição Federal. Significa dizer, em outra palavras, que, por ocasião da fase de julgamento das propostas, as aludidas exigências não podem ser consideradas para qualquer efeito.

Por sua vez, a segunda parte dessa disposição traz uma exceção a esse princípio, permitindo que, ainda que já superada a fase de habilitação, possa ser a mesma revista em decorrência de fatos supervenientes ou só conhecidos após o julgamento, que digam respeito, evidentemente, às exigências pertinentes a habilitação jurídica, qualificação técnica, qualificação econômico-financeira, regularidade fiscal e cumprimento do disposto no inciso XXXIIII, artigo 7º, da Constituição Federal.

Marçal Justen Filho ensina que

> A capacitação do licitante para executar a prestação é uma situação relativa, que pode variar no tempo. Assim, ao tempo da licitação ou da expedição dos documentos, poderiam estar presentes os requisitos. Porém, eventos posteriores podem alterar essa capacitação. Quando isso se verificar, a Administração

pode (e deve) conhecer do assunto, até mesmo de ofício. Evidentemente, aplicar-se-ão os princípios da ampla defesa e do contraditório. A administração deverá ouvir o licitante e facultar-lhe inclusive a produção de provas, antes de rever sua decisão anterior. Eventualmente, os fatos eram anteriores à decisão de habilitação, mas não chegaram tempestivamente ao conhecimento da Administração. A matéria pode ser revista, mormente quando o interessado atuou de má-fé, buscando evitar que a Administração tomasse ciência do ocorrido e decidisse contra ele.

Continuando, o jurista complementa o aspecto, afirmando que

> O § 5º deve ser interpretado à luz do art. 49. A qualquer tempo, a Administração deve invalidar a licitação em caso de ilegalidade. Logo, se houve nulidade na decisão de habilitação, o vício pode ser conhecido a qualquer tempo. Comprovando que um determinado licitante não preenchia os requisitos para habilitação e que o defeito fora ignorado pela Comissão, a Administração tem o dever de reabrir a questão, anulando sua decisão anterior. O § 5º não significa que a decisão pela habilitação produza o suprimento de vício de nulidade. Determina, tão-somente, que os aludidos requisitos não mais serão objeto de questionamento, na fase de julgamento das propostas. Veda a eliminação da proposta sob fundamento de ausência de idoneidade do licitante para contratar com a Administração. Não veda a possibilidade de revisão do ato administrativo anterior. Porém, para isso, a Administração deverá demonstrar, de modo fundado e justificado, o vício de sua decisão anterior.[50]

Observação 149 – Tramitação do recurso, prazo para decisão e reconsideração ou não da decisão

O recurso deverá ser dirigido à autoridade superior, por intermédio daquela que praticou o ato recorrido, podendo esta reconsiderar sua decisão, ou fazê-lo subir à autoridade superior, no prazo de até cinco dias úteis, a contar do recebimento dos autos (artigo 109, § 4º).

A autoridade superior deverá proferir a decisão também no espaço de tempo de cinco dias úteis, igualmente a partir do recebimento dos autos, por ela, ressalte-se, a autoridade superior (artigo 109, § 4º – interpretação que mais se aproxima da realidade fática e jurídica).

---

50 *Comentários...*, p.400-1.

Deve-se observar, ainda, que o cômputo do prazo para a decisão da autoridade recorrida está, em nosso entender, invariavelmente vinculado ao decurso dos cinco dias úteis para que o licitante exerça a faculdade de impugnação, nos termos do § 3º do artigo 109.

Interpretar em sentido contrário equivale a ignorar a existência da norma, nem sequer lhe atribuindo qualquer efeito, o que é taxativamente afastado de nosso ordenamento jurídico.

Se a decisão da autoridade recorrida deixar de aguardar o escoamento do referido prazo, sem dúvida poderá ensejar o aparecimento de vício capaz de gerar sua nulidade, principalmente quando esta alterar a situação do licitante-recorrente, pois que o outro licitante praticamente ficou impossibilitado de colacionar a impugnação. Diferente será o entendimento, no entanto, se a decisão administrativa não alterar a situação do licitante-recorrente. Nesse caso, em que pese a Administração não ter aguardado a apresentação da impugnação com o indeferimento do recurso e, conseqüentemente, mantendo a mesma situação, a circunstância não trouxe qualquer prejuízo à parte interessada.

O mesmo ocorre quando a autoridade deixa de facultar, à vista de interposição de recurso, o prazo para impugnação. Também nessa hipótese, se alterada a situação do licitante-recorrente, não resta outra alternativa senão anular a decisão, inclusive para resguardar a possibilidade de apresentação, dentro do prazo legal, da medida facultada, ou, mais propriamente, como forma capaz de demonstrar o cumprimento da regra estabelecida no artigo 109, § 3º. Isso sem prejuízo, é óbvio, da apuração da responsabilidade em decorrência de conduta irregular dos membros da Comissão de Julgamento da Licitação, com envolvimento até mesmo da primeira situação configurada.

No entanto, no que diz respeito à eventualidade de reconsideração da decisão objeto do recurso, nos termos da primeira parte do § 4º do artigo 109, deve-se registrar que a competência para tal é da Comissão Julgadora, que, uma vez decorridos os cinco dias úteis destinados à impugnação por parte dos outros licitantes, ao imprimir nova decisão, também no espaço de tempo de cinco dias úteis, praticamente proporciona a oportunidade de outros licitantes se manifestarem, igualmente por meio de recurso, fundado no artigo 109, inciso I, alíneas "a" e "b".

Na hipótese de a Comissão Julgadora manter a decisão, no mesmo prazo anteriormente indicado, os autos serão remetidos à autoridade superior que, dentro de outros cinco dias úteis, *ex vi* do disposto na segunda parte do § 4º do artigo 109, deverá decidir o recurso.

A esse respeito, impõe-se alertar para a circunstância de que a autoridade superior não pode alterar, ao decidir o recurso, a ordem de classificação proposta, dado que o julgamento do procedimento licitatório é matéria de competência exclusiva da Comissão Julgadora, nos termos do artigo 51. Pode, sim, anular a decisão objeto do recurso, como também a própria licitação.

Em contrapartida, constata-se que a lei fixou prazo para que o recurso seja examinado e decidido. São, ao todo, quinze dias úteis, assim distribuídos: cinco dias úteis para impugnação por parte dos licitantes; cinco dias úteis para reconsideração ou não por parte da Comissão Julgadora; cinco dias úteis para decisão da autoridade superior. Em caso de reconsideração por parte da Comissão Julgadora, com a anulação da decisão da autoridade superior, o prazo fica reduzido para dez dias úteis.

Concluindo a presente *Observação*, Roberto Ribeiro Bazilli e Sandra Julien Miranda mostram que

> Outro aspecto a considerar é o de que o recurso não limita o campo da Administração ao conhecer os fatos impugnados. Ele pode ser decidido *ultra petita* e, inclusive, pode ocorrer a hipótese de *reformatio in pejus*. Isto é, a autoridade *ad quem* pode examinar não só os fatos impugnados, mas também outros conexos, e decidir livremente, inclusive reformando o ato recorrido em prejuízo do próprio recorrente.[51]

Observação 150 – Representação, prazo, efeito e tramitação

Além do recurso hierárquico, e independentemente dele, poderá, também, ser apresentada REPRESENTAÇÃO, no prazo de cinco dias úteis da intimação da decisão, relacionada com o objeto da licitação nas modalidades Concorrência, Tomada de Preços, Convite, Concurso e Leilão ou do Contrato, de que não caiba recurso hierárquico, como, por exemplo, contra o ato de homologação do certame, adjudicação do objeto da licitação, celebração do contrato ou da indicação do objeto a ser licitado. O prazo para a REPRESENTAÇÃO, na modalidade CONVITE, é de dois dias úteis (artigo 109, § 6º), a contar da intimação da decisão.

Deve-se registrar, também, que o prazo para a presente medida terá início a contar da intimação da decisão a ser contestada, lembrando ainda a

---

51 *Licitação à luz...*, p.298.

necessidade de que os autos do processo estejam com vista franqueada ao interessado, aspectos estes objeto das *Observações 136, 137* e *138* (artigo 109, inciso II e § 5º).

A REPRESENTAÇÃO não tem efeito suspensivo automático, podendo a autoridade competente, presentes razões de interesse público, atribuir a ela eficácia suspensiva (artigo 109, inciso II e § 2º).

A interposição de REPRESENTAÇÃO está condicionada, na qualidade de espécie recursal, nos termos do artigo 109, inciso II, ao legítimo interesse do envolvido, podendo, no entanto, ser apresentada por qualquer cidadão, inclusive o licitante, se formulada como direito de petição em defesa de direito ou contra ilegalidade ou abuso de poder, consoante previsão estabelecida no artigo 5º, inciso XXXIV, da Constituição Federal.

Além disso, sua tramitação não é disciplinada em qualquer dispositivo, impondo-se, assim, para bem definir o aspecto, a aplicação, por analogia, das previsões dos §§ 3º e 4º do artigo 109.

Observação 151 – Representação contra atos de homologação, adjudicação e celebração do contrato

Volto a enfatizar o aspecto, dada sua importância e seu significado no desenvolvimento de uma licitação, reafirmando que, contra os atos elencados, não cabe qualquer recurso hierárquico, somente podendo ser apresentada REPRESENTAÇÃO (artigo 109, inciso II, §§ 2º e 6º).

Conforme demonstrado na *Observação* anterior, a REPRESENTAÇÃO não possui efeito suspensivo, deixando de impedir, assim, a prática do ato de adjudicação, se interposta contra o ato de homologação. Da mesma forma, na hipótese de se REPRESENTAR contra o ato de adjudicação, a celebração do contrato pode ser levada a efeito. Também no caso de a REPRESENTAÇÃO se voltar contra a celebração do contrato, igualmente inexistirá qualquer problema para o respectivo cumprimento.

Ainda a esse respeito, muito embora a REPRESENTAÇÃO não impeça a prática dos atos indicados, a autoridade competente deve avaliar muitíssimo bem os fundamentos colacionados e as eventuais razões de interesse público, atribuindo-lhe ou não, em conseqüência, eficácia suspensiva (artigo 109, § 2º).

No âmbito judicial, presentes as exigências legais, as questões poderão dar ensejo ao Mandado de Segurança (artigo 5º, inciso LXIX, da Constituição Federal) e à Ação Popular (artigo 5º, inciso LXXIII, da Constituição Federal), sem prejuízo de outras ações judiciais, inclusive de reparação de dano.

Observação 152 – Pedido de reconsideração

Abre-se espaço para contemplar essa figura recursal que, nos termos do artigo 109, inciso III, objetiva combater a "declaração de inidoneidade para licitar ou contratar com a Administração Pública", de acordo com o previsto no artigo 87, inciso IV e § 3º.

Deve-se registrar, a propósito, que o alcance dessa sanção (declaração de inidoneidade) impossibilita a atuação da empresa penalizada no âmbito da Administração Pública, envolvendo, portanto, todos os órgãos da Administração direta ou indireta da União, dos estados, do Distrito Federal e dos municípios, inclusive as entidades com personalidade jurídica de direito privado sob o controle do poder público, e das fundações por ele instituídas ou mantidas; enquanto aquela sanção de suspensão temporária e impedimento de contratar está restrita ao órgão (entidade ou unidade) responsável por sua aplicação (artigo 87, incisos III e IV).

O PEDIDO DE RECONSIDERAÇÃO deverá ser interposto no prazo de dez dias úteis da intimação do ato, exigindo-se, para a fluência do prazo, que os autos do processo estejam com vista franqueada ao interessado (artigo 109, inciso III e § 5º).

Tratando-se de PEDIDO DE RECONSIDERAÇÃO, a autoridade competente para examiná-lo é a mesma que o considerou/declarou inidôneo para licitar ou contratar com a Administração Pública, devendo o prazo para decisão/deliberação ser, embora não contemplado, de cinco dias úteis, contados do recebimento da referida peça recursal, resultante da aplicação analógica do comando contido no § 4º do artigo 109.

Da mesma forma que a REPRESENTAÇÃO, o PEDIDO DE RECONSIDERAÇÃO não é dotado de eficácia suspensiva, o que significa dizer que, em decorrência das grandes repercussões negativas do ato para a empresa envolvida, poderá a autoridade também atribuir esse efeito.

Observação 153 – Ciência da decisão da Administração

O aspecto não foi objeto de qualquer tratativa no âmbito da Lei n. 8.666/1993, obrigando a Administração a socorrer-se do comando legal próprio e inerente a todos os atos administrativos, segundo o qual a *publicidade* consiste em princípio constitucional inteiramente aplicado às licitações e aos contratos (artigo 3º, *caput*). Tanto é que a decisão em matéria recursal deve ser objeto de publicação na imprensa oficial, nos termos do inciso XIII do artigo 6º. Nesses termos, a decisão prolatada deverá ser comunicada ao recorrente e aos demais licitantes por meio da imprensa oficial, nada impedindo que, se previsto no edital, e estando todos os licitantes presentes, o resultado do recurso seja noticiado em reunião específica para tanto.

A esse propósito, e tendo em vista que via de regra não se contempla reunião para a notificação de decisão, recomenda-se que, além de publicá-la na imprensa oficial, expeça-se comunicado a todos os licitantes sobre a decisão do recurso, podendo-se, para tanto, adotar as mais variadas técnicas de comunicação, como, por exemplo, fax, e-mail, telegrama etc.

Por outro lado, mas também intimamente relacionado com o assunto em discussão, a decisão de recurso interposto contra as penalidades de advertência ou multa deverá ser levada a efeito por meio de comunicação pessoal, a exemplo do que ocorre quando de suas aplicações, conforme mostrado na *Observação 136*.

G – Homologação

Observação 154 – Fase de homologação

Havendo desistência expressa de recurso contra o ato de julgamento e classificação das propostas, por parte de todos os representantes credenciados, na própria sessão de abertura dos envelopes PROPOSTA, a licitação pode ser homologada; ou, não se verificando a hipótese colacionada anteriormente, e decorrido o prazo legal sem interposição de recurso contra o ato de julgamento e classificação das propostas, ou, ainda, decidido aquele recurso interposto, a licitação poderá ser homologada (artigo 43, inciso III).

Em que pesem as discussões doutrinárias em função das previsões contidas no artigo 38, inciso VII, que, ao disciplinar os atos que devem integrar o procedimento, determina a juntada aos autos da licitação dos "atos de adjudicação do objeto da licitação e da sua homologação", como querendo indicar que o primeiro antecede o segundo, e também do artigo 43, inciso VI, que, ao disciplinar o processamento e julgamento do certame, preconiza a prática inicialmente do ato de homologação e depois aquele de adjudicação, o fato é que a questão já não mais desperta controvérsias, estando hoje devidamente cristalizado o entendimento que o ato de homologação antecede o ato de adjudicação.

Roberto Ribeiro Bazilli e Sandra Julien Miranda equacionam de vez a discussão, enfatizando que:

> No atual direito positivo brasileiro, porém, a homologação antecede a adjudicação e ambos são atos de competência de autoridade superior à comissão de licitação. Esta exegese é a que mais se coaduna com os dispositivos legais e com a própria natureza atualmente atribuída ao instituto da adjudicação, que implica entrega do objeto licitado ao vencedor do certame. É mais lógico somente entregar o objeto licitado após o certame ter sido declarado regular e de interesse público, o que somente se dá com a homologação. É um contra-senso atribuir o objeto da licitação ao vencedor do certame e em fase imediata a autoridade superior declarar o procedimento ilegal, inoportuno ou inconveniente, com sua decorrente anulação ou revogação.[52]

Observação 155 – Condições para homologação

Como passo seguinte, a Comissão de Julgamento encaminha os autos à consideração da autoridade superior que homologará a licitação (artigo 43, inciso VI), verificando antes, de um lado, a mantença dos interesses que justificam (oportunidade e conveniência) o certame, ou, mais ainda, a inexistência de fato superveniente devidamente comprovado, para justificar sua revogação, e, de outro, a observância dos ditames legais que disciplinaram a licitação e, em conseqüência, a inexistência de qualquer vício capaz de determinar a respectiva anulação, mesmo que parcialmente.

Observação 156 – Efeitos da homologação

O ato da homologação revela, de um lado, que a licitação foi desenvolvida em obediência às normas legais do procedimento, e que ainda prevalecem a oportunidade e a conveniência para a formalização da contratação, o que, em outras palavras, significa dizer que o interesse público, que justificou a abertura da licitação, permanece presente; de outro, atribui à classificação proposta pela Comissão de Julgamento o caráter definitivo, e, em conseqüência, na condição de autoridade responsável pela prática do ato, investe-se na condição de responsável pela licitação, assumindo, a partir de então, a respon-

---

52 *Licitação à luz...*, p.97.

sabilidade por todos os atos praticados, inclusive para efeito de figurar no pólo passivo de eventual interposição de representação ou de autoridade impetrada em caso de Mandado de Segurança.

H – Adjudicação

Observação 157 – Fase de adjudicação

Após a publicidade do ato de homologação, a autoridade competente (que pode ser a mesma responsável pela homologação) expedirá o ato de adjudicação do objeto licitado, atribuindo, assim, a obrigação decorrente da licitação ao licitante vencedor, ou seja, primeiro classificado (artigo 43, inciso VI).

Observação 158 – Direito à adjudicação

Ainda que já tenham ocorrido o julgamento e a classificação das propostas e o ato de homologação, o licitante não terá direito à adjudicação do objeto licitado, assistindo-lhe tão-somente o direito de preferência em relação aos demais licitantes se a Administração se dispuser a completar o procedimento licitatório.

A autoridade competente pode entender que, em vez da adjudicação do objeto licitado, o procedimento deve ser revogado, notadamente em decorrência de fato superveniente, capaz de afetar sua conveniência ou oportunidade, dizendo respeito, portanto, às razões de interesse público que não mais justificam a própria licitação, desde que pertinentes e suficientes para amparar tal conduta. O mesmo pode, também, ocorrer na hipótese de constatação de qualquer ilegalidade no desenvolvimento da licitação, o que gera, para a Administração, o dever jurídico de anulá-la. Aliás, esse é o comando expresso no artigo 49, *caput*.

Celso Antônio Bandeira de Mello mostra que: "Por motivo de conveniência ou oportunidade o Poder Público pode revogar a licitação e por motivo de legitimidade deve anular a licitação viciada. Em um e outro caso é obrigatório que fundamente o ato extintivo".[53]

---

53 *Licitação*, p.86.

Observação 159 – Direito à contratação em decorrência da adjudicação

Aqui estão situados os atos de ADJUDICAÇÃO e CONTRATAÇÃO, e ainda que a CONTRATAÇÃO esteja na dependência da ADJUDICAÇÃO, a formalização da ADJUDICAÇÃO não implica a CONTRATAÇÃO.

Na verdade, o licitante que obteve a ADJUDICAÇÃO do objeto do certame licitatório não tem o direito de exigir a CONTRATAÇÃO por parte da Administração.

Com efeito, aplica-se à presente hipótese o delineamento expresso para a *Observação* anterior, que enfrentou o DIREITO À ADJUDICAÇÃO, de forma que, se o interesse público justificar a não formalização contratual, em decorrência de fato superveniente, ditado por motivo de conveniência ou oportunidade, não resta outra alternativa à Administração senão a de revogar a licitação. Também, constatada qualquer ilegalidade no procedimento, impõe-se sua anulação (artigo 49, *caput*).

O direito existente situa-se em outro diapasão, o qual consiste em não ser preterido por qualquer outro licitante na hipótese de a Administração optar pela CONTRATAÇÃO.

Observação 160 – Efeitos jurídicos decorrentes da adjudicação

O aspecto em questão foi apontado de maneira bastante apropriada por Roberto Ribeiro Bazilli e Sandra Julien Miranda, dispensando qualquer outra colocação, nos seguintes termos:

> Da adjudicação decorrem vários efeitos jurídicos: a) o direito subjetivo do adjudicatário de contratar com a Administração, nos termos de sua proposta vencedora; b) vinculação da Administração e do adjudicatário a todas as condições previstas no edital ou convite e à proposta vencedora; c) a obrigação do adjudicatário de assinar contrato no prazo e nas condições estabelecidas, sob pena de inadimplemento total e sujeição às penalidades legais; d) a liberação dos licitantes vencidos do disposto em suas propostas; e e) a liberação das garantias de participação a favor dos licitantes.[54]

---

54 *Licitação à luz...*, p.271.

I – Contratação

Observação 161 – Contratação

Encerradas as fases de homologação e de adjudicação, o objeto da licitação será contratado com o licitante classificado em primeiro lugar.

Nos termos do artigo 60, *caput*, o contrato será lavrado na repartição competente, mantendo-se arquivo cronológico do seu autógrafo e registro sistemático do seu extrato, com exceção daquele relativo a direitos reais sobre imóveis, cuja formalização será levada a efeito "por instrumento lavrado em cartório de notas, de tudo juntando-se cópia no processo que lhe deu origem".

Por sua vez, o contrato deverá conter "os nomes das partes e os de seus representantes, a finalidade, o ato que autorizou a sua lavratura, o número do processo da licitação, da dispensa ou da inexigibilidade, a sujeição dos contratantes às normas desta Lei e às cláusulas contratuais", consoante previsão estabelecida no artigo 61. O parágrafo único desse artigo determina que "A publicação resumida do instrumento de contrato ou de seus aditamentos na imprensa oficial, é condição indispensável para sua eficácia, será providenciada pela Administração até o quinto dia útil do mês seguinte ao de sua assinatura, para ocorrer no prazo de vinte dias daquela data", sendo, de acordo com o artigo 26, "ressalvadas do cumprimento do marco delimitado as hipóteses de dispensa ou inexigibilidade de licitação, e também a situação de retardamento de obra ou serviço".

Deve-se atentar, por último, que, conforme demonstrado na *Observação 46*, o contrato pode ser substituído por outros instrumentos hábeis, sem que tal circunstância, todavia, venha a significar dispensa de cláusulas consideradas por lei como necessárias, e até mesmo da obrigatoriedade de publicação do instrumento resumido ou de aditamentos.

Observação 162 – Contratação do segundo classificado

Não ocorrendo a celebração do contrato com o licitante classificado em primeiro lugar, fica facultado à Administração convocar os demais licitantes, obedecida à ordem de classificação, ou revogar a licitação, estando sujeitos, todavia, à mantença das mesmas condições propostas pelo primeiro classificado, até mesmo quanto aos preços, que serão atualizados nos termos da previsão correspondente estabelecida no ato convocatório.

Embora o segundo classificado possa ser convocado para a assinatura do contrato, em caso de recusa, a sanção prevista no artigo 81 (recusa injustificada em assinar o contrato, aceitar ou retirar o instrumento equivalente) não tem qualquer aplicação a esse licitante (artigos 64, § 2º, e 81, parágrafo único).

Observação 163 – Prazo para celebração do contrato

Normalmente, é fixado prazo para a celebração do contrato. Caso o licitante esteja impossibilitado de formalizar o ato, e, ainda dentro do prazo, solicite sua prorrogação por motivo justificado, aceito pela Administração, costuma-se estabelecer no próprio edital, como não poderia deixar de ser, o dobro do prazo inicialmente fixado para tanto. De qualquer forma, porém, a definição do prazo para a celebração do contrato é matéria que, invariavelmente, faz prevalecer o interesse da Administração.

Observação 164 – Documentos exigidos para a celebração do contrato

Na retirada da nota de empenho e assinatura do contrato (admite-se a substituição do contrato por outros instrumentos hábeis, na forma do disposto no artigo 62, *Observação 46*), os comprovantes relativos à Seguridade Social e ao Fundo de Garantia do Tempo de Serviço, oferecidos no envelope DOCUMENTAÇÃO, deverão estar em plena validade, sob pena de ser exigida, para a prática dos atos indicados, a apresentação dos referidos documentos devidamente revalidados (artigo 195, § 3º, da Constituição Federal, e artigo 47, inciso I, da Lei n. 8.036/1990).

Observação 165 – Pedido de reajuste no ato de assinatura do contrato

O inciso XXI do artigo 37 da Constituição Federal preconiza que, "ressalvados os casos especificados na legislação, as obras, serviços, compras e alienações serão contratados mediante processo de licitação pública que assegure igualdade de condições a todos os concorrentes, com cláusulas que estabeleçam obrigações de pagamento, mantidas as condições efetivas das propostas, nos termos da lei", significando, com isso, que o preço cotado na proposição será aquele levado a efeito para a formalização contratual correspondente.

Ora, nesses termos, o pedido de reajuste no ato de assinatura do contrato não tem qualquer fundamento legal, notadamente porque a avença nem sequer foi celebrada. E, mesmo que a vinculação já estivesse formalizada, qualquer pedido de reajuste somente teria guarida se já decorridos doze meses, nos termos da Lei n. 8.880/1994, que "Dispõe sobre o Programa de Estabilização Econômica e o Sistema Monetário Nacional, institui a Unidade Real de Valor (URV) e dá outras providências" *(Observação 30)*.

A esse respeito, se efetivamente negado o reajuste da proposta, como de direito, e o licitante vencedor se recusar a retirar a nota de empenho e a assinar o contrato, não restará outra alternativa senão a caracterização da responsabilidade pré-contratual, nos termos do artigo 81, que será objeto de exame na *Observação* seguinte.

Observação 166 – Recusa de retirada da nota de empenho e/ou de assinatura do contrato

A hipótese, consignada na *Observação* anterior, ou qualquer outra que também constitua recusa injustificada do adjudicatário em assinar o contrato, aceitar ou retirar o instrumento equivalente, dentro do prazo estipulado pela Administração, dá ensejo ao cometimento da infração disciplinar prevista no artigo 81, em consonância com o artigo 64, *caput*, equivalente ao inadimplemento contratual, ainda que não formalizado, sujeitando o licitante vencedor às penalidades legalmente estabelecidas no artigo 81.

O artigo 81 contempla hipótese de responsabilidade pré-contratual, isto é, a proposta do licitante vencedor obriga o proponente, nos termos do artigo 427 do Código Civil, evidentemente "se o contrário não resultar dos termos dela, da natureza do negócio, ou das circunstâncias do caso".

Trata-se, em rigor, de inadimplemento à obrigação assumida, materializada na recusa injustificada de manter a proposta, e, em conseqüência, deixar de celebrar o contrato decorrente da licitação da qual sagrou-se vencedor, o que poderá ensejar a aplicação das sanções de multa, suspensão temporária de participação em licitação e impedimento de contratar com a Administração, por prazo não superior a dois anos, e até mesmo na declaração de inidoneidade de licitar ou contratar com a Administração Pública (artigo 87, incisos II, III e IV). Tudo, é evidente, condicionado à importância, ao significado e às repercussões do ato para o órgão licitante, sem perder de vista o exame da caracterização de dolo ou de culpa para a determinação do procedimento do licitante adjudicatário, e a existência de boa ou má-fé e, mais ainda, a verificação de sua atuação anterior perante os órgãos públicos.

Ainda a esse respeito, deve-se registrar, também, que a Administração poderá pleitear indenização por perdas e danos, procurando, com isso, receber eventual diferença a maior, que acabará pagando para obter a mesma prestação em decorrência de novo certame licitatório.

Por sua vez, se a penalidade somente deve ser aplicada quando a recusa situar-se como injustificada, pergunta-se: "O que se poderia considerar como recusa justificada, excludente de penalização?".

Ao formular e responder a tal questionamento, Jessé Torres Pereira Junior afirma que:

> O espaço discricionário de que dispõe a Administração para aceitar ou não a recusa do adjudicatário não é tão largo quanto possa parecer à primeira vista. Desde que tal recusa equipara-se à inexecução total do contrato, o primeiro critério está em buscar-se, no rol dos motivos que ensejam a rescisão do contrato por inexecução, pontos de afinidade com a hipótese de recusa.

Continuando, Pereira Junior ensina que

> Do art. 78 extrai-se que seriam motivos que justificam a recusa de contratar os de seus incisos XI, XIII e XVII; os dos incisos IX e X também inviabilizam a contratação, porém por impedimento alheio à vontade do adjudicatário, e, não, por ato que dependa da vontade, como soe ser a recusa. O segundo critério acha-se no fato da Administração previsto no art. 64, § 3º.
>
> Na hipótese do inciso XI do art. 78, alteração no contrato social ou na estrutura da empresa adjudicatária, que lhe sobreveio quando tramitava o processo licitatório, poderá ser de ordem a impedir o contrato, correspondendo aos "fatos supervenientes" que autorizam a inabilitação de licitante mesmo depois de encerrada a fase de habilitação preliminar (v. art. 43, § 5º). Assim ocorreria, por exemplo, se, com a retirada de sócios e o ingresso de outros na empresa adjudicatária, preclusa aquela fase (não mais cabendo, pois, desistência de propor, a teor do art. 43, § 6º), houvesse alteração no objeto social de modo a dele excluir o ramo de atividade correspondente ao objeto da licitação; estará a adjudicatária impossibilitada de contratar e deve declará-lo, lealmente, à Administração.
>
> Na hipótese do inciso XIII, pode e deve o adjudicatário recusar-se a firmar termo de contrato se a Administração suprime, modifica ou acrescenta cláusulas imprevistas ou previstas com teor diverso no ato convocatório.
>
> Na hipótese do inciso XVII, abre-se leque de fatos caracterizadores do caso fortuito ou força maior, pertinente que quaisquer deles inviabilizem a contratação (a inundação que destrói o campo dos cereais que seriam fornecidos, por exemplo).

Ao concluir o exame do aspecto, mostra que, "Desde que devidamente comprovados, todos esses motivos são vinculantes para a Administração, que não poderá deixar de acolhê-los e dar por justificada a recusa do adjudicatário a celebrar o contrato.⁵⁵

Em contrapartida, a previsão em questão não alcança, nos termos do parágrafo único do artigo 81, aqueles licitantes que venham a ser convocados para a celebração contratual, obedecida a ordem de classificação, em decorrência da desistência do primeiro colocado, "para fazê-lo em igual prazo e nas mesmas condições propostas pelo primeiro classificado, inclusive quanto aos preços atualizados de conformidade com o ato a convocatório" (§ 2º do artigo 64).

Impõe-se destacar, ainda, oportuna colocação de Marçal Justen Filho, consignando a não aplicação da regra estampada no artigo 81 ao caso de empate. Assim trata a matéria:

> Questão interessante se verificaria se o licitante faltoso tivesse sido escolhido por sorteio em caso de empate entre propostas idênticas (art. 45, § 2º). Se o adjudicatário desistir, o outro licitante (que formulara proposta idêntica) pode ser obrigado a contratar? A redação do parágrafo único poderia induzir resposta positiva. Afinal, o segundo colocado formulara proposta idêntica à do vencedor (no tocante a prazos, quantidades e qualidades). No entanto, a resposta deverá ser negativa, porquanto a derrota atribui ao particular a perspectiva de realizar outros negócios e aplicar seus recursos em outras empresas. Não pode ser constrangido a se manter à disposição da Administração, após escolhido outro licitante. Tanto mais porque um dos efeitos da adjudicação é a liberação dos licitantes remanescentes pelos efeitos de suas propostas.⁵⁶

Observação 167 – Serviços contínuos: duração e prorrogação excepcional do prazo contratual

O inciso II do artigo 57 sofreu sensível modificação pela Lei n. 9.648/1998. Tal modificação altera, radicalmente, o regime jurídico anterior, uma vez que, ao contrário da previsão vigente até àquele momento, que impossibilitava a prorrogação sucessiva dos referidos contratos, enseja agora prorrogações "por iguais e sucessivos períodos", desde que estes não ultrapassem, no somatório, sessenta meses.

---

55 *Comentários à lei das licitações...*, p.487-8.
56 *Comentários...*, p.576-7.

Deve-se considerar, ainda, que a alteração trazida à colação atinge apenas contratos de prestação de serviços a serem executados de forma contínua.

Anteriormente a essa alteração, os contratos de prestação de serviços a serem executados de forma contínua, como, por exemplo, de limpeza, manutenção, vigilância etc., não eram passíveis de prorrogações, sendo celebrados por um prazo maior do que aquele de validade do crédito orçamentário, levando em conta a obtenção de preços e condições mais vantajosos para a Administração, limitada sua duração a cinco anos.

Para equacionar o aspecto, e tendo em vista que a Constituição Federal, em seu artigo 167, inciso II, veda a assunção de obrigações excedentes dos créditos orçamentários ou adicionais, reproduzida no *caput* do artigo 57 da Lei n. 8.666/1993, a Administração contratava a realização de serviços a serem prestados de forma contínua por lapso de tempo que ultrapassava o exercício financeiro da contratação, vinculando sua vigência à condição resolutiva que, por sua vez, vinculava a continuidade da avença à previsão de dotação específica nos orçamentos vindouros.

Acrescentou-se, também, por força da Lei n. 9.648/1998, o § 4º ao artigo 57, possibilitando, em caráter excepcional devidamente justificado e mediante autorização da autoridade superior, a prorrogação do prazo de que trata o inciso II do artigo retroindicado (sessenta meses) em até doze meses. Deve-se enfatizar que a possibilidade restringe-se tão-somente à hipótese colacionada no inciso II do artigo 57, envolvendo *"a prestação de serviços a serem executados de forma contínua"*.

Deve-se registrar, a esse propósito, que a Administração não poderá se valer da prorrogação a seu livre-arbítrio. Impõe-se, para a devida caracterização da permissibilidade legal, a efetiva e real comprovação da necessidade da medida, ditada pelo caráter excepcional de que ela deve estar revestida. Além disso, o prazo da prorrogação não pode ser fixado aleatoriamente, mas, sim, estabelecido proporcionalmente àquela necessidade, observando, em qualquer circunstância, o limite de doze meses.

Observação 168 – Supressões contratuais

Em seguida, deve-se registrar a alteração do § 2º, inciso II, do artigo 65, também por força da Lei n. 9.648/1998, que passou a tratar o aspecto nos seguintes termos:

§ 2º – Nenhum acréscimo ou supressão poderá exceder os limites estabelecidos no parágrafo anterior, salvo:

I – *(VETADO)*;

II – as supressões resultantes de acordo celebrado entre os contratantes.

Para bem esclarecer o aspecto, deve-se recordar que o inciso I (vetado) ensejava a oportunidade de realização de acréscimos além do limite previsto no § 1º, quando decorrentes de fatos imprevisíveis ou previsíveis, porém, de conseqüências incalculáveis, limitados, todavia, a 50% do valor contratual.

Em razão de severas críticas, creio, o Presidente da República houve por bem vetar o referido parágrafo, aduzindo, a título de justificativa, o seguinte motivo:

> A elevação do limite atualmente em vigor de 25% para 50%, com base em conceitos jurídicos indeterminados, poderia ensejar o abuso na aplicação da norma. Na redação proposta, fica a regra aberta para todo e qualquer caso, inclusive para aqueles previsíveis, mas de conseqüências incalculáveis.[57]

Restou, portanto, a regra inserida no inciso II que, anteriormente a essa alteração, já era regularmente praticada, evidentemente desde que com a anuência do contratado. Sacramentou-se, assim, procedimento já adotado, no sentido de que as supressões podem ultrapassar os limites legais, se resultantes de acordo entre os contratantes.

A esse respeito, Marçal Justen Filho entende que

> A regra deverá ser interpretada e aplicada com enorme cautela, diante dos potenciais riscos de desvio de poder.
>
> Suponha-se que agente público pretenda direcionar contratação administrativa. Para tanto, elabora edital com previsão de enormes quantitativos, o que se reflete em exigências severas no âmbito da habilitação. Assim, somente a empresa privilegiada consegue habilitar-se. Firma-se o contrato e, em seguida, produz-se consensualmente a redução aos valores efetivamente visados. Se o edital tivesse previsto tais quantitativos, inúmeros outros licitantes teriam participado da disputa. A redução posterior de quantidades, através de acordo entre as partes, foi o instrumento jurídico que propiciou a fraude.
>
> Diante desse panorama, a aplicação das regras trazidas pela Lei nº 9.648 deverão (sic) ser investigadas com especial cautela pelos órgãos de controle. Verificando-se que as exigências inicialmente estabelecidas foram causa do afas-

---

57 *DOU* de 25.5.1998.

tamento de licitantes ou de redução do universo da disputa, será vedado promover a redução. Apurando-se a ocorrência de dimensionamento exagerado dos quantitativos e a desnecessidade absoluta dos montantes levados à licitação, dever-se-á responsabilizar os agentes que atuaram indevidamente, rescindindo-se o contrato com o particular, nos termos do art. 78, inc. XIII.[58]

Observação 169 – Conciliação do cumprimento do prazo de pagamento, com o desenvolvimento regular das medidas indispensáveis para a aplicação da penalidade de multa

Outro aspecto interessante, que tem sido objeto de questionamento durante a realização de seminários sobre Licitação, envolve a conciliação da observância do prazo de pagamento, com o desenvolvimento regular da aplicação de multa, para a hipótese de entrega do objeto do contrato além do marco estabelecido.

A situação apontada diz respeito à entrega do objeto do contrato após a expiração do prazo estabelecido, sujeitando o contratado ao pagamento da multa contratual. Ocorre, porém, que, para aplicação da penalização ao contratado, impõe-se o oferecimento do prazo de cinco dias úteis para defesa (§ 2º do artigo 87), enquanto o pagamento da obrigação deve-se situar no oitavo dia do recebimento definitivo do objeto.

Assim, para a hipótese de não prestação de garantia ou de garantia insuficiente, a simultaneidade dos prazos não permite a definição da penalidade anteriormente à época fatal para o pagamento, significando dizer, de um lado, que se a Administração deixar de efetuar o cumprimento da obrigação no lapso de tempo acordado, em razão da pendência do procedimento de multa, também se sujeitará aos juros moratórios pelo atraso; e, de outro, se concretizar o pagamento sem o desconto da parcela referente à penalidade, ficará à disposição do contratado para o recebimento da multa, ou então terá de se valer de meios judiciais para a satisfação do débito.

A questão resume-se, portanto, no seguinte: como conciliar as situações apontadas, de forma que o pagamento da obrigação contratual pela Administração se processe no prazo acordado e, ao mesmo tempo, observado o marco facultado para a defesa, seja assegurado a ele o direito de proceder ao desconto relativo à multa incidente sobre o pagamento que realizará?

---

58 *Comentários...*, p.524.

A resposta a essa questão é, na verdade, bem mais simples do que se possa imaginar, sendo mais fácil até seu equacionamento do que a própria formulação da questão.

O ideal é, sem qualquer resquício de dúvida, que a apuração da definição da multa se processe em tempo hábil, ou seja, concomitantemente com a data final prevista para o pagamento. Assim, a multa será descontada do valor a ser pago.

Como o procedimento indicado é, na prática, bastante difícil de ocorrer, quase impossível de se verificar, entendo que o certo será, ao facultar o direito de defesa ao contratado, com a indicação da eventual importância a ser cobrada a título de multa, comunicá-lo de que haverá, por ocasião do pagamento, a retenção da importância apontada, que, no entanto, poderá ou não ser paga após a definição sobre a aplicação da penalidade.

Nesses termos, o pagamento se efetivará no prazo contratual, sem a importância relativa à eventual multa, o que acaba dando ensejo ao surgimento de duas situações: 1ª) a multa é aplicada e, exatamente por corresponder ao valor retido, o contratado nada mais receberá; 2ª) a penalidade deixa de ser imposta, obrigando a Administração a efetuar o pagamento da diferença retida, sem, contudo, incidência de qualquer correção (juros moratórios), pois aquele que tenha dado causa à ocorrência, segundo princípio de direito, não pode se beneficiar de sua própria falta (o contratado foi o responsável direto pela ocorrência).

O apoio legal para a prática do ato proposto está consubstanciado nos artigos 86, § 3º, e 87, § 1º, que, ao permitirem o desconto da multa dos pagamentos eventualmente devidos, em caso de garantia insuficiente, praticamente autorizam a adoção de idêntico procedimento, também na hipótese de inexistência de garantia. Ainda, via de regra, os instrumentos legais que disciplinam a aplicação de penalidade, incluindo obviamente a multa, contemplam a particularidade.

J – Desfazimento da licitação: anulação ou revogação

Observação 170 – Anulação ou revogação da licitação

O desfazimento da licitação pode acabar se concretizando por meio dos atos de revogação ou anulação, em estrita obediência aos precisos e claros termos do artigo 49.

Independentemente da modalidade e do tipo, e por encontrar-se situada como procedimento administrativo, qualquer licitação pode ficar sujeita à revogação ou à anulação, ou até mesmo à decretação da nulidade de apenas determinados atos que a integram, sem que tal ocorrência, todavia, venha a acarretar sua extinção.

O artigo 49 disciplina os aspectos apontados, definindo, de início, que a autoridade competente para determinar a revogação, ou a anulação do procedimento licitatório, é aquela responsável por sua aprovação, ou seja, responsável pela prática do ato de homologação do certame licitatório.

Em seguida, ao disciplinar a revogação da licitação, deixa bem definido que sua verificação deve sempre ser ditada por razões de interesse público, decorrente de fato superveniente devidamente comprovado, pertinente e, mais ainda, suficiente para amparar a conduta, em razão de fatos que surgiram depois de sua abertura. Com isso, a legislação impede que, para efeito de revogação, a autoridade venha a alterar posicionamentos de interesse e conveniência que justificaram a publicação do edital ou a expedição do convite, sem o apontamento de novas circunstâncias, devidamente comprovadas, pertinentes e suficientes para justificar o ato.

Em outras palavras, a Administração está obrigada a demonstrar que, em decorrência desses novos fatos, o prosseguimento da licitação não tem mais interesse público, o que justifica sua revogação independentemente da fase do procedimento.

Pode, ainda, ocorrer o desfazimento do processo licitatório em decorrência de ilegalidade constatada, de ofício ou por provocação de terceiros, a qualquer tempo e independentemente da fase em que se encontra, reconhecendo-se, assim, sua anulação; pode também ocorrer a anulação de fase do procedimento, sem contudo acarretar-lhe a extinção, provocando, com isso, a invalidação parcial da licitação.

Hely Lopes Meirelles destaca de maneira bastante apropriada a diferença entre os referidos atos, evidenciando que

> Anula-se o que é ilegítimo; revoga-se o que é legítimo, mas inoportuno ou inconveniente ao interesse público. Em ambos os casos, a invalidação do procedimento licitatório deve ser justificada, para demonstrar a ocorrência do motivo e a lisura da Administração. Sem essa justificação, a decisão anulatória ou revocatória é inoperante.[59]

---

59 *Licitação e contrato...*, p.139.

O ato de revogação é, exatamente por envolver requisitos de oportunidade e conveniência, de competência exclusiva da Administração, podendo o ato de anulação se situar tanto no âmbito da Administração, como no do Poder Judiciário. De qualquer forma, porém, se o desfazimento está expresso por meio de ato administrativo, comporta "parecer escrito e devidamente fundamentado" (artigo 49, *caput*).

Não param aí as exigências para a validade dos atos de revogação e anulação. É preciso que, em atendimento ao § 3º do artigo 49, fiquem assegurados aos licitantes "o contraditório e a ampla defesa", como decorrência de previsão constitucional (artigo 5º, inciso LV, da Constituição Federal). É preciso, ainda, que o exercício do contraditório e da ampla defesa seja assegurado aos licitantes anteriormente à formalização dos atos de revogação e de anulação, proporcionando-lhes a oportunidade de conhecerem as razões que amparam as proposições. Proposições, sim, porque somente após as manifestações dos licitantes, ou o decurso do prazo para tanto fixado, é que a Administração poderá concretizar a revogação ou a anulação do processo licitatório, sob pena de dar ensejo à caracterização de nulidade do ato praticado sem a observância das formalidades legais.

Mas ainda há outra particularidade. Mesmo após ter sido decretada a revogação ou a anulação do certame licitatório, os licitantes poderão interpor recurso hierárquico, nos termos do artigo 109, inciso I, alíneas "c" e "a".

E as conseqüências do ato de revogação ou de anulação? No que tange à revogação, notadamente porque embasada na conveniência e na oportunidade do desenvolvimento da licitação, refletindo, assim, o interesse público em seu não prosseguimento, pode-se, em tese, deixar de falar em direito a indenização.

Mas aí surge outra indagação: e se a classificação já estivesse definida, e, antes da homologação do certame e adjudicação do objeto, a Administração decidisse revogar a licitação, ainda que o ato decorresse de fato superveniente devidamente comprovado, pertinente e suficiente para justificar a conduta, nem mesmo o 1º classificado teria direito à indenização? Celso Antônio Bandeira de Mello equaciona o aspecto nos seguintes termos:

> Quem aflui ao certame e atende ao pretendido tem o direito de esperar de quem o convocou publicamente um comportamento não só sério mas também firme: o mesmo dele é exigido. De direito pode e deve supor que a licitação não foi instaurada por capricho ou impensadamente. Além disto, se fatores supervenientes desaconselham o contrato, trata-se de questão tão estranha ao lici-

tante vencedor cuja proposta além de satisfatória foi a melhor. Então, não deve ficar onerado pelas despesas ou prejuízos que lhe resultem da nova decisão administrativa. Temos por indubitável que aquele que venceu a licitação mediante proposta qualificável, de direito, como satisfatória (cf. 183, 184, 186, 187 e 189) e superior às demais faz jus à indenização pelos prejuízos que efetivamente comprove, caso seja revogada a licitação.

Em seguida, conclui que: "Trata-se de acobertar os ônus que pesaram sobre o licitante vencedor e não de outorgar-lhe ganhos que teria com a avença irrealizada".[60]

A respeito do ato de anulação, os §§ 1º e 2º do artigo 49 disciplinam suas conseqüências. Assim é que, nos termos do § 1º, definido encontra-se que inexiste obrigação de indenizar, se a anulação do processo licitatório acabou se verificando anteriormente à celebração do contrato; porém, se o ato que invalidou a licitação somente ocorreu quando já iniciada a execução contratual, além de induzir a nulidade do contrato (§ 2º), obriga a Administração a "*...indenizar o contratado pelo que este houver executado até a data em que ela for declarada e por outros prejuízos regularmente comprovados, contanto que não lhe seja imputável, promovendo-se a responsabilidade de quem lhe deu causa*" (parágrafo único do artigo 59, combinado com o § 1º do artigo 49).

De qualquer forma, porém, é interessante registrar que os licitantes poderão ainda valer-se do Poder Judiciário, independentemente do exercício do direito de recurso, para demonstrar que o ato de revogação ou de anulação foi praticado com abuso ou desvio de poder, ou mesmo sem justa causa, que, se reconhecido, praticamente dará ensejo à decretação judicial de sua nulidade.

Enfrentando a particularidade, Roberto Ribeiro Bazilli e Sandra Julien Miranda evidenciam que:

> Caso se dê, porém, a revogação sem justa causa, assim também a anulação sem base legal, o licitante prejudicado poderá fazer valer seus direitos, visto que arbitrária a decisão administrativa. Neste caso resulta a obrigação de indenizar, por perdas e danos, o licitante que ficou prejudicado pelo desfazimento do certame. Poderá, ainda, o licitante, não havendo interesse público na revogação ou não caracterizada a ilegalidade do ato, ao invés da competente ação indenizatória, promover a anulação judicial do ato administrativo revocatório ou anulatório, com o conseqüente pedido de restabelecimento do procedimento licitatório e

---

60 *Licitação*, p.87.

seus decorrentes atos procedimentais, tais como a homologação, a adjudicação do objeto do certame, e, por último, findo este, a celebração do contrato.[61]

Deve-se acentuar, também, que as disposições contidas no artigo 49 e seus parágrafos alcançam os atos de dispensa e de inexigibilidade de licitação (§ 4º do artigo 49).

Observação 171 – Licitação fracassada e licitação deserta

A observação proposta tem ensejado inúmeras questões durante os seminários ministrados sobre Licitação Pública, porque alguns participantes acabam interpretando erroneamente as situações apontadas como sinônimas, ou seja, licitação fracassada e licitação deserta.

A licitação fracassada não significa ausência de participantes. Muito pelo contrário. As empresas licitantes apresentam os envelopes DOCUMENTAÇÃO e PROPOSTA, sendo, no entanto, inabilitadas ou desclassificadas.

Por sua vez, a licitação deserta é aquela em que inexistem participantes. Publicado o edital e/ou expedido o convite, nenhuma empresa se apresenta para participar do procedimento.

Em função dessas ocorrências, não há que falar-se em revogação ou anulação do procedimento, pois que, de um lado, inexiste fato superveniente devidamente provado, pertinente e suficiente para justificar a primeira conduta, e, de outro, também não desponta qualquer ilegalidade que venha amparar a decretação da nulidade da licitação.

Em ambas as situações, compete à Comissão de Julgamento declarar a licitação como fracassada ou como deserta.

Embora essa declaração coloque fim ao processo licitatório levado a efeito, o fato é que a necessidade administrativa a ser preenchida ainda permanece, impondo-se, portanto, à Administração a obrigação de rever todas as cláusulas editalícias, para verificar a existência ou não de regras que, de uma forma ou de outra, estejam impedindo a apresentação correta da documentação ou da proposta, ou ainda restringindo a participação de interessados.

Por último, convém registrar que, em se tratado de processo licitatório deserto, sem qualquer participante, que pode ensejar a formalização direta do contrato, mantidas todas as condições preestabelecidas (artigo 24, inciso

---

61 *Licitação à luz...*, p.276-7.

V), a Administração deve cercar-se de maiores cuidados para evitar os dissabores decorrentes de julgamento desfavorável do órgão de fiscalização que, exceto se devidamente caracterizada a situação, poderá entender que o procedimento praticamente acarretou burla à licitação.

Observação 172 – Anulação ou revogação de itens da licitação

Renato Geraldo Mendes mostra que, em se tratando de licitação dividida em itens,

> Partindo da idéia de que cada item do procedimento é como se fosse uma licitação distinta, individualizada, não vemos óbices à anulação ou revogação de apenas um deles, preservando-se os demais se, respectivamente, o referido item tão-somente apresentar ilegalidade ou apenas exigir, em relação a ele, fato superveniente, devidamente comprovado, que possa justificar sua revogação.[62]

---

62 *Lei de licitações* ..., p.117, nota 803.

Capítulo 3
Exame das demais disposições da Lei n. 9.648/1998

Observação 173 – Prazo de pagamento: despesas cujos valores não ultrapassem o limite de que trata o inciso II do artigo 24

A regra contemplada no § 3º do artigo 5º (despesas cujos valores não ultrapassem o limite de que trata o inciso II do artigo 24 deverão ser pagas no prazo de até cinco dias, a contar da apresentação da fatura) não tem aplicação nas Administrações Estadual e Municipal.

Com efeito, a referida disposição situa-se como norma específica, destinada à Administração Federal, destituída de caráter genérico, não tendo qualquer incidência fora de seu âmbito, tanto que estados e municípios podem estabelecer prazos diferenciados para pagamento.

No entanto, independentemente da disposição referida, as demais previsões do artigo 5º são normas gerais, ou seja, regras que devem ser observadas por todos os entes políticos.

Assim é que os pagamentos decorrentes das obrigações relativas ao fornecimento de bens, locações, realização de obras e prestação de serviços devem obedecer, impreterivelmente, para cada fonte diferenciada de recursos, a estrita ordem cronológica das datas de suas exigibilidades, ou seja, a satisfação da obrigação está diretamente vinculada à ordem cronológica dos prazos para cumprimento das faturas. Qualquer alteração na ordem cronológica de pagamento somente será admitida quando presentes relevantes razões de interesse público e mediante prévia justificativa da autoridade competente, devidamente publicada, sob pena de dar ensejo à configuração do crime previsto no artigo 92 da Lei n. 8.666/1993, punido com a pena de dois a quatro anos de detenção e multa.

Além disso, o artigo 16 da Lei n. 8.666/1993 impõe a publicidade mensal de todas as compras realizadas pela Administração Pública, ou em órgão de divulgação oficial, ou em quadro de avisos de amplo acesso público, de modo a clarificar a identificação do bem comprado, o seu preço unitário, a quantidade adquirida, o nome do vendedor e o valor total da operação. No que tange às compras efetuadas com dispensa e inexigibilidade de licitação, facultada se encontra a possibilidade de serem objeto de aglutinação por itens.

Por sua vez, o parágrafo único do artigo citado dispensa a publicidade para a hipótese contemplada no inciso IX do artigo 24 ("quando houver possibilidade de comprometimento da segurança nacional, nos casos estabelecidos em decreto do Presidente da República, ouvido o Conselho de Defesa Nacional").

Observação 174 – Conceito de investidura: ampliação

As alterações, levadas a efeito no § 3º do artigo 17, ampliaram o conceito de investidura, uma vez que significava apenas a alienação aos proprietários de imóveis lindeiros de área remanescente ou resultante de obra pública, nas condições especificadas. A partir da nova lei, a investidura também passou a representar a alienação, aos legítimos possuidores diretos ou, na falta destes, ao Poder Público, de imóveis para fins residenciais construídos em núcleos urbanos anexos a usinas hidrelétricas, desde que considerados dispensáveis na fase de operação dessas unidades, e não integrem a categoria de bens reversíveis ao final da concessão.

Para bem compreender o comando legal, e para constatar a realidade fática, deve-se ressaltar que, ao longo de muitos anos, o Poder Público construiu inúmeras usinas hidrelétricas por todo o país. A execução desse trabalho praticamente obrigava a Administração Pública a construir uma verdadeira cidade, dotando o local escolhido de toda a infra-estrutura necessária e, sobretudo, imprescindível à realização da obra projetada.

O grande problema surgia com o término da obra, porque os imóveis residenciais construídos para que os empregados viessem a residir, muitos deles não ocupados na fase de produção, poderiam permanecer vazios, desocupados, gerando inúmeras dificuldades, estando sujeitos a deteriorações e invasões, com evidentes prejuízos ao erário público, até que a Administração Pública resolvesse licitá-los. Surgia, ainda, o interesse daquele que ocupou o imóvel residencial diretamente vinculado à execução da obra que, desejando permanecer no local, tinha a intenção de adquiri-lo.

Para conciliar essa necessidade e, por que não dizer, o interesse do cidadão, o que, aliás, vem ao encontro do objetivo da Administração Pública, possibilita-se, agora, a alienação desses imóveis residenciais com dispensa de licitação, por meio de investidura, precedida de avaliação prévia e autorização legislativa (para órgãos da Administração direta, indireta e fundacionais), desde que não sejam bens reversíveis, ao final da concessão, aos legítimos possuidores diretos ou, na falta destes, ao Poder Público.

A lei refere-se a "legítimos possuidores diretos" (artigo 17, § 3º, inciso II). Quem são eles?

A resposta a esta indagação é muito bem posicionada por Roberto Ribeiro Bazilli e Sandra Julien Miranda, ao esclarecerem que o

> Legítimo possuidor direto é o que reside no imóvel em decorrência de vínculo decorrente da construção da obra, com posse mansa e pacífica. Não se legitima a adquirir o imóvel aquele que o ocupa ainda que com posse mansa e pacífica se esta nasce de forma indireta, ou seja, provém do antigo possuidor direto, e não do necessário vínculo com a obra. Por maior razão não se legitima, também, o possuidor cuja posse decorre de atos contrários à lei.[1]

Observação 175 – Limite de valores para as modalidades de licitação

Os incisos I e II do *caput* do artigo 23 também sofreram alterações e, em função disso, estão fixados os limites de valores para as modalidades de licitação (concorrência, tomada de preços e convite), tendo em vista a natureza do objeto a ser licitado: obras e serviços de engenharia, compras e outros serviços –, evidentemente que não enquadrados como serviços de engenharia.

---

1 *Licitação à luz...*, p.119.

Assim, no que tange à fixação dos limites, não há nenhuma novidade, mantendo-se o critério de diferenciação em razão da natureza do objeto a ser licitado.

Observação 176 – Dispensa de licitação: elevação de limites

Os incisos I e II do artigo 24 tiveram os respectivos percentuais elevados de 5% para 10%, com incidência sobre todos os órgãos da Administração Pública, com exceção da sociedade de economia mista e da empresa pública, assim como por autarquia e fundação qualificadas, na forma da lei, como agências executivas, cujo índice foi fixado em 20%.

Efetivamente, a exceção indicada decorre da previsão contida no parágrafo único do artigo 24, abrangendo, repita-se, inclusive para evitar interpretações equivocadas, além da sociedade de economia mista e da empresa pública, as autarquias e fundações qualificadas como agências executivas, por força da Lei Federal n. 9.648/1998.

A esse respeito, deve-se destacar que, para o efeito referido, a qualificação como Agência Executiva deve ter plano estratégico de reestruturação e de desenvolvimento institucional e a celebração de contrato de gestão com o Ministério que a supervisiona (artigo 51, incisos I e II, da Lei n. 9.648/1998). Satisfeitos os pressupostos legais, a qualificação como Agência Executiva será feita por ato do Presidente da República (artigo 51, § 1º, da Lei n. 9.648/1998).

A aplicação desses dispositivos (artigo 24, incisos I e II), no entanto, ainda que considerada relativamente simples, nem sequer ensejando maiores dúvidas, pode representar o surgimento de inúmeros problemas para a Administração, em especial perante os órgãos de fiscalização, diretamente relacionada com os pequenos órgãos públicos e pequenas prefeituras que, a bem da verdade, poderão cumprir suas atividades sem recorrer a qualquer modalidade de licitação.

Nesse ponto é importante registrar a sempre abalizada opinião de Renato Geraldo Mendes, no sentido de que

> esses valores servem para custear despesas não eventuais. É um engano primário dizer que o aumento do valor de dispensa é capaz de permitir que parte considerável dos municípios não realizem mais licitação, consoante tem sido dito pelos menos avisados. O aumento de R$ 1.927,52 para R$8.000,00 praticamente não muda muito o panorama atual. Resolve, sim, mas apenas em parte, o problema dos pequenos municípios e pequenas unidades com autono-

mia financeira, nada mais do que isso. Pois as despesas com aquisição de bens permanentes e de consumo a serem realizadas devem ser estimadas com base na periodicidade anual, isto é, é necessário estimar os gastos a serem realizados no exercício financeiro e, em função do valor apurado, determinar a modalidade de licitação.[2]

Por sua vez, Antônio Roque Citadini manifesta entendimento em sentido contrário, aduzindo que:

> Tal alteração legislativa ampliou significativamente os casos em que o administrador poderá contratar sem procedimento licitatório, tendo sido um dos pontos mais festejados dessa reforma. É certo que para um órgão público federal ou estadual de grande porte, estes valores são pouco significativos. O que não ocorre nos órgãos pequenos e médios e também nos municipais, uma vez que na grande maioria dos municípios, muitos dos quais recentemente criados, tais mudanças contemplam praticamente todas as contratações.

Logo em seguida, Citadini acaba por sugerir a criação de outras modalidades para atender às contratações mais simples, ao invés de aumentar os limites para a dispensa do procedimento, respeitados os fundamentos "básicos da licitação (publicidade, disputa de propostas, julgamento objetivo, etc.)".[3]

Na verdade, tendo em vista o aumento do percentual em 100% (de 5% para 10%), destinado a todos os órgãos da Administração Pública, com a fixação em 20% também dos limites dos incisos I e II, alínea "a" do artigo 23, envolvendo as agências executivas, as empresas públicas e as sociedades de economia mista, para fins de dispensa de licitação objetivando a contratação de obras e serviços de engenharia, e também para outros serviços e compras, e considerando o acréscimo significativo aos valores da modalidade convite, utilizada para efeito de referência (alínea "a", incisos I e II, do artigo 23), poder-se-á dar ensejo, nos pequenos órgãos públicos e nas pequenas prefeituras, à ruptura de postulado de ordem constitucional, segundo o qual a licitação é a regra e a dispensa, a exceção.

Com efeito, para evitar a ocorrência indicada, devem os órgãos públicos se conscientizar da imprescindibilidade de um efetivo e real planejamento, de sorte que suas atividades possam ser cumpridas sem atropelos, resultando, assim, no planejamento anual de suas necessidades. Como conseqüência dire-

---

2 *O novo regime jurídico das...*, p.45
3 *Comentários e jurisprudência...*, p.185-6.

ta, o seu atendimento far-se-á por meio das modalidades de licitação, e, somente de forma excepcional, com a caracterização da dispensa do procedimento.

O pedido de compra ou de execução de serviços deverá ser planejado, obedecendo à estrita necessidade e finalidade objetivadas, sempre, porém, limitado às disponibilidades orçamentárias.

Evitar-se-á, com isso, a execução de serviços e a de compras que possam ser realizadas conjunta e concomitantemente, particularidade essa que pode se situar ao arrepio da legislação, por força do § 5º, artigo 23, da Lei n. 8.666/1993, que, embora se referindo a uma mesma obra ou serviço, tem inteira aplicação também para as compras, segundo posicionamentos doutrinários.

O fracionamento das compras só será admitido quando acarretar vantagem efetiva para a Administração. Se a redução das quantidades acarretar a elevação do preço unitário, e se o fracionamento provocar a elevação dos dispêndios globais, haverá impedimento para tanto (artigo 15, inciso IV).

Observação 177 – Dispensa de licitação: novas hipóteses

Foram também incluídas novas hipóteses de dispensa de licitação no artigo 24, como as contempladas nos incisos XXI, XXII, XXIII e XXIV, acrescentando, inclusive, o inciso IV ao parágrafo único do artigo 26, diretamente relacionado com o inciso XXI do artigo 24. Além disso, o próprio *caput* do artigo 26 sofreu alteração para o acréscimo das novas hipóteses de dispensa de licitação, para fins de ratificação dos casos de dispensa, das situações de inexigibilidade e do retardamento.

Observação 178 – Dispensa de licitação para aquisição de bens destinados exclusivamente à pesquisa científica e tecnológica

A dispensa de licitação contemplada no inciso XXI do artigo 24 envolve "a aquisição de bens destinados exclusivamente à pesquisa científica e tecnológica com recursos concedidos pela CAPES, FINEP, CNPq ou outras instituições de fomento a pesquisa credenciadas pelo CNPq para esse fim específico".

E o parágrafo único do artigo 26 assim determina:

> O processo de dispensa, de inexigibilidade ou de retardamento, previsto neste artigo, será instruído, no que couber, com os seguintes documentos:

I – ....
II – razão da escolha do fornecedor ou executante;
III – justificativa do preço;
IV – documento de aprovação dos projetos de pesquisa aos quais os bens serão alocados.

Traduzindo o comando legal: se os recursos concedidos pela Capes, Finep, pelo CNPq ou por outras instituições de fomento à pesquisa credenciadas pelo CNPq, para esse fim específico, estiverem destinados exclusivamente à aquisição de bens para pesquisa científica e tecnológica, a dispensa de licitação poderá ser concretizada.

Nesses termos, e à vista dos acréscimos levados a efeito nos artigos 24 e 26 resultando nos incisos XXI do primeiro e IV do segundo, a dispensa em questão (além de estar vinculada à aquisição de bens destinados exclusivamente à pesquisa científica e tecnológica, com envolvimento de recursos concedidos pela Capes, Finep, pelo CNPq ou por outras instituições oficiais de fomento à pesquisa credenciadas pelo CNPq, para esse fim específico) somente poderá ser formalizada se os projetos de pesquisa, aos quais os bens serão alocados, estiverem aprovados, procedendo-se à juntada aos autos do documento correspondente. Há, ainda, a necessidade de demonstração, nos termos dos incisos II, III e IV, parágrafo único, do artigo 26, da "razão da escolha do fornecedor", da "justificativa do preço" (as exigências previstas nos incisos II e III, parágrafo único, do artigo 26, devem fazer parte de todos os processos de dispensa e inexigibilidade) e do "documento de aprovação dos projetos de pesquisa aos quais os bens serão alocados".

A esse respeito, a Administração deve deixar devidamente evidenciado que a aquisição ocorreu pelo menor preço, juntando aos autos, preferencialmente, no mínimo, três orçamentos de empresas que cumpram idêntica finalidade, ou, pelo menos, por meio de pesquisas de preços em estabelecimentos do ramo, consignando expressamente, em documento hábil, todas as informações relativas, incluindo, entre outras, os nomes das firmas e dos informantes, telefones, datas e valores apresentados. Os resultados da pesquisa de preços, subscritos pelo servidor por ela responsável, deverão ser juntados ao correspondente processo anteriormente à formalização do ATO DE DISPENSA.

Enfim, a comprovação de que o preço pago foi efetivamente o menor é condição básica para a regularidade do procedimento, atendendo, sobretudo, ao princípio da economicidade. Uma coisa é a Administração estar dispensada do procedimento; outra, bem diferente, é a efetiva demonstração que a Administração obteve o menor preço, ou, mais propriamente, que obteve a melhor proposta.

Também não se pode deixar de apontar a razão da escolha do fornecedor, que, embora de importância no contexto, acabará se entrelaçando com a escolha do menor preço.

Para a viabilização da exigência relativa ao "documento de aprovação dos projetos de pesquisa aos quais os bens serão alocados" (artigo 26, inciso IV), segundo situações já verificadas, atente-se para a particularidade de que, na maioria das vezes, inexiste aprovação específica para determinado projeto de pesquisa científica e tecnológica. Na prática, ao conceder os recursos vinculados a determinado projeto, o órgão concessor está automaticamente aprovando aquele projeto de pesquisa científica e tecnológica.

Impõe-se considerar, no entanto, para sua regular aplicação, o verdadeiro alcance da previsão do inciso XXI do artigo 24.

Com efeito, a hipótese tratada abrange somente a *"aquisição de bens destinados exclusivamente a pesquisa científica e tecnológica"*, afastando, assim, outras espécies de "bens" que não estejam diretamente voltados à finalidade do projeto de pesquisa científica e tecnológica.

Mais ainda, não se presta também para a execução de serviços destinados à pesquisa científica e tecnológica, sequer amparando a locação de bens (como por exemplo, equipamentos) para essa mesma finalidade.

Assim é que o objetivo da regra está invariavelmente vinculado à *"aquisição de bens destinados exclusivamente a pesquisa científica e tecnológica"*, impedindo, também, com amparo nessa disposição, a contratação de outros bens/serviços, ainda que com remota vinculação à pesquisa.

Não é qualquer correlação entre determinado "bem" e a "pesquisa" a ser desenvolvida que permite a caracterização da hipótese legal. O termo "exclusivamente" constante do inciso XXI, além de delimitar sua aplicação, mostra, às escâncaras, que os bens deverão estar diretamente vinculados à pesquisa científica e tecnológica.

Para finalizar o exame do referido inciso, não poderia deixar de registrar que inúmeras críticas sem fundamento foram apresentadas quando de sua vigência, desconhecendo, por inteiro, o desenvolvimento da pesquisa em nosso país. A esse respeito, Roberto Ribeiro Bazilli e Sandra Julien Miranda esclarecem e, ao mesmo tempo, demonstram sua validade:

> Inúmeras críticas têm sido feitas a esse dispositivo, ao nosso ver profundamente injustas e indevidas, com certeza em decorrência do desconhecimen-

to, por parte dos críticos, das dificuldades e percalços da pesquisa científica em nosso país. A hipótese de dispensa ora em estudo eliminou enormes amarras que impediam e dificultavam, sobremaneira, o adequado e célere desenvolvimento da pesquisa, evitando, inclusive, que algumas delas se perdessem por delongas em processos licitatórios ou adoção obrigatória de critérios de julgamento legalmente fixados.[4]

Observação 179 – Dispensa de licitação para contratação de fornecimento ou suprimento de energia elétrica

O inciso XXII do artigo 24 possibilita a contratação do fornecimento ou suprimento de energia elétrica com o concessionário, permissionário e autorizado sem a adoção da licitação.

Anteriormente à privatização do setor elétrico, o procedimento tinha apoio no inciso VIII do artigo 24, pois que prestado por entidades estatais.

A regra em comento objetiva, com o desenvolvimento dessa política, proporcionar aos concessionários, permissionários ou autorizados idêntico tratamento, dispensado-se a licitação.

Deve-se registrar, a propósito, o entendimento de Sidney Bittencourt no sentido de que o dispositivo é desnecessário, "haja vista que tal contratação, inexistindo terceiros em condições de competição, se faria diretamente, pois caracterizada estaria a inexigibilidade de licitação".[5]

Observação 180 – Dispensa de licitação para contratação de bens ou serviços de subsidiárias e controladas

Por sua vez, o inciso XXIII do artigo em comento alcança o relacionamento entre as empresas públicas e sociedades de economia mista com suas subsidiárias. Enseja a faculdade de as primeiras celebrarem contratos sem licitação com suas subsidiárias, para aquisição e alienação de bens, prestação ou obtenção de serviços, observada a compatibilidade do preço proposto com aquele de mercado.

---

4 *Licitação à luz...*, p.183.
5 *Licitação passo a passo*, p.80.

Observação 181 – Dispensa de licitação para contratação de prestação de serviços com organizações sociais

O inciso XXIV, ainda do artigo 24, contempla a possibilidade de dispensa de licitação nos contratos de prestação de serviços celebrados pelas organizações sociais, previstos nos contratos de gestão formalizados com o Poder Público.

Salienta-se que a Lei n. 9.637/1998, que "Dispõe sobre a qualificação de entidades como organizações sociais, a criação do Programa Nacional de Publicização, a extinção dos órgãos e entidades que menciona e a absorção de suas atividades por organizações sociais", instituiu essa figuração, em que, nos termos de seu artigo 1º, o Poder Público poderá qualificar, como organizações sociais, pessoas jurídicas de direito privado, sem fins lucrativos, cujas atividades sejam dirigidas ao ensino, à pesquisa científica, ao desenvolvimento tecnológico, à proteção e conservação do meio ambiente, à cultura e à saúde, por meio da formalização de um contrato de gestão.

Capítulo 4
Exame das disposições da Lei n. 9.854/1999

Observação 182 – Regularidade do trabalho do menor como exigência para habilitação e para a própria execução contratual

A Lei n. 9.854, de 27.10.1999, publicada no dia 28.10.1999, incluiu, a título de exigência para habilitação, o cumprimento do disposto no artigo 7º, inciso XXXIII, da Constituição Federal.

A previsão constitucional referida trata da "proibição de trabalho noturno, perigoso ou insalubre a menores de dezoito e de qualquer trabalho a menores de dezesseis anos, salvo na condição de aprendiz, a partir de quatorze anos".

Em função da Lei n. 9.854/1999, a contar de 2.5.2000, porque entrou em vigor 180 dias após sua publicação (artigo 4º), o artigo 27 da Lei de Licitações sofreu alteração, para a inclusão do inciso V, envolvendo "cumprimento do disposto no inciso XXXIII do art. 7º da Constituição Federal" (artigo 1º). Também ao artigo 78 da Lei de Licitações foi acrescido o inciso XVIII, estabelecendo que, entre outros motivos indicados nessa disposição, a rescisão contratual poderá ocorrer se constatado "descumprimento do disposto no inciso V do art. 27, sem prejuízo das sanções penais cabíveis" (artigo 2º).

Ainda que não regulamentada à época, o que deveria ter ocorrido no prazo de noventa dias, a partir da data de sua publicação (artigo 3º), e exatamente por já se encontrar em vigor (artigo 4º), o cumprimento de sua determinação é obrigatório, devendo ser exigido, para fins de habilitação, além da documentação pertinente à habilitação jurídica, qualificação técnica, qualificação econômico-financeira e regularidade fiscal, a comprovação que a empresa licitante não tem, em seu quadro funcional, menor de 18 (dezoito) anos cumprindo trabalho noturno, perigoso ou insalubre, e menor de 16 (dezesseis) anos desempenhando qualquer trabalho, salvo na condição de aprendiz, a partir de 14 (quatorze) anos.

Dada a inexistência de regulamentação a respeito, entendo que a formalização correspondente poderia ser concretizada por meio de declaração assinada pelo representante legal da empresa licitante.

E assim ficou a situação até 6.9.2002, data da publicação do Decreto n. 4.358, de 5.9.2002, que regulamentou a Lei n. 9.854, de 27.10.1999, estabelecendo em seu artigo 1º que o cumprimento da exigência de que trata o inciso V artigo 27, da Lei n. 8.666/1993 dar-se-á por intermédio de declaração firmada pelo licitante nos termos dos modelos anexos a esse Decreto, envolvendo, a título de modelo "A", EMPREGADOR PESSOA JURÍDICA, e de modelo "B", EMPREGADOR PESSOA FÍSICA.

Por último, deve-se ressaltar que a obrigação, imposta e assumida, ao se constituir em condição para habilitação, deve ser mantida pela empresa contratada durante toda a vigência contratual (artigo 55, inciso XIII), consistindo sua violação causa para rescisão do contrato (artigo 78, inciso XVIII).

Capítulo 5
Sugestão de alteração de fases do procedimento licitatório

Observação 183 – Proposta de alteração das fases de habilitação dos licitantes, classificação e julgamento das propostas

A Lei n. 9.648, de 27.5.1998, trouxe sensíveis modificações na lei de licitações e contratos administrativos, algumas delas já anteriormente contempladas por meio de Medidas Provisórias.

Contudo, em que pesem as profundas alterações levadas a efeito, mais uma vez não foi procedida modificação em ponto capital: deixou-se de alterar a ordem das fases de habilitação dos licitantes e classificação e julgamento das propostas, o que, todavia, acabou ocorrendo com a instituição da modalidade pregão, que se destina à aquisição de bens e serviços comuns.

Mas o problema continua. E os negócios da Administração que não comportem aplicação ou enquadramento no âmbito do pregão ainda continuarão sendo disciplinados por legislação que deixa a agilidade sucumbir diante de exigências e mais exigências que poderiam ser atendidas em momentos outros, sem que com isso possa, de qualquer forma, inviabilizar o cumprimento dos pressupostos indispensáveis para a formalização contratual com o ente público.

Os muitos anos de atuação na área autorizam-me a indicar que a inversão das fases apontadas é medida simplesmente indispensável, observadas, é verdade, outras alterações na legislação, e, em especial, a disposição contida no § 2º do artigo 64, ensejando, assim, a efetiva compatibilização das regras pertinentes ao procedimento sugerido.

Com isso, os licitantes entregariam primeiramente suas propostas que, em rigor, deveriam ser julgadas e classificadas, antes da apresentação da vasta e dispendiosa DOCUMENTAÇÃO. Não haveria, de início, obrigatoriedade para a juntada do "famoso" envelope DOCUMENTAÇÃO, e, sim, apenas do envelope PROPOSTA. A documentação somente seria exigida, inicialmente, do licitante que viesse a ser classificado em primeiro lugar. Não satisfeitas as exigências ou, mais propriamente, não apresentados corretamente os documentos, ao lado da inabilitação do primeiro colocado, seguida do oferecimento de prazo para recurso e/ou o seu não provimento, observada a ordem de classificação e idêntico procedimento, um a um, os demais licitantes seriam chamados para apresentar o envelope DOCUMENTAÇÃO.

Na verdade, as exigências habilitatórias não mais seriam consideradas pressupostos indispensáveis para abertura dos envelopes "proposta". A competição seria levada a efeito tão-somente em decorrência das propostas apresentadas. A habilitação não mais se prestaria, em princípio, a afastar ou a inabilitar licitantes. Definida a classificação, e obedecida a correspondente ordem, o primeiro classificado seria convocado a comprovar a regularidade pertinente. Somente na hipótese de não satisfação das exigências habilitatórias por parte desse primeiro colocado é que os demais licitantes, observada a ordem de classificação, seriam chamados, até que um deles venha a atendê-las.

Nesses termos, o procedimento poderia ser assim levado a efeito: as propostas seriam abertas em reunião pública, com a participação facultativa de todos os licitantes que, a exemplo da atual normatização, poderiam até mesmo impugná-las. A Comissão de Julgamento de Licitação julgaria as propostas apresentadas, inclusive as eventuais impugnações, culminando com a classificação dessas propostas, facultando-se prazo para interposição de recurso.

Inexistindo recursos, ou após o não provimento de qualquer deles, o primeiro classificado (e somente ele) seria convocado para apresentar o envelope DOCUMENTAÇÃO em data a ser definida no próprio edital, cuja abertura se formalizaria também em reunião pública, com a participação facultativa de todos os licitantes que, repita-se, a exemplo da atual normatização, poderiam ou não impugnar os correspondentes documentos.

Examinada e aprovada a documentação ou não acolhida eventual impugnação, o primeiro classificado seria habilitado e declarado vencedor da licitação, facultando-se prazo para recurso. Decorrido o prazo recursal, ou em caso de não provimento do recurso, a Administração lavraria os autos de homologação da licitação, adjudicação do objeto licitado e contratação. A licitação estaria finalizada, e apenas o licitante vencedor, ou seja, o primeiro classificado, teria sido obrigado a apresentar a documentação.

Na hipótese de se caracterizar a inabilitação do primeiro classificado, exaurido o prazo de recurso, ou em caso de não provimento, o segundo classificado (e somente ele) seria convocado para apresentar a documentação, e assim sucessivamente, seguindo-se a mesma linha de conduta, até que a Administração pudesse escolher o vencedor do certame. Também nesta situação somente duas empresas concorrentes deveriam apresentar o envelope DOCUMENTAÇÃO.

A alteração indicada trará, sem qualquer resquício de dúvida, inúmeras vantagens para a Administração que, de forma simplificada e em tempo acentuadamente inferior, poderá concluir a licitação. Também os licitantes serão altamente favorecidos, já que nem todos serão obrigados à apresentação da vasta e dispendiosa documentação.

É preciso inovar, facilitar o desenvolvimento do complicado e dispendioso procedimento licitatório. É preciso agilizar a máquina administrativa que, indiscutivelmente, teria sua atividade beneficiada. É preciso, também, voltar os olhos para os licitantes, que nem sempre seriam obrigados a entregar a vasta e dispendiosa documentação, cujo destino final é, invariavelmente, o arquivo.

Capítulo 6
Decisões do Poder Judiciário e dos Tribunais de Contas

Observação 184 – Objeto/Edital – Tribunal de Justiça do Distrito Federal – Ap.40743/96 – 2ª T. – j.23.6.97 – Relator Des. Getúlio Moraes Oliveira – RT 750/p.350

"CONTRATO ADMINISTRATIVO – Anuência da Administração Pública à colocação de caixas de coleta de lixo em logradouros públicos com propagandas comerciais – Fato que não impede a abertura de processo licitatório para a prestação do serviço."

"*Ementa Oficial*: Os contratos administrativos são essencialmente formais e devem ser precedidos de licitação. A anuência da Administração à colocação de caixas de coleta de lixo em logradouros públicos, com propaganda comercial, não gera direito a que se abandonem os requisitos a que estão sujeitas as celebrações contratuais administrativas, podendo a Administração abrir processo licitatório para a prestação do serviço."

Observação 185 – Objeto/Edital – Supremo Tribunal Federal – Recurso n. 160381-0 – j. 29.3.94 – Relator Min. Marco Aurélio – Zênite/ILC/ INFORMATIVO Licitações e Contratos/Jurisprudência/Agosto/1998/p.779/789

"ASSUNTO: Contratação, por município, de serviços que poderiam ser executados por servidores – Ilegalidade."

"EMENTA: Ação popular – Procedência – Pressupostos – Na maioria das vezes, a lesividade ao erário público decorre da própria ilegalidade do ato praticado – Assim o é quando dá-se a contratação, por município, de serviços que poderiam ser prestados por servidores, sem a feitura de licitação e sem que o ato administrativo tenha sido precedido da necessária justificativa."

Observação 186 – Objeto/Edital – Supremo Tribunal Federal – Repr. 1.185 – PE – TP – j.8.8.84, Relator Min. Décio Miranda – RT 592/p.226

"CONCORRÊNCIA PÚBLICA – Discriminação entre os Estados-membros – Favorecimento dos produtores do Estado através de desconto do ICM e do ISS nas propostas – Inadmissibilidade."

"Ementa oficial: Constitucional. Igualdade entre os Estados membros. Princípio da não discriminação entre participantes de concorrência pública. Vedado assegurar preferência a quem esteja sujeito ao pagamento de ICM ou ISS no Estado em que se fere a licitação. Inconstitucionalidade do art. 104 da Lei n. 7.741, de 23.10.78, do Estado de Pernambuco, com a redação que lhe deu a Lei n. 8.262, de 14.7.80."

Observação 187 – Objeto/Edital – Tribunal de Contas do Município do Rio de Janeiro – Processo n. 6354/95 – 15.8.1995 – Relator Cons. Antonio Carlos Flores de Moraes – Zênite/ILC/ INFORMATIVO Licitações e Contratos/Fevereiro/1997/p.180/183

"ASSUNTO: Possibilidade de indicação da marca apenas como mero referencial – Divulgação dos preços unitários em anexo ao edital é exigível somente nos casos em que o objeto compreenda obras e serviços de engenharia – O critério de aceitabilidade na omissão do edital, será aquele fixado na legislação local."

"Ementa: Administrativo – Licitação – Marca como mera indicação."

Observação 188 – Objeto/Edital – Tribunal de Contas da União – TC-225.184/93-1 – Repres. – DOU de 16.5.1994 – Relator. Min. Homero Santos – Boletim de Licitações e Contratos/Outubro/ 1995/p.502

"CONVITE – Menor preço – Número mínimo de Licitantes – Dispensa."
"Não estando devidamente justificadas no processo as circunstâncias da não-obtenção do número mínimo de interessados no convite, impõe-se sua repetição, sendo defeso a contratação direta fundamentada em dispensa por emergência."

Observação 189 – Objeto/Edital – Tribunal de Contas da União – TC-624.049/7 – Repres. – DOU de 10.11.1997 – p. 25722 – Relator Min. Humberto Guimarães Souto – http://www.tcu.gov.br

"Ementa da decisão: Representação formulada por licitante contra o Hospital Nossa Senhora da Conceição S. A. Possíveis irregularidades em concorrência internacional. Divergência na estimativa dos custos de importação apresentados pelo hospital em relação aos custos apresentados pela vencedora do certame. Conhecimento. Procedência Parcial. Determinação. Juntada às contas."

"Decisão: O Tribunal Pleno, diante das razões expostas pelo Relator, DECIDE:

1 – conhecer da representação, para, no mérito, considerá-la parcialmente procedente;
2 – determinar ao Hospital Nossa Senhora da Conceição que:
2.1 – inclua nos seus editais de licitações internacionais a planilha de custo a ser utilizada nos preços ofertados por licitantes estrangeiros, para efeito de julgamento das propostas, com base no art. 40, VII, combinado com o § 2º do mesmo artigo e art. 42, § 4º, todos da Lei nº 8.666/93.
2.2 – responda a todos os itens dos recursos em procedimentos licitatórios que lhe sejam dirigidos;
3 – juntar o presente processo às contas do Hospital Nossa Senhora da Conceição relativas ao exercício de 1977;
4 – encaminhar cópia desta Decisão à interessada.

Observação 190 – Objeto/Edital – Tribunal de Justiça do Estado do Paraná – Reex. Nec. 40/83 – Ac.2.335 – 2ª Câm. Cív. – Relator Des. Ossian França – j. 23.11.1983 – Licitação nos Tribunais/ Sidney Martins/JM EDITORA/CURITIBA/1977/p. 26/27

"MANDADO DE SEGURANÇA – PROCEDIMENTO – LICITAÇÃO – EDITAL – DIREITO LÍQUIDO E CERTO."

"A licitação visa propiciar à Administração selecionar a proposta mais vantajosa e aos licitantes igual oportunidade de concorrerem. O edital, lei interna a regular o procedimento, deve conter todas as condições, bem como os critérios a serem observados no julgamento, não sendo admissível sejam os concorrentes surpreendidos com critérios dos quais não tinham conhecimento. A igualdade de tratamento entre os licitantes, é princípio constitucional que desatendido constitui em desvio de poder, reparável pelo Mandado de Segurança."

Observação 191 – Objeto/Edital – Tribunal de Contas do Estado de São Paulo – TC– 7.669/026/90 – Relator Cons. Eduardo Bittencourt Carvalho – j. 05/12/95 – DOESP de 13.12.1995 – p.32 – COMENTÁRIOS E JURISPRUDÊNCIA SOBRE A LEI DE LICITAÇÕES PÚBLICAS/Antonio Roque Citadini/3ª edição revista e atualizada/Max Limonad/nota 50/p.79

"Infringência ao princípio da economicidade. Falta de previsão de recursos financeiros. Inexistência de recursos financeiros. Sucessivas prorrogações de prazos sem a existência de recursos financeiros. Efeito retroativo dos instrumentos firmados."

Observação – 192 – Objeto/Edital – Tribunal de Contas do Estado de São Paulo – TC- 2.368/008/91 – Relator Cons. Edgard Camargo Rodrigues, j. 30/8/95, DOESP de 28.9.1995 – p.18/19 – COMENTÁRIOS E JURISPRUDÊNCIA SOBRE A LEI DE LICITAÇÕES PÚBLICAS/Antonio Roque Citadini/3ª edição revista e atualizada/ Max Limonad/nota 52/p.80

"Ausência de cláusula indicativa dos recursos financeiros. Ausência de publicação do extrato contratual. São falhas que não se revestem de irregularidades suficientes para inquinar todo o procedimento realizado. É relevável a ausência de cláusula indicativa dos recursos desde que comprovada a efetiva existência de recursos."

Observação 193 – Objeto/Edital – Tribunal de Contas da União – TC-450050/97-1, Relator. Min. Humberto Guimarães Souto – 17.9.1997 – Boletim de Licitações e Contratos/Janeiro/1998/p.28

"Licitação. Pessoa impedida de participar. Ampliação do rol do art. 9º da Lei n. 8.666/93. Excesso de cautela. Dos atos emana a notória intenção da Administração de resguardar os princípios consubstanciados tanto no caput do art. 37 da CF, como no caput do art. 3º da Lei de Licitações e Contratos, especificamente os atinentes à moralidade, à igualdade e à probidade administrativa. Participaram do certame sócio-fundador da empresa, esposos e irmãos dos demais sócios e servidor do órgão. Tal posicionamento é compreensível, pois as próprias disposições do art. 9º e seus incisos da Lei n. 8.666/93 são inteiramente voltados a assegurar a observância dos princípios da igualdade e da moralidade. Considerando que os elementos encaminhados pelo Órgão representado denotam claramente que houve ampla competição e que o contrato celebrado com a vencedora vem sendo cumprido regularmente. O Tribunal deve julgar procedente a representação somente para determinar ao órgão representado que doravante observe os preceitos contidos no art. 9º da Lei n. 8.666/93, especialmente aqueles estipulados no inc. III do referido dispositivo."

Observação 194 – Objeto/Edital – Tribunal de Contas do Estado do Paraná – TC-41.951/94 – Relator Cons. Henrique Naigeboren – 10.9.1996 – COMENTÁRIOS E JURISPRUDÊNCIA SOBRE A LEI DE LICITAÇÕES PÚBLICAS/Antonio Roque Citadini/3ª edição revista e atualizada/Max Limonad/nota 64/p.95

"Descendente do Prefeito. Contratação com o município. Ausência de vedação legal. Princípio da moralidade. Não há proibição expressa de transações comerciais pelo município em estabelecimento pertencente a descendente do Prefeito, mas a moralidade administrativa erigida em princípio constitucional exige que estas compras somente se efetivem quando decorrentes de procedimento licitatório, devendo ser evitadas compras diretas."

Observação 195 – Objeto/Edital – Tribunal de Contas da União – TC-14.843/93-5 – Relator Min. Humberto Guimarães Souto – 3.7.1996 – DOU de 23.7.1996 – p.13.653 – http://www.tcu.gov.br

"Licitação. Aquisição de equipamento de informática. Inserção de cláusula que impõe a necessária compatibilidade entre os microcomputadores objeto da licitação e o *"software"* já instalado. Possibilidade. A inserção, no edital, de cláusula que visa adquirir equipamentos de modo a garantir o perfeito funcionamento dos já instalados, não configura restrição à competitividade. Procedimento amparado no artigo 15, I, da Lei n. 8.666/93."

Observação 196 – Objeto/Edital – Tribunal de Contas do Estado do Paraná – TC- 12.007/94 – Relator Cons. João Cândido F. da Cunha Pereira – 26.4.1994 – RTCE/PR 110/p.194

"Licitação. Carta Convite. Número mínimo de interessados. 1. Existindo no município, três interessados do ramo objeto da licitação, não há necessidade de serem convidados outros fornecedores, salvo se ocorrer a situação contida no § 6º, do art. 22 da LF 8.666/93, alterada pela MP nº 450/94. No entanto, se no município existir apenas um ou no máximo dois proponentes, é conveniente convidar empresa situada em outros municípios, atendendo ao princípio da competitividade. 2. Aquisição de materiais de construção destinados a obras e serviços, enquadra-se nos limites de dispensa de licitação para obras."

Observação 197 – Objeto/Edital – Tribunal de Contas da União – TC- 019.972/93 – Relator Min. Élvia Lordello Castello Branco – 19.01.1994 – DOU de 31.01.1994 – p. 1.489 – http://www.tcu.gov.br

"Licitação. Fracionamento. Editais de tomadas de preços publicados têm por objeto a aquisição dos mesmos tipos de equipamentos, em diferentes Superintendências do órgão, caracterizando fracionamento do processo licitatório, com conseqüente restrição do seu caráter competitivo, o que contraria o disposto no item I, do § 1º, do art. 3º da Lei n. 8.666/93; b) o valor total dos equipamentos adquiridos obriga a adoção da modalidade de licitação *"concorrência pública"* nos termos dos arts. 22 e 23 da mesma Lei n. 8.666/93."

Observação 198 – Objeto/Edital – Tribunal de Contas do Estado do Rio de Janeiro – Proc. nº 210956-6/94 – Relator Cons. Aluísio Gama de Souza – 11/07/96 – COMENTÁRIOS E JURISPRUDÊNCIA SOBRE A LEI DE LICITAÇÕES PÚBLICAS/Antonio Roque Citadini/3ª edição revista e atualizada/Max Limonad/nota 337/p.176

"Contrato. Fracionamento de despesa de uma obra que deveria ter sido licitada pela modalidade de concorrência pública. Instauração de 42 convites. Legalidade. A vedação imposta pelo § 5º do art. 23 da Lei n. 8.666/93, refere-se a obras da mesma natureza e a serem realizadas no mesmo local. Estando ausente um desses pressupostos, tal vedação não há de ser aplicada."

Observação 199 – Objeto/Edital – Superior Tribunal de Justiça – RT/742/ p.194

"LICITAÇÃO – Equipamentos hospitalares – Exigência globalizada em uma concorrência de uma variedade heterogênea de bens – Admissibilidade, desde que o edital permita a formação de consórcio – Inteligência dos arts. 15, IV, 23, § 1º, e 33 da Lei n. 8.666/93 – voto vencido."

"Ementa Oficial: A exigência globalizada em uma única concorrência destinada à compra de uma variedade heterogênea de bens destinados a equipar entidade hospitalar não veda a competitividade entre as empresas concorrentes desde que o edital permita a formação de consórcio que, *ultima ratio*, resulta no parcelamento das contratações de modo a ampliar o acesso de pequenas empresas no certame, na inteligência harmônica das disposições contidas nos arts. 23, § 1º, e 15, IV, com a redação do art. 33, todos da Lei n. 8.666, de 21/06/93."

Observação 200 – Objeto/Edital – Tribunal de Justiça do Estado do Paraná – RMS nº 1.990-1-PR – Relator Des. Hélio Mosimann – Boletim de Licitações e Contratos/Abril/1996/p.213

"PROCEDIMENTO LICITATÓRIO – HOMOLOGAÇÃO – MANDADO DE SEGURANÇA – PERDA DO OBJETO."

"Mandado de segurança. Recurso. Licitação. Procedimento administrativo exaurido. Perda do objeto."

"Se o procedimento administrativo já estava concluído quando da propositura da ação de segurança, com seus efeitos formalizados e exauridos, extingue-se o processo, por falta de objeto, restando à impetrante a utilização dos meios judiciais cabíveis."

Observação 201 – Impugnação/Edital – Tribunal de Contas da União – TC– 14.945/95-9, Relator Min. Lincoln Magalhães da Rocha, 16.10.1996, Boletim de Licitações e Contratos/Agosto/ 1977/p.399.

"Edital. Inclusão de cláusulas prejudiciais à competição. Impugnação não conhecida. Anulação. Irregularidades na aplicação da Lei n. 8.666/93. Alterada a compreensão de itens do edital sem a devida divulgação e reabertura de prazo. Comprometimento dos princípios da igualdade e da publicidade. Infringência a parágrafos dos arts. 3º e 21 do Estatuto das Licitações. Providências tendentes à anulação do certame e dos atos dele decorrentes. Fixação de prazo. Determinações. Renovação de audiência (Dirigentes do Órgão). Multa (Membros da Comissão Permanente de Licitação)."

Observação 202 – Impugnação/Edital – Superior Tribunal de Justiça – Recurso nº 198.665 UF: RJ – Relator Min. Ari Pargendler – 23.3.1999 – DJ de 03/5/99 – Zênite/ILC/INFORMATIVO/ Licitações e Contratos/Jurisprudência/Janeiro/2000/p.70/75

"ASSUNTO: Instrumento convocatório – Pedido de esclarecimento – Resposta da Administração comunicada a todos os licitantes – Parte vinculante do edital."

"EMENTA: Administrativo – Concorrência Pública – A resposta de consulta a respeito da cláusula de edital de concorrência pública é vinculante; desde que a regra assim explicitada tenha sido comunicada a todos os interessados, ela adere ao edital – Hipótese em que, havendo dissídio coletivo pendente de julgamento, a resposta à consulta deu conta a todos os licitantes de que os reajustes salariais dele decorrentes seriam repassados para o preço-base; irrelevante o argumento de que o dissídio coletivo assegurou reajuste não previsto em lei, porque assegurou reajuste salarial não previsto em lei, porque prevalece, no particular, a decisão do Superior Tribunal do Trabalho que se presuma conheça e aplique a lei, de que é o intérprete definitivo no seu âmbito de competência – Recurso especial não conhecido."

Observação 203 – Impugnação/Edital – Tribunal de Contas do Estado de São Paulo – TC- 167/026/95 – Relator Cons. Eduardo Bittencourt Carvalho, 6.2.1996, DOE/SP de 9.3.1996/p.30

Concorrência e Contrato. Serviços de limpeza. Várias interessadas e uma só participante, vencedora. Atestados. Mandado de segurança. Impugnação.

Edital corrigido sem divulgação pela mesma forma que se deu o texto original, e sem a reabertura do prazo inicialmente estabelecido. Alegada comunicação somente às interessadas mediante fax, sem comprovação. Desrespeito ao § 4º do art. 21 da Lei n. 8.666/93. Restrição à competitividade do certame."

Observação 204 – Impugnação/Edital – Tribunal de Contas da União – TC- 275.039/96-0 – Relator Min. Humberto Guimarães Souto – 5.6.1996 – Boletim de Licitações e Contratos/Dezembro/ 1996/p.601

"Participação de firma individual em licitações. Representação formulada por firma individual, nos termos do disposto no art. 113, § 1º, da Lei n. 8.666/93. Conhecimento. Improcedência. Decadência do direito de impugnar falhas no processo de licitação quando lícito era exercê-lo na forma do art. 41, § 2º, da Lei n. 8.666/93. Inexistência de óbice legal que restringe a participação de firmas individuais em processos licitatórios. Determinação à Entidade no sentido de adaptar suas normas internas aos preceitos contidos no Estatuto das Licitações. Ciência à interessada. Arquivamento do processo."

Observação 205 – Impugnação/Edital – Tribunal Federal de Recursos – MS nº 89.607-DF – Relator Min. Carlos Madeira – 11.9.1984 – Boletim de Licitações e Contratos n. 8/1990 – p.330

"Licitação. Pretensão à sua invalidação em virtude de irregularidades no edital e na condução do procedimento administrativo. Não é legítimo para pedir a invalidação do edital de licitação a parte que tendo-o aceito sem impugnação, só após o julgamento desfavorável, aponta falhas ou irregularidades que o desmereceriam. Não cabe mandado de segurança quando os fatos que configurariam a ilegalidade ou o abuso de poder são controvertidos. Se a Administração demonstra que os fatos não se passaram da forma como foram apresentados improcede o *'Writ'*. A exigência de capital mínimo dos licitantes objetiva a demonstração da sua idoneidade financeira. Os prazos de cumprimento do objeto da licitação são estimados globalmente ou por fases, de acordo com as peculiaridades daquele. A Administração tem o poder de escolha do modo como deve ser cumprido o objeto da licitação."

Observação 206 – Impugnação/Edital – Tribunal de Justiça do Estado de São Paulo – Apelação Cível n. 94.590-5 – São Paulo – 4ª Câmara de Direito Público – Relator Des. Soares Lima – 2.12.1999 – V.U. – Jurisprudência Informatizada Saraiva/JUIS/ EDIÇÃO N. 24/2º TRIMESTRE/2001

"ADMINISTRATIVO – Licitação – Concorrência pública – Edital – Exigências descabidas – Ofensa também ao princípio da competitividade – Segurança concedida – Sentença mantida – Reexame necessário, considerado interposto, e recurso voluntário da Municipalidade não providos."

Observação 207 – Impugnação/Edital – Tribunal de Justiça do Estado do Paraná – Apelação Cível n. 11.484 – Terceira Câmara Cível – Relator Des. Jesus Sarrão – 5.8.1996 – V.U. – Jurisprudência Informatizada Saraiva/JUIS/EDIÇÃO N. 24/2º TRIMESTRE/2001

"Mandado de Segurança – Permissionária de serviço público – Transporte coletivo municipal – Prazo da concessão findo – Licitação para exploração do serviço – Possibilidade – Alegação de irregularidades no edital de licitação e de dirigismo visando prejudicar a Impetrante – Fatos não constatados. O Município, dentro de sua competência, organiza e presta o serviço de transporte coletivo (CF, art. 30, inc. V), podendo concedê-lo a terceiro mediante concorrência pública, atendidas as exigências estabelecidas em lei. Vencido o prazo de concessão, pode, novamente, licitar a exploração da linha antes concedida, sem que isso importe em ilegalidade ou abuso de poder. Tratando-se de licitação pelo menor preço, não está a municipalidade obrigada a estabelecer, no edital, um preço máximo e um mínimo a ser cobrado do usuário."

Observação 208 – Impugnação/Edital – Superior Tribunal de Justiça – MS 5655/DF – Mandado de Segurança – Relator Min. Demócrito Reinaldo – Primeira Seção – 27.5.1998 – V.U. – Jurisprudência Informatizada Saraiva/JUIS/EDIÇÃO N. 24/2º TRIMESTRE/2001

"Direito Administrativo. Licitação. Cláusula editalícia redigida sem a devida clareza. Interpretação pelo judiciário, independentemente de impugnação pelos participantes. Possibilidade.

No procedimento licitatório, as cláusulas editalícias hão de ser redigidas com a mais lídima clareza e precisão, de modo a evitar perplexidades e possibilitar a observância pelo universo de participantes.

A caducidade do direito à impugnação (ou do pedido de esclarecimentos) de qualquer norma do edital opera, apenas, perante a Administração, eis que, o sistema de jurisdição única consignado na Constituição da República impede que se subtraia da apreciação do Judiciário qualquer lesão ou ameaça a direito. Até mesmo após abertos os envelopes (e ultrapassada a primeira fase), ainda é possível aos licitantes propor as medidas judiciais adequadas à satisfação do direito pretensamente lesado pela Administração."

Observação 209 – Impugnação/Edital – Tribunal de Justiça do Estado de São Paulo – Agravo de Petição n. 202.077 – Relator Des. J. M. Arruda – Segunda Câmara Cível – 19.10.1971 – V. U. – RDA n. 110/p.249.

"Concorrência Pública – Discriminação de concorrentes – Ilegalidade.

É ilegal a discriminação entre concorrentes, em licitação pública, tal como a exigência de fornecimento de materiais, de forma a excluir grande número de concorrentes."

Observação 210 – Impugnação/Edital – Superior Tribunal de Justiça – Mandado de Segurança n. 5.755 – Relator Min. Demócrito Reinaldo – Primeira Seção – 9.9.1998 – V.U. – DJ de 3.11.1998 – Zênite/ILC/ INFORMATIVO Licitações e Contratos/ Jurisprudência/Agosto/1999/p.656/659

"ASSUNTO: As alterações do ato convocatório devem gozar de publicidade na forma preconizada na Lei de Licitações, não tendo a comunicação interna o condão de suprir a exigência legal (art. 21, § 4º)."

"EMENTA: Administrativo – Licitação – Inobservância do devido processo legal – alteração do edital no curso do procedimento licitatório, em desobediência aos ditames da lei – Correção por meio de Mandado de Segurança."

"O princípio da vinculação ao instrumento convocatório norteia a atividade do Administrador no procedimento licitatório, que constitui ato administrativo formal e se erige em freios e contrapesos aos poderes da autoridade julgadora.

O devido processo legal se traduz (no procedimento da licitação) na obediência à ordenação e sucessão das fases procedimentais consignadas na lei e no edital de convocação, sendo este inalterável através de mera comunicação interna aos licitantes (art. 21, § 4º, da Lei n. 8.666/1993).

Desde que iniciado o procedimento do certame, a alteração do edital, com reflexos nas propostas já apresentadas, exige a divulgação pela mesma forma que se deu ao texto original, determinando-se a publicação (do edital) pelo mesmo prazo inicialmente estabelecido.

O aviso interno, como meio de publicidade às alterações subseqüentes ao instrumento de convocação, desatende à legislação de regência a gerar aos participantes o direito subjetivo a ser protegido pelo mandado de segurança.

Segurança concedida. Decisão unânime."

Observação 211 – Impugnação/Edital – Tribunal de Justiça do Estado do Paraná – Apelação Cível e Reexame Necessário n. 29.432-4 – Relator Des. Nasser de Melo – Segunda Câmara Cível – 14.12.1994 – Boletim de Licitações e Contratos/Agosto/1995

"Licitação. Nulidade. Ocorrência. Vícios no procedimento da concorrência pública. Declaração judicial da nulidade do certame, independentemente da falta de impugnação na fase administrativa. Modificação das condições estabelecidas no edital, sem nova publicação deste, com graves prejuízos para os interessados em concorrer e para o próprio poder público. Falta de capacidade técnica da empresa vencedora da concorrência, como exigido no edital. Violação aos princípios previstos no art. 37 da Constituição Federal."

Observação 212 – Impugnação/Edital – Superior Tribunal de Justiça – RMS 6.597- MS – 2ª T. – j.16.12.1966 – Relator Min. Antônio de Pádua Ribeiro/ – DJU 14.4.1977/Jurisprudência Informatizada Saraiva/JUIS/EDIÇÃO N. 24/2º TRIMESTRE/2001

"Ementa Oficial: Se do edital denota-se que não há especificação de marca dos bens a serem comprados pelo Estado, deixando livre às empresas concorrentes a apresentação de proposta de materiais e equipamentos independente de suas marcas, mas dentro do padrão e especificações exigidas, não se pode falar em qualquer direcionamento que possa viciar o ato ou levar a licitação à suspeição."

Observação 213 – Habilitação/Inabilitação – Tribunal de Contas da União – Decisão n. 523/97, Relator Min. Marcos Vinicios Vilaça, 20.8.1997, DOU n.167, de 1.9.1997/http://www.tcu.gov.br

"Assunto: A Administração Pública, para fins de habilitação, deve-se ater ao rol dos documentos dos arts. 28 a 31 da Lei nº 8.666/93 – Não lhe é lícito exigir nenhum outro documento que não esteja ali elencado."

Esclarecimento do autor: além das exigências apontadas na Decisão, por força da Lei n. 9854, de 27.10.1999, é também obrigatório o cumprimento do disposto no inciso XXXIII, artigo 7º, da Constituição Federal, que trata da "proibição de trabalho noturno, perigoso ou insalubre a menores de dezoito e de qualquer trabalho a menores de dezesseis anos, salvo na condição de aprendiz, a partir dos quatorze anos". A esse propósito, a indicada previsão passou a integrar o artigo 27 da Lei n. 8.666/1993, situando-se como inciso V *(Observação 182)*.

Observação 214 – Habilitação/Inabilitação – Tribunal de Justiça do Estado de São Paulo – Apelação Cível n.21.477-5 – Indaiatuba – 3ª Câmara de Direito Público – Relator Des. Pires Araújo – 5.5.1998 – V.U. – Jurisprudência Informatizada Saraiva/JUIS/ EDIÇÃO N. 24/2º TRIMESTRE/2001

Ementa: Mandado de Segurança – LICITAÇÃO – Inocorreu perda do objeto, eis que, antes da celebração do contrato, foi concedida a liminar que determinou a suspensão do processo licitatório – EDITAL – Vícios que ferem o princípio da isonomia – Exigência – Visa a concorrência pública a fazer com que maior número de licitantes se habilitem para o objetivo de facilitar aos órgãos públicos a obtenção de coisas e serviços mais convenientes a seus interesses – Em razão desse escopo, exigências demasiadas e rigorismos inconsentâneos com a boa exegese da lei devem ser arredados. Não deve haver nos trabalhos nenhum rigorismo e na primeira fase da habilitação deve ser absoluta singeleza o procedimento licitatório – Recurso não provido."

Observação 215 – Habilitação/Inabilitação – Superior Tribunal de Justiça – Acórdão em MS5509/DF – Relator Min. Garcia Vieira – D.J. 19.4.1999 – Jurisprudência Informatizada Saraiva/JUIS/ EDIÇÃO N. 24/2º TRIMESTRE/2001

"EMENTA – PROCESSUAL CIVIL – MANDADO DE SEGURANÇA – CONCORRÊNCIA – **LICITAÇÃO** – EXAME DE CAPACIDADE TÉCNICA – IMPOSSIBILIDADE."

"No mandado de segurança, a prova é preconstituída. O exame da capacidade técnica para habilitação em concorrência pública exige prova pericial, não sendo apta, para este fim, a via estreita do mandado de segurança. Segurança denegada."

Observação 216 – Habilitação/Inabilitação – Tribunal Federal de Recursos – Recurso de Mandado de Segurança n. 1.629 – Relator Min. Elmano Cruz – RDA n. 37/ p.298

"CONCORRÊNCIA PÚBLICA – CLÁUSULAS DO EDITAL – IGUALDADE ENTRE OS CONCORRENTES."

É nula a cláusula de edital de concorrência pública de caráter discriminatório, destinada a afastar determinado concorrente."

Observação 217 – Habilitação/Inabilitação – Supremo Tribunal Federal – Representação de Inconstitucionalidade n. 1.185-2 – PE – Relator Min. Décio Miranda – RT n. 592/p.226.

"CONCORRÊNCIA PÚBLICA – Discriminação entre os Estados-membros – Favorecimento dos produtores do Estado através de desconto do ICM e do ISS nas propostas – Inadmissibilidade – Aplicação do art. 9º, I, da CF/69."

"Ementa Oficial: Constitucional. Igualdade entre os Estados-membros. Princípio da não discriminação entre participantes de concorrência pública. Vedado assegurar preferência a quem esteja sujeito ao pagamento de ICM ou ISS no Estado em que se fere a licitação. Inconstitucionalidade do art. 104 da Lei n. 7.741, de 23/10/78, do Estado de Pernambuco, com a redação que lhe deu a Lei n. 8.262, de 14/7/80."

Observação 218 – Habilitação/Inabilitação – Tribunal de Justiça do Estado de São Paulo – Agravo de Petição n. 2023.077 – Relator Des. J.M. Arruda – RDA n.110/p.249

"É ilegal a discriminação entre concorrentes, em licitação pública, tal como a exigência de fornecimento de materiais, de forma a excluir grande número de concorrentes."

Observação 219 – Habilitação/Inabilitação – Tribunal Federal de Recursos – Remessa Ex-Officio n. 101.586 – Relator Min. William Patterson – RDA n. 160/p.187.

"LICITAÇÃO – EDITAL – CLÁUSULA RESTRITIVA – Não podem prevalecer as cláusulas em edital de processo licitatório que visem a limitar o número de concorrentes, por força de exigências não autorizadas no ordenamento específico, cuja inspiração é de permitir ampla oportunidade a todos que estejam capacitados à execução."

Observação 220 – Habilitação/Inabilitação – Superior Tribunal de Justiça – Acórdão em MS 5779/DF (199800262261) 233089 MANDADO DE SEGURANÇA – Relator Min. José Delgado – D.J. de 26.10.1998 – Jurisprudência Informatizada Saraiva/JUIS/EDIÇÃO N. 24/2º TRIMESTRE/2001

"EMENTA – ADMINISTRATIVO – LICITAÇÃO – HABILITAÇÃO – VINCULAÇÃO AO EDITAL – MANDADO DE SEGURANÇA."
"1 – A interpretação das regras do edital de procedimento licitatório não deve ser restritiva. Desde que não possibilitem qualquer prejuízo à Administração e aos interessados no certame, é de todo conveniente que compareça à disputa o maior número possível de interessados, para que a proposta mais vantajosa seja encontrada em um universo mais amplo.
2 – O ordenamento jurídico da licitação não prestigia decisão assumida pela Comissão de Licitação que inabilita concorrente com base em circunstância impertinente ou irrelevante para o específico objeto do contrato, fazendo exigência sem conteúdo de repercussão para a configuração de habilitação jurídica, qualificação técnica, capacidade econômico-financeira e da regularidade fiscal.
3 – Se o edital exige que a prova da habilitação jurídica da empresa deve ser feita, apenas, com a apresentação do ato constitutivo e suas alterações, devidamente registrada ou arquivadas na repartição competente, constando dentre seus objetivos a exclusão de serviços de Radiofusão ..., excessiva e sem fundamento legal a inabilitação de concorrente sob a simples afirmação de que cláusulas do contrato social não se harmonizam com o valor total do capital social e com o correspondente balanço de abertura, por tal entendimento ser vago e impreciso.

4 – Configura-se excesso de exigência, especialmente por a tanto não pedir o edital, inabilitar concorrente porque os administradores da licitante não assinaram em conjunto com a dos contadores o balanço da empresa.

5 – Segurança concedida."

Observação 221 – Habilitação/Inabilitação – Superior Tribunal de Justiça – Acórdão em MS 5631/DF – (199800056246) – 2216-40 MANDADO DE SEGURANÇA – Relator Min. José Delgado – D.J. de 17.8.1988 – p.00007 – Jurisprudência Informatizada Saraiva/ JUIS/EDIÇÃO N. 24/2º TRIMESTRE/2001

"EMENTA – ADMINISTRATIVO – LICITAÇÃO – HABILITAÇÃO – EXIGÊNCIA EXCESSIVA."

"1 – É excessiva a exigência pela administração pública de que, em procedimento licitatório, o balanço da empresa seja assinado pelo sócio-dirigente, quando a sua existência, validade e eficácia não foram desconstituídas, haja vista estar autenticado pelo contador e rubricado pelo referido sócio.

2 – Há violação ao princípio da estrita vinculação ao Edital, quando a administração cria nova exigência editalícia sem a observância do preceito no § 4º, art. 21, da Lei n. 8.666/93.

3 – O procedimento licitatório deve ser o mais abrangente possível, a fim de possibilitar o maior número de concorrentes, tudo a possibilitar a escolha da proposta mais vantajosa.

4 – Não deve ser afastado candidato do certame licitatório, por meros detalhes formais. No particular, o ato administrativo deve ser vinculado ao princípio da razoabilidade, afastando-se de produzir efeitos sem caráter substancial.

5 – Segurança concedida."

Observação 222 – Habilitação/Inabilitação – Tribunal de Justiça do Estado de São Paulo – Apelação Cível n. 64.258-5 – Santos – 5ª Câmara de Direito Público – Relator Des. Min. William Marinho – 6.5.1999 – V.U. – Jurisprudência Informatizada Saraiva/JUIS/ EDIÇÃO N. 24/2º TRIMESTRE/2001

"EMENTA – MANDADO DE SEGURANÇA – Inabilitação em concorrência pública – TELESP – Empresa Limpadora – Entrega insuficiente da documentação exigida pelo edital de licitação – Alegação infundada da impetrante –

Inexistência de provas pré-constituídas – Ausência de direito líquido e certo, ampliável pelo 'Writ' – Condenação em verba honorária – Inadmissibilidade – Súmula 105, do Superior Tribunal de Justiça – Provimento Parcial do recurso, para cassação da verba honorária sucumbencial."

Observação 223 – Habilitação/Inabilitação – Tribunal de Justiça do Estado de São Paulo – Apelação n. 164.206-1/1 – 3ª C UF:SP – 7.4.1992 – Relator Des. Alfredo Migliore – Zênite/ILC/ INFORMATIVO Licitações e Contratos/Jurisprudência/Março/ 1998/p.278/280

"ASSUNTO: Licitação – Cancelamento de registro de concorrente – Declaração de inabilitada – Ato discricionário da autoridade administrativa – Concorrente que não comprova cumprimento de seus encargos previdenciários e com o FGTS – Requisito obrigatório – Direito líquido e certo não demonstrado – Segurança denegada – Sentença confirmada – Inteligência do art. 195, § 3º, da CF."

"EMENTA: Exige-se, para a habilitação nas licitações, dos interessados, documentação relativa ao cumprimento dos encargo previdenciários, das normas relativas à saúde e a segurança do trabalho e, precipuamente, a prova de situação regular perante o FGTS. Direito líquido e certo é aquele que não desperta dúvidas, que está isento de obscuridades, que não precisa ser aclarado com o exame de provas em dilações; que é, de si mesmo, concludente e inconcusso."

Observação 224 – Habilitação/Inabilitação – Superior Tribunal de Justiça – Acórdão em MS 5418/DF (199700660931) 211838 Mandado de Segurança – Relator Min. Demócrito Reinaldo – Jurisprudência Informatizada Saraiva/JUIS/EDIÇÃO N. 24/2º TRIMESTRE/2001

"EMENTA – MANDADO DE SEGURANÇA. Procedimento licitatório. Vinculação ao edital. Interpretação das cláusulas do instrumento convocatório pelo Judiciário, fixando-se o sentido e o alcance de cada uma delas e escoimando exigências desnecessárias e de excessivo rigor prejudiciais ao interesse público. Possibilidade.
Cabimento do mandado de segurança para esse fim. Deferimento. O Edital no Sistema Jurídico-Constitucional vigente, constituindo lei entre as

partes, e norma fundamental da concorrência, cujo objetivo é determinar o Objeto de **Licitação**, discriminar os direitos e obrigações dos intervenientes e o poder público e disciplinar o procedimento adequado ao estudo e julgamento das propostas.

Consoante ensinam os juristas, o princípio da vinculação ao edital não é absoluto, de tal forma que impeça o Judiciário de interpretar-lhe, buscando-lhe o sentido e a compreensão e escoimando-o de cláusulas desnecessárias ou que extrapolem os ditames da lei de regência e cujo excessivo rigor possa afastar, da concorrência, possíveis proponentes, ou que o transmude de um instrumento de defesa do interesse público em conjunto de regras prejudiciais ao que, com ele, objetiva a administração.

O procedimento licitatório é um conjunto de atos sucessivos, realizados na forma e nos prazos preconizados da lei; ultimada (ou ultrapassada) uma fase, preclusa fica a anterior, sendo defeso, à administração, exigir, na (fase) subseqüente, documentos ou providências pertinentes aquela já superada. Se assim não fosse, avanços e recuos mediante a exigência de atos impertinentes a serem praticados pelos licitantes em momento inadequado, postergariam indefinidamente o procedimento e acarretariam manifesta insegurança aos que dele participam.

O seguro-garantia a que a lei se refere (artigo 31, inciso III) tem o viso de demonstrar a exigência de um mínimo de capacidade econômico-financeira do licitante para efeito de participação no certame e sua comprovação condiz com a fase de **HABILITAÇÃO**.

Uma vez considerada habilitada a proponente, com o preenchimento desse requisito (qualificação econômico-financeira), descabe à administração, em fase posterior, reexaminar a presença de pressupostos dizentes à etapa em relação a qual se operou a preclusão.

O edital, *in casu*, só determina, aos proponentes, decorrido certo lapso de tempo, a porfiar, em tempo côngruo, pela prorrogação das propostas (subitem 6.7); acaso pretendesse a revalidação de toda a documentação conectada a proposta inicial, tê-lo-ia expressado com clareza, mesmo porque, não só o seguro-garantia, como inúmeros outros documentos têm prazo de validade.

No procedimento, é juridicamente possível a juntada de documento meramente explicativo e complementar de outro preexistente ou para efeito de produzir contraprova e demonstração do equívoco do que foi decidido pela administração, sem que a quebra de princípios legais ou constitucionais.

O 'valor' da proposta 'grafado' somente em algarismos – sem a indicação por extenso – constitui mera irregularidade de que não resultou prejuízo, insuficiente, por si só, para desclassificar o licitante. A *ratio legis* que obriga, aos participantes, a oferecerem propostas claras e tão só a de propiciar o entendimento à administração e aos administrados. Se o valor da proposta, na hipótese, foi perfeitamente compreendido, em sua inteireza, pela comissão especial (e que se presume de alto nível intelectual e técnico), a ponto de, ao primeiro exame, classificar o consórcio impetrante, a ausência de consignação da quantia por 'extenso' constitui mera imperfeição, balda que não influenciou na 'decisão' do órgão julgador (comissão especial) que teve a idéia, a percepção precisa e indiscutível do 'quantum' oferecido.

O formalismo no procedimento licitatório não significa que se possa desclassificar propostas eivadas de simples omissões ou defeitos irrelevantes. Segurança concedida. Voto vencido."

Observação 225 – Habilitação/Inabilitação – Superior Tribunal de Justiça – Acórdão em ROMS 7772/RJ (199600653690) – 291657 Recurso Ordinário em Mandado de Segurança – Relator Min. José Delgado – D.J. de 27.9.1999 – Jurisprudência Informatizada Saraiva/JUIS/EDIÇÃO N. 24/2º TRIMESTRE/2001

"EMENTA – PROCESSUAL CIVIL – RECURSO ORDINÁRIO EM MANDADO DE SEGURANÇA – CONCORRÊNCIA PÚBLICA – IMPUGNAÇÃO DO ATO QUE CONSIDEROU A IMPETRANTE INABILITADA – INECORRÊNCIA DE MOTIVO FALSO OU INEXISTENTE."

"1 – Mandado de segurança impetrado no intuito de suspender ato tido como ilegal que inabilitou a Impetrante em certame de concorrência **pública**.

2 – Recurso que não impugna, como da leitura das suas razões parece indicar, o **edital** da **licitação**, mas, sim, desde a impetração do *mandamus*, a decisão do Presidente do Tribunal que a julgou inabilitada para o certame.

3 – Insatisfação recursal que ataca a fundamentação e o mérito do ato administrativo: Quanto à motivação. Requisito essencial do ato administrativo atacado é a sua motivação, ocorrida na hipótese. Tanto que a recorrente modifica sua regulamentação neste particular, procurando atacar formalmente o ato porque contrário ao parecer prévio da Comissão Especial de **Licitação**. Tal parecer não vincula a autoridade, desde que sua decisão seja devidamente fundamentada.

Quanto ao mérito. Embora presente a motivação, que é exteriorização das razões que justificam o ato, 'não há fugir à conclusão de que o controle dos atos administrativos se estende, inevitavelmente, ao exame dos motivos' (Celso Antônio Bandeira de Melo, in Discricionariedade e Controle Jurisdicional, Malheiros, 2ª ed., São Paulo, 1996, p. 88), que são os pressupostos fáticos que autorizam ou exigem a prática do ato. Assim sendo, o 'mérito' do ato administrativo na espécie está sujeito ao controle jurisdicional, desde que tal possa ser verificado de plano e não importe em dilação probatória, o que só poderia ocorrer nas vias ordinárias, mas não na via estreita do *mandamus*.

4 – Ato hostilizado devida e comprovadamente fundamentado, sem quaisquer vícios ensejadores à nulificação ou retificação.

5 – Recurso improvido."

Observação 226 – Habilitação/Inabilitação – Superior Tribunal de Justiça – Acórdão em RESP 144750/SP (199700582450) – 370592 Recurso Especial – Relator Min. Francisco Falcão – D.J. de 25.9.2000 – p.68 – RSTJ 140/p.91

EMENTA. ADMINISTRTATIVO. PROCEDIMENTO LICITATÓRIO. ATESTADO TÉCNICO. COMPROVAÇÃO. AUTORIA. EMPRESA. LEGALIDADE."

"Quando em procedimento licitatório, exige-se comprovação, em nome da empresa, não está sendo violado o art. 30, §1º, II, caput, da Lei n. 8.666/93.

É de vital importância, no trato da coisa pública, a permanente perseguição ao binômio qualidade-eficiência, objetivando, não só garantir a segurança jurídica do contrato, mas também a consideração de certos fatores que integram a finalidade das licitações, máxime em se tratando daqueles de grande complexidade de vulto financeiro tamanho que imponha ao administrador a elaboração de dispositivos, sempre em atenção à pedra de toque do ato administrativo – a lei –, mas com dispositivos que busquem resguardar a administração de aventureiros ou de licitantes de competência estrutural, administrativa e organizacional duvidosa. Recurso provido."

Observação 227 – Habilitação/Inabilitação – Tribunal de Justiça do Estado do Paraná – Apelação Cível 17363 – Relator Des. Sergio Rodrigues – Publicação em 26.6.2000 – Jurisprudência Informatizada Saraiva/JUIS/EDIÇÃO N. 24/2º TRIMESTRE/2001

"EMENTA – MANDADO DE SEGURANÇA – ADMINISTRATIVO – LICITAÇÃO PÚBLICA – PRINCÍPIO DA VINCULAÇÃO AO EDITAL."

"As empresas impetrantes foram desqualificadas da concorrência por não terem atendido o requisito da comprovação de inexistência de dívida junto à fazenda nacional (exigência contida no edital).

Em matéria de licitação pública impera o princípio da vinculação ao edital (lei interna da licitação), tanto para o licitante quanto para a Administração Pública, não se justificando o descumprimento de qualquer de suas condições com base na mera alegação de que a certidão apontando a existência de débito fiscal em fase de execução, tem efeito de certidão negativa, uma vez que a exigência, estampada no edital, não tem a finalidade de forçar a satisfação da dívida fiscal, mas sim a de selecionar as empresas como forma de aquilatar a sua idoneidade e sanar quaisquer dúvidas em torno do efetivo cumprimento do objeto da licitação.

Com efeito, a inabilitação no certame decorreu da não comprovação da inexistência de dívida perante a Fazenda Pública Nacional (item 89, D do edital publicado). Inexistência de ofensa a direito líquido e certo. Recurso a que se nega provimento."

Observação 228 – Habilitação/Inabilitação – Tribunal de Justiça do Estado de São Paulo – Apelação Cível n. 247.960 – Relator Des. Olavo Silveira – RDA 204/p.271

"LICITAÇÃO – PROPOSTA – DISPONIBILIDADE DE EQUIPAMENTO."
"A disponibilidade de equipamentos que garantam a execução do contrato não é exigível na habilitação, mas na celebração do contrato."

Observação 229 – Habilitação/Inabilitação – Tribunal de Justiça do Estado de São Paulo – Apelação Cível n.107.565-1 (reexame) – Relator Des. Renan Lotufo – Zênite/ILC/INFORMATIVO Licitações e Contratos/Jurisprudência/Novembro/1997/p.894/896

"ASSUNTO: Em licitação, a reabilitação de concorrente que juntou os documentos faltantes intempestivamente, após a decisão inabilitadora irrecorrida, é ilegal. Assim, por ser vinculada a atuação da comissão julgadora, não podendo alterar critérios quando da fase de habilitação, clara é a ofensa ao direito líquido e certo dos demais concorrentes de exigir a aplicação geral da norma, devendo ser concedido o mandado de segurança."

"EMENTA: Reabilitação de concorrentes – Ilegalidade – Entrega intempestiva de documentos faltantes, após a decisão inabilitadora não recorrida

– Inadmissibilidade – Atuação vinculada da comissão julgadora, à qual não é dado alterar critérios quando da fase da habilitação – Ofensa ao direito líquido e certo dos demais participantes de exigir a aplicação geral da norma – Mandado de segurança concedido."

Observação 230 **– Habilitação/Inabilitação – Tribunal de Justiça do Distrito Federal e dos Territórios – Apelação n. 47.354/98 – 4ª T UF: DF – 30/398 – Relator Des. Mario Machado – Zênite/ILC/ INFORMATIVO Licitações e Contratos/Jurisprudência/Outubro/ 1999/p.838/840**

"ASSUNTO: Licitação – Troca de conteúdo dos envelopes de habilitação e proposta – Erro escusável."

"EMENTA: Licitação – Troca de envelopes de documentação e proposta – Equívoco relevável no caso.

Relevável o equívoco evidente, consistente em o licitante de transporte público alternativo (lotação) trocar o conteúdo dos envelopes destinados à documentação de habilitação e à proposta. Inexistência de má-fé e de quebra ao princípio da isonomia de tratamento aos licitantes, posto que inalterável a proposta do impetrante, previamente aberta, o mesmo sucedendo em relação às ofertadas pelos demais licitantes.

Interessa à própria Administração a participação do maior número possível de licitantes, devendo-se afastar rigorismos inúteis.

Sentença concessiva da segurança mantida."

Observação 231 **– Habilitação/Inabilitação – Tribunal de Justiça do Estado de São Paulo – Apelação Cível n. 104.838-5 – São Paulo – Relator Des. Octaviano Lobo – V.U. – Jurisprudência Informatizada Saraiva/JUIS/EDIÇÃO N. 24/2º TRIMESTRE/2001**

"MANDADO DE SEGURANÇA – Licitação – Concorrência pública – Pretensão à anulação ou suspensão de inabilitação – Desacolhimento – Juntada de documentação desajustada às exigências do edital – Falta de atestado comprobatório de capacidade técnica – 'Acompanhamento' do andamento de obras e serviços – 'execução' de obras e serviços – Figuras distintas – Ilegalidade – Inexistência – Direito líquido e certo não demonstrado – Recurso não provido."

Observação 232 – Habilitação/Inabilitação – Superior Tribunal de Justiça – Acórdão em MS 5623/DF (1999800048928) – 216964 Mandado de Segurança – Relator Min. Humberto Gomes de Barros – Jurisprudência Informatizada Saraiva/JUIS/EDIÇÃO N. 24/2º TRIMESTRE/2001

"EMENTA – ADMINISTRATIVO – LICITAÇÃO – Balanço patrimonial com assinatura de contabilista e ratificado por sócio-gerente – Eficácia – Eliminação de licitante – Irregularidade – Segurança deferida. Não é lícito negar-se eficácia a balanço elaborado por profissional de contabilidade e ratificado pelo sócio-gerente da empresa licitante."

Observação 233 – Habilitação/Inabilitação – Tribunal de Contas da União – TC-020.032/93-5 – Relator Min. Paulo Affonso Martins de Oliveira – DOU de 6.12.1994 – p.18.613/http://www.tcu.gov.br

"SEGURIDADE SOCIAL. Regularidade. a) Por força do disposta no § 3º do art. 195, da Constituição Federal – que torna sem efeito, em parte, o permissivo do § 1º do art. 32 da Lei n. 8.666/93 –, a documentação relativa à regularidade com a Seguridade Social, prevista no inciso IV do art. 29 da Lei n. 8.666/93 e, mais discriminadamente, no art. 27-a da Lei n. 8.036/90, no art. 47-I-a da Lei n. 8.212/91, no art. 2º da IN nº 93/93-SRF e no item 4-I-a da Ordem de Serviço INSS/DARF nº 052/92, é de exigência obrigatória nas licitações públicas, ainda que na modalidade convite, para contratação de obras, serviços ou fornecimento, e mesmo que se trate de fornecimento para pronta entrega; b) a obrigatoriedade de apresentação da documentação referida na alínea "a" acima é aplicável aos casos de contratação de obra, serviço ou fornecimento com dispensa ou inexigibilidade de licitação *ex vi* do disposto no § 3º do art. 195 da CF, citado; c) nas tomadas de preços, do mesmo modo que nas concorrências para contratação de obra, serviço ou fornecimento de bens, deve ser exigida obrigatoriamente também a comprovação de que trata o inciso 3º do art. 29 da Lei n. 8.666/93 a par daquela a que se refere o inciso IV do mesmo dispositivo legal; d) nos contratos de execução continuado ou parcelada, a cada pagamento efetuado pela administração contratante, há que existir a prévia verificação da regularidade da contratada com o sistema de seguridade social, sob pena de violação do disposto no § 3º do art. 195 da Lei Maior."

Observação 234 – Habilitação/Inabilitação – Tribunal de Contas do Estado de São Paulo – TC- 13.787/026/97 – Relator Cons. Edgard Camargo Rodrigues – DOE de 5.6.1997/COMENTÁRIOS E JURISPRUDÊNCIA SOBRE A LEI DE LICITAÇÕES PÚBLICAS/ Antonio Roque Citadini/3ª edição revista e atualizada/Max Limonad/nota 233/p.266

"Habilitação. Qualificação técnica. ISSO 9000. Restrição à competitividade. A competitividade e a isonomia a que aludem os artigos 3º, § 1º, e 15, § 7º, da Lei n. 8.666/93, restam comprometidas pela indicação de marca dos bens a que se pretende adquirir e a exigência da apresentação do certificado ISSO 9000 para fins de qualificação técnica. Tal documento, destinando-se a graduar o conceito técnico da empresa que o contenha, poderia, quando muito, ser admitido como fator relevante em procedimento que eventualmente privilegiasse o critério de pontuação (no caso de licitação do tipo melhor técnica), todavia, da forma como utilizada, para fins de desclassificação sumária das propostas, afigura-se fato restritivo."

Observação 235 – Habilitação/Inabilitação – Tribunal de Justiça do Estado de São Paulo – Apelação Cível n. 34.365-1 – Relator Des. Sidney Sanches/RJTJSP n. 90/p.222

"LICITAÇÃO – Concorrência Pública – Edital – Exigência de comprovação distinta e concomitante do acervo técnico da impetrante e de seus engenheiros – Dupla exigência que obstou a habilitação – Legalidade da medida – Interesse do município em ver comprovada a experiência operacional de empresa – Recurso não provido."

Observação 236 – Habilitação/Inabilitação – Tribunal de Alçada do Estado de Minas Gerais – Agravo Regimental no Mandado de Segurança n. 187.389-0/01 da Comarca de Belo Horizonte – Relator Juiz José Marrara – Boletim de Licitações e Contratos/ Novembro/1997/p.579

"Qualificação Técnica – Atestados comprobatórios da aptidão da empresa e da equipe técnica – Legalidade."

Observação 237 – Julgamento/Classificação/Desclassificação – Tribunal de Justiça do Estado do Paraná – Ac. 5.126 – 4ª Câm. Cív. – Relator Des. José Meger, Licitações nos Tribunais/Sidney Martins/JM EDITORA/Curitiba/1997/p.51

"EMENTA – REEXAME NECESSÁRIO – MANDADO DE SEGURANÇA – LICITAÇÃO – CONCESSÃO – AUSÊNCIA – RECURSO VOLUNTÁRIO – MASSA FALIDA – INADMISSIBILIDADE – CLASSIFICAÇÃO."

"Mandado de segurança. Licitação para entrega de carteiras escolares. Cabimento do *writ*. Impetrante classificada em segundo lugar. A classificada em primeiro é representante e fornecedora exclusiva de móveis produzidos por massa falida. Segurança concedida. Recurso oficial, sem interposição de recurso voluntário. A empresa vencedora, representando a massa falida, evidentemente não podia ser classificada, em face de sério risco de não cumprir com pontualidade suas obrigações da licitação e, principalmente, quanto à garantia de fornecer cerca de 20.000 (vinte mil) carteiras escolares, no prazo de 3 (três) anos. O *mandamus* está baseado em alicerce legal, sendo remédio extremo para proteger direito líquido e certo da impetrante. Sentença mantida, por seus próprios e jurídicos fundamentos. Decisão unânime."

Observação 238 – Julgamento/Classificação/Desclassificação – Tribunal de Justiça do Estado do Paraná – Apelação Cível 1.907/88 – Relator Des. Osvaldo Espíndola – Licitação nos Tribunais/Sidney Martins/JM EDITORA/Curitiba/1997/p.67

"EMENTA – MANDADO DE SEGURANÇA – LICITAÇÃO – CONVÊNIO-REFEIÇÃO – OMISSÃO – PRAZO – RECEBIMENTO – VALOR."

"Mandado de Segurança. Licitação. Sistema de refeição-convênio. Omissão na proposta da impetrante no tocante ao prazo para o recebimento dos valores. Alegação que as concorrentes propuseram preços simbólicos e irrisórios e que foram acolhidos pela comissão de licitação. Prova dos autos que não ampara as alegações da impetrante. Desclassificação que não ocorreu. Preços que refletiam o custo relativo à taxa de administração cobrada. Preço global que não é irrisório nem simbólico, posto que eleva-se à quantia considerável. Sentença correta. Improvimento."

Observação 239 – Julgamento/Classificação/Desclassificação – Superior Tribunal de Justiça – Acórdão em MS n. 4.222 – Relator Min. Waldemar Zveiter, LJSTJ/n. 82/p.47

"Administrativo e Processual Civil. Licitação. Descumprimento de cláusula editalícia. Mandado de Segurança. Inexistência de direito líquido e certo e dano irreparável. Na licitação impõe-se à desclassificação de proponente que, ao apresentar oferta, descumpre cláusula editalícia, não agindo assim, a Administração, em desconformidade com o direito, quando o alija do certame. Inexistindo direito líquido e certo e dano irreparável, cassa-se a liminar e denega-se a segurança."

Observação 240 – Julgamento/Classificação/Desclassificação – Tribunal Federal de Recursos – Apelação em MS n. 107.117 – Relator Min. Otto Rocha – RDA 167/p.239

"Licitação. Habilitação. Desclassificação. É na fase de habilitação e não na de julgamento que se deve proceder à análise dos aspectos referentes à pessoa do proponente, como a verificação da personalidade jurídica, capacidade técnica e idoneidade financeira dos licitantes."

Observação 241 – Julgamento/Classificação/Desclassificação – Tribunal Federal de Recursos – Rec. Ex-officio n. 100.146 – Relator Min. Flaquer Scartezzini – RDA 166/p.117

"Licitação. Desclassificação. Motivação. A desclassificação de empresa licitante, ao argumento de falta de idoneidade técnica, exige motivação fundamentada, ou seja, não basta a mera razão subjetiva para tal decisão, mas uma seqüência de procedimentos que permitam aferição do mérito do fato, na forma da lei e, sobre tudo, em obediência ao princípio da garantia de defesa, sob pena de se incorrer em arbítrio."

Observação 242 – Julgamento/Classificação/Desclassificação – Tribunal de Justiça do Estado de São Paulo – MS n.20.286.-0/0 – Relator Des. Salles Penteado

"Concorrência Pública. Menor preço. Inobservância de cláusula editalícia. Desclassificação. Prestação de serviços de limpeza, cuja proposta estava em desconformidade com o edital. A proposta não pode desatender ao edital, ainda que mais vantajosa para a Administração. Esta, nem assim poderia aceitá-la, pois isto consistiria surpresa para os demais proponentes. Denegada a Segurança."

Observação 243 – Julgamento/Classificação/Desclassificação – Tribunal de Justiça do Estado de São Paulo – Apelação Cível n. 022.762-5 – São Paulo – 2ª Câmara de Direito Público – Relator Des. Alves Bevilacqua – 9.6.1998 – Jurisprudência Informatizada Saraiva/JUIS/EDIÇÃO N. 24/2º TRIMESTRE/2001

"EMENTA – LICITAÇÃO – Concorrência pública – Edital – Atribuição de pontos para o maior número de equipamentos instalados – Condição discriminatória ou preferencial, bem como impeditiva de livre concorrência não comprovada – Segurança denegada – Recurso não provido."

Observação 244 – Julgamento/Classificação/Desclassificação – Tribunal de Justiça do Estado de São Paulo – Apelação Cível n.253.734-1 – São Paulo – 8ª Câmara de Direito Público – Relator Des. José Santana – 7.8.1996 – V.U. – Jurisprudência Informatizada Saraiva/JUIS/EDIÇÃO N. 24/2º TRIMESTRE/2001

"EMENTA – LICITAÇÃO – Concorrência Pública – Desclassificação decorrente de não comprovação de requisito previsto no edital – Recurso Administrativo com pretensão a fazer prova do requisito – Inadmissibilidade – Recurso provido para denegar a segurança."

Observação 245 – Julgamento/Classificação/Desclassificação – Tribunal de Justiça do Estado de São Paulo – Mandado de Segurança n. 20.286-0 – São Paulo – Relator Des. Salles Penteado – 24.5.1995 – V.U. Jurisprudência Informatizada Saraiva/JUIS/ EDIÇÃO N. 24/2º TRIMESTRE/2001

"EMENTA – LICITAÇÃO – Concorrência Pública – Menor preço – Desconformidade da proposta com o edital – Ocorrência – Desclassificação ordenada – Artigo 45, I, § 1º da Lei Federal n. 8.666/93 – Segurança denegada. Na licitação a menor preço será vencedor o licitante que apresentar a proposta de acordo com as especificações do edital ou convite e ofertar o menor preço."

Observação 246 – Julgamento/Classificação/Desclassificação – Tribunal de Justiça do Estado de São Paulo – Apelação Cível n. 75.832-5 – São José do Campos – 8ª Câmara de Direito Público – Relator Des. José Santana – 15.9.1999 – V.U. – Jurisprudência Informatizada Saraiva/JUIS/EDIÇÃO N. 24/1º TRIMESTRE/2001

"MANDADO DE SEGURANÇA – Licitação – Desclassificação de licitante – Não é ilegal a desclassificação de licitante que não atende exigência contida no edital de concorrência pública, no caso, relacionado com a comprovação prévia da capacidade operativa para a realização do objeto licitado (artigo 30, II, da Lei Federal n. 8.666/93) – Revogação da licitação – Se constatar que a licitação atenta contra o interesse público, a Administração pode revogar a licitação a qualquer tempo (artigo 49, *caput* da Lei n. 8.666/93) – Segurança denegada – Recurso improvido."

Observação 247 – Julgamento/Classificação/Desclassificação – Tribunal de Justiça do Mato Grosso do Sul – MS 44.122-9 T. Pleno j.14/12/1995 – Relator Des. Carlos Stephanini – RT nº 730/p.312

"MANDADO DE SEGURANÇA – Licitação – Impetração contra ato do Secretário de Administração do Estado – Desclassificação da impetrante – Descrição do produto que não se fez de forma clara – Inexistência do direito líquido e certo – Denegada a segurança – Inteligência dos arts. 40 e 41 da Lei n. 8.666/93."

"Ementa Oficial: O processo licitatório é vinculado ao edital, por isso a administração e os licitantes ficam sempre adstritos aos termos do pedido ou do permitido no instrumento convocatório da licitação, não havendo lesão a direito líquido e certo quando a proposta rejeitada não satisfez as condições do edital, o que gerou a homologação de outra proposta, não podendo o ato administrativo ser anulado através da segurança, mormente tratando-se de simples critério de julgamento e não de arbítrio manifesto."

Observação 248 – Julgamento/Classificação/Desclassificação – Tribunal de Justiça do Distrito Federal e dos Territórios – Apelação:

50.433/98 – 18.11.1999 – Relator Des. Ângelo Passareli – Zênite/ ILC/INFORMATIVO Licitações e Contratos/Jurisprudência/Março/ 2000/p.250/253

"ASSUNTO: Licitação – Falha formal – Irrelevância."

"EMENTA: Direito administrativo – Licitação – Tomada de preços – Erro material na proposta – Irrelevância – O erro material constante da proposta mais vantajosa para a administração, facilmente constatável, não é óbice à classificação da mesma – Inexistência de ofensa ao disposto no artigo 48 da Lei n. 8.666/93 – Apelação improvida."

Observação 249 – Julgamento/Classificação/Desclassificação – Tribunal Regional Federal – 1ª Região – Ac. Da 1ª T. pub. No DJ de 11.12.1996 – Ap. em MS 9601.25002-6-DF – Relator Juiz Aldir Passarinho Júnior – Licitação – Doutrina Perguntas e Respostas Jurisprudência/Luiz Oliveira Castro Jungstedt/Rio de Janeiro/THEX EDITORA 1999/p.144

"LICITAÇÃO – PLANILHA DE PREÇOS – ALTERAÇÃO APÓS ENTREGA DE PROPOSTAS – CONCORRÊNCIA PÚBLICA – MANDADO DE SEGURANÇA. Uma vez entregues as propostas pelas empresas concorrentes, é vedado à entidade promotora da licitação, sob pena de nulidade do ato, excluir, alterando a composição da planilha de preços que integrava o edital, itens que nela originalmente constavam, resultando a indevida inversão da ordem classificatória das licitantes situadas em primeiro e segundo lugares. Por outro lado, a sentença que, ao conceder a segurança, expede comandos vinculantes em relação a etapas futuras da concorrência pública não inseridos no âmbito do ato impugnado pela ação mandamental, fere o poder discricionário da Administração, dando ensejo a reparo pela instância revisora, de modo a limitá-la rigorosamente ao que lhe cabia solucionar, e não além."

Observação 250 – Julgamento/Classificação/Desclassificação – Tribunal Regional Federal – 1ª Região – Ap. em MS 96.01.45810-7/DF – Licitação – Doutrina Perguntas e Respostas Jurisprudência/ Luiz Oliveira Castro Jungstedt/Rio de Janeiro/THEX EDITORA 1999 – p.144

"CONTRATO ADMINISTRATIVO. LICITAÇÃO CRITÉRIO DO MENOR PREÇO. JULGAMENTO DAS PROPOSTAS. DESCUMPRIMENTO DE CLÁUSULA DO EDITAL. DESCLASSIFICAÇÃO DE CONCORRENTE.

1 – Na licitação, o julgamento das propostas deve pautar-se exclusivamente nos critérios objetivos definidos no edital, a menos que, devidamente impugnado, venha a ser refeito pela Administração. A Administração não pode descumprir as normas e exigências do edital – arts. 41 e 44 – Lei n. 8.666/93.

2 – Se uma licitante impugna o edital e a sua crítica não é aceita, não lhe é dado, sem seqüenciar a irresignação, com manejo dos recursos devidos, agir como se o seu alegado equívoco tivesse sido reconhecido, fazendo na prática o seu próprio edital.

3 – O menor preço, como critério qualificador de uma licitação, não opera isoladamente. Além da oferta mais vantajosa (menor preço), o pretenso vencedor deve também apresentar proposta de acordo com as especificações do edital, como lei da licitação (art. 45, § 1º, I – idem).

4 – Se o licitante, ao apresentar oferta, descumpre cláusula expressa do edital, impõe-se-lhe a desclassificação, não agindo a Administração, ao retirá-lo do certame, em desconformidade com a lei (art. 48, I – idem).

5 – Provimento da apelação e da remessa."

Observação 251 – Julgamento/Classificação/Desclassificação – Tribunal de Justiça do Estado do Rio de Janeiro – Apelação n. 7.311/95 – Relator Des. Laerson Mauro – Zênite/ILC/Informativo Licitações e Contratos/JURISPRUDÊNCIA/JUNHO/1999/p.484/486

"ASSUNTO: Licitação com julgamento cindido – Exigência de capital social mínimo relativo à totalidade dos itens – Ilegalidade."

"EMENTA: Licitação Pública – Compra de mercadorias para merenda escolar nos estabelecimentos de ensino do Estado – Concorrência por regiões, logo, de natureza múltipla – Exigência de capital mínimo considerado em relação a todas elas, à globalidade do certame, e não a cada uma para qual pudesse vir a participar o interessado – Ilegalidade da exigência, por incompatível com a disposição do art. 3º da Lei n. 8.666/93, tanto que desrespeita o princípio da igualdade dos licitantes e democratização de certame – Sentença correta – Apelação improvida."

Observação 252 – Julgamento/Classificação/Desclassificação – Tribunal Regional Federal 1ª Região – Mandado de Segurança n.1998.04.01.035148-9/PR - Relator Juiz Amaury Chaves de Athayde - Zênite/ILC/INFORMATIVO Licitações e Contratos/ Jurisprudência/Maio/2001/p.422/427

"ASSUNTO: Concorrência - Desclassificação da licitante tida por vencedora - Ausência de alguns dos itens de encargos sociais previstos como obrigatórios no edital da concorrência."

"EMENTA: Administrativo - Licitação - Proposta do Licitante - Submissão ao regramento do certame - Desclassificação - Interesse do licitante excluído

1. A normatização geral da concorrência pública e o regramento específico de cada certame são de observância necessária por todos os concorrentes, para a preservação dos interesses da Administração e resguardo do princípio da igualdade entre os partícipes, atendendo-se os fundamentos da licitação.

2. A especificação dos itens de encargos sociais que compõem no rol do Anexo II da Instrução Normativa nº 13/96 - MARE, apontado no edital de concorrência pública, e bem assim a cotação de tributos, não consubstanciam faculdade dada ao licitante, mas sim uma obrigação. A omissão de alguns importa na desclassificação da proposta.

3. A extrapolação de preço máximo estabelecido para concorrência induz à desclassificação da proposta, mesmo que o edital possa conter equívocos, se não foi impugnado oportunamente.

4. O licitante desclassificado do certame guarda legítimo interesse na desclassificação do licitante vencedor, enquanto possível operar o art. 48, § único, da Lei n. 8.666/93.

5. Não se desclassifica proposta de licitante que cota nos seus custos o Imposto de Renda de Pessoa Jurídica em 8%, índice que não afronta qualquer limite estabelecido em ato normativo."

Observação 253 - Julgamento/Classificação/Desclassificação - Tribunal Regional Federal - 1ª Região - Segunda Turma - Remessa "Ex OFFICIO" n. 89.01.11498-40-0-RO - Relator Juiz Hércules Quasímodo - LJSTJ n.22/p.301

"EMENTA: ADMINISTRATIVO. LICITAÇÃO PÚBLICA. EDITAL. CRITÉRIO DISCRIMINATÓRIO DE JULGAMENTO."

"O critério de julgamento que discrimina as empresas que não têm, à época da licitação, seus equipamentos dentro do Estado em que se realizar a obra, compromete, restringe e frustra o caráter competitivo do procedimento licitatório. (DL 2.300/86 e Constituição Federal, art. 37, XXI). Acolhimento integral do parecer de fls. 480/482. Remessa improvida."

Observação 254 – Adjudicação – Tribunal de Contas da União – Consulta TC- 16.731/95-6 – Relator Min. Adhemar Paladini Ghisi – 6.12.1995 – BDA outubro/1996/p.684

"Bens móveis. Materiais de emprego específico e uso restrito. Concorrência Internacional. Adjudicação por itens. Venda direta de material remanescente. Prazo para nova licitação. É cabível a realização de licitação pública, na modalidade de concorrência para alienação de materiais e equipamentos de emprego específico e de uso restrito, cujo mercado seja limitado e com características peculiares qualquer que seja o valor do objeto (...). Nas alienações é obrigatória a adjudicação por itens e não pelo preço global (...). Se não acudirem interessados para todas as parcelas ofertadas, é cabível a aplicação do disposto no art. 24, inc. V, da Lei n.8.666/93, para a venda dos itens remanescentes, mantidos todos os critérios da habilitação, preço mínimo e demais condições fixadas no edital, limitada a dispensa de nova licitação no prazo máximo de 60 meses."

Observação 255 – Adjudicação – Tribunal de Contas da União – TC-014.397/94-3 – Relator Min. Adhemar Paladini Ghisi – 2.3.1995 – DOU de 28.8.1995 – htpp://www.tcu.gov.br

"Representação formulada nos termos do art. 113, § 1º da Lei n. 8.666/93. Adjudicação do objeto à firma que apresentou proposta de preços inobservando critério estabelecido no edital. Em que pese a existência de pequena falha na proposta de preços apresentada, a Administração selecionou a proposta mais vantajosa. É razoável relevar-se pequenas falhas, até porque imateriais, em benefício do erário."

Observação 256 – Adjudicação – Superior Tribunal de Justiça – Acórdão em MS n.86-DF – Relator Min. Geraldo Sobral – Boletim de Licitações e Contratos/maio/1990/p.182

"Adjudicação. Validade de proposta de preços. Anulação.

I – Consoante preleciona o Mestre Hely Lopes Meirelles, em caso de proposta de preço, o prazo mínimo de validade beneficia, tão-somente, o proponente vencedor, que pode recusar-se a contratar sem sofrer qualquer sanção administrativa, transcorrido o prazo de validade da proposta 'por não se tratar de prazo peremptório, mas sim de simples termo liberatório dos compromissos assumidos pelo proponente'. Assim é que prorroga-se no tempo o prazo de validade da proposta, garantido por um período mínimo, se o proponente mantém sua proposta, sustentando a oferta.

II – Se o ato impugnado carece de justa causa, ferindo direito líquido e certo, impõe-se a concessão da segurança. Segurança concedida."

Observação 257 – Adjudicação – Supremo Tribunal Federal – Recurso Extraordinário n. 107.552 – DF – Relator Min. Francisco Rezek – RT 624/ p.227.

"LICITAÇÃO – Concorrência Pública – Prévia demarcação do campo de conveniência no edital. Hipótese em que o vencedor, em tais circunstâncias, por apresentar, além da proposta mais vantajosa, também a mais satisfatória, tem direito subjetivo líquido e certo à adjudicação, e não apenas legítimo interesse. Realidade que perde relevo ante a possibilidade de a Administração revogar o procedimento se em conflito com o interesse público, uma vez que não se confundem o direito à adjudicação e o direito contratar – Mandado de Segurança concedido – Recurso Extraordinário não conhecido."

"Ementa oficial: Mandado de segurança. Pressuposto. Direito subjetivo. Interesse legítimo. Critérios distintos. Doutrina. Direito à adjudicação. Adjudicar não é contratar. Não se confundem o direito à adjudicação com o eventual direito de contratar. O vencedor da concorrência em hipótese onde sua proposta reponta, segundo os critérios do edital, a um só tempo como a mais vantajosa e a mais satisfatória tem direito à adjudicação, e não apenas interesse legítimo. Recurso extraordinário não conhecido."

Observação 258 – Anulação/Revogação – Tribunal de Justiça do Estado de São Paulo – Apelação Cível n. 225.567-1 – Relator Des. Alfredo Migliore – 25.5.1995 – JTJ 172/p.109

"Licitação. Edital. Anulação. Exigência violadora do princípio da igualdade, restringindo o caráter competitivo do procedimento. Cláusula discriminatória. Artigos 37, inciso XXI, da Constituição da República, e 3º, § 1º, do DL nº 2.300/86. A regra geral na licitação é a participação do maior número possível de licitantes, devendo o edital ser parcimônio e criterioso ao fixar requisitos, pois são proibidas as condições impertinentes, inúteis ou desnecessárias."

Observação 259 – Anulação/Revogação – Tribunal de Justiça do Estado de São Paulo – Apelação Cível n. 258.35-1 – Relator Des. Guerrieri Rezende – 9.12.1996 – JTJ 191/p.136

"Licitação. Edital. Requisito discriminatório. Prova de interligação da equipe técnica com a administrativa. Dado de ordem subjetiva. Princípio da isonomia que também se manifesta no momento da instauração da licitação. Anulação dos atos praticados a partir da abertura dos envelopes-propostas. Recurso provido para este fim. O princípio da isonomia não se manifesta apenas no transcurso da licitação, mas também no momento de sua instauração. Com efeito, o edital, por ser lei interna da licitação, não pode exigir requisitos desnecessários, impróprios, aleatórios ou discriminatórios, sob pena de invalidar todo o certame."

Observação 260 – Anulação/Revogação – Tribunal de Contas da União – Plenário – Decisão n. 133/97 – Relator Min. Bento José Bugarin – Boletim de Licitações e Contratos/setembro/1997/p.448

"Concorrência. Participação de servidores da entidade licitante. Grave afronta ao princípio da moralidade. Anulação."
"Visando à observância aos princípios da igualdade e da moralidade, o legislador afastou *a priori* a possibilidade de participação de servidores na licitação promovida pelo órgão em que servem, sem a necessidade de exame de outros requisitos."

Observação 261 – Anulação/Revogação – Tribunal de Justiça do Estado de São Paulo – Apelação Cível n. 229.630-1/9 – Relator Des. Cunha Cintra – Boletim de Licitações e Contratos/julho/1996/p.357

"Ação Civil Pública. Licitação. Membro da Comissão sócio da licitante vencedora. Nulidade. Princípio da moralidade. Inexistência de comprovação de lesividade. Reposição integral aos cofres públicos implicaria em enriquecimento sem causa. Redução da condenação. Recurso provido em parte.

Reexame necessário. Falta de remessa na sentença. Irrelevância. Conhecimento de ofício. Sentença parcialmente mantida."

Observação 262 – Anulação/Revogação – Tribunal de Justiça do Estado de São Paulo. Apelação Cível n.125.182 – Relator Des. P. Costa Manso – RT 666/p.80

"LICITAÇÃO – Edital. Nulidade – Admissão condicionada à comprovação de filiação aos quadros associativos e entidade particular. Exigência que ultrapassa os limites legais concernentes à comprovação da idoneidade, da capacidade operacional e da regularidade relativa à constituição de pessoas jurídicas candidatas. Declaração de voto vencedor e vencido."

Observação 263 – Anulação/Revogação – Tribunal de Contas do Estado do Paraná – TC- 17.656/94 – Relator Cons. Aragão de Mattos – 13.9.1994 – RTC/PR N. 111/p.134

"Licitação. Anulação do ato de locação do imóvel público, sendo correta a concessão remunerada de uso, precedida de licitação, conforme art. 2º da LF 8.666/93. Injustificada a dispensa de licitação pela possibilidade de existir mais de uma propriedade adequada ao objeto final da permuta. Impossibilidade de preferência a licitante de acordo com os princípios da moralidade e impessoalidade."

Observação 264 – Anulação/Revogação – Tribunal de Contas da União – TC- 19.652/94-1 – Relator Min. Paulo Affonso Martins de Oliveira – 22.3.1995 – Boletim de Licitações e Contratos/agosto/1995/p.402

"Edital. Habilitação. Cláusulas restritivas. Tomada de Preços ilegal. Anulação do contrato. A CF (art. 37, XXI) veda exigir qualificação técnica e econômica que não sejam indispensáveis à garantia do cumprimento das obrigações pelo contratado. Lei n. 8.666/93, arts. 30 e 31. Requisitos máximos para Administração."

Observação 265 – Anulação/Revogação – Supremo Tribunal Federal – Súmula 473

"A administração pode anular seus próprios atos quando eivados de vícios que os tornam ilegais, porque deles não se originam direitos; ou revogá-los, por motivo de conveniência e oportunidade, respeitados os direitos adquiridos e ressalvada, em todos casos, a apreciação judicial."

Observação 266 – Anulação/Revogação – Supremo Tribunal Federal – Súmula 346

"A Administração Pública pode declarar a nulidade dos seus próprios atos."

Observação 267 – Anulação/Revogação – Superior Tribunal de Justiça – REsp. n. 56.124-8 – Relator Min. Demócrito Reinaldo – 5.2.1996 – LJSTJ n. 83/p.169

"Processual Civil. Licitação para realização de obras. Mandado de Segurança visando anular a Licitação. Ausência de citação da empresa vencedora da licitação como litisconsorte necessário. Nulidade do processo (art. 19 da Lei n. 1.533/51 e art. 47 do CPC). A empresa declarada vencedora, por decisão administrativa, em processo licitatório, para a realização de obras públicas, detém legítimo interesse na manutenção do certame. Uma vez impetrada a segurança visando à declaração da nulidade da licitação, a empresa vencedora será, caso deferido o *mandamus*, diretamente atingida em seu direito, devendo, por isso mesmo, integrar a relação processual, com a devida oportunidade de formular defesa. A jurisprudência desta Corte tem proclamado, vezes seguidas, ser nulo o processo em que não foi citado o litisconsorte necessário. Recurso especial do litisconsorte provido e prejudicada a irresignação da parte adversa."

Observação 268 – Anulação/Revogação – Tribunal de Contas do Estado do Rio de Janeiro – Relator Cons. José Luiz de Magalhães Lins – RTCE/RJ n.29/p.141

"Licitação. Edital. Anulação do procedimento licitatório por motivo de ilegalidade não gera obrigação de indenizar, ressalvado o disposto no parágrafo único do art. 59 e conforme § 1º do art. 49, da Lei n. 8.666/93."

Observação 269 – Anulação/Revogação – Tribunal de Justiça do Estado de São Paulo – Apelação Cível n.12.227-1 – Relator Des. Macedo Costa – RJTJE/SP n. 72/108.110

"LICITAÇÃO – Concorrência Pública – Ato administrativo – Anulação – Ilegalidade – Hipótese de ato complexo que não pode ser invalidado por ato unilateral – Segurança concedida."

"MANDADO DE SEGURANÇA – Ato administrativo revestido da forma de decreto – Ato que não deixa de estar sujeito ao controle judicial – Segurança concedida."

Observação 270 – Anulação/Revogação – Tribunal de Justiça do Estado de São Paulo – Apelação Cível n. 30.663-1 – Relator Des. Jurandyr Nilsson – RJTJE/SP n. 85/160.161

"LICITAÇÃO – Concorrência pública – Anulação – Extensão ao contrato administrativo firmado com base nela, sendo também legítima a anulação do compromisso de compra e venda – Recurso não provido."

Observação 271 – Anulação/Revogação – Tribunal de Contas da União – TC-008.925/95-0 – Relator Min. Adhemar Paladini Ghisi – DOU de 4.8.1997 – Boletim de Licitações e Contratos/ outubro/1997/p.512

"Aquisição de gêneros alimentícios. Ausência de indicação dos quantitativos. Ilegalidade. Anulação da tomada de preços."

"Conforme dispõe o art. 15, § 7º, inc. II, da Lei n. 8.666/93, a definição das unidades e das quantidades a serem adquiridas é obrigatória nas compras. A estimativa será obtida, sempre que possível, mediante adequadas técnicas quantitativas de estimação. A ausência de previsão dos quantitativos constitui ilegalidade que enseja a anulação do certame."

Observação 272 – Anulação/Revogação – Superior Tribunal de Justiça – Acórdão em MS 5.418 DF – 25/3/98 – D.J. de 1.6.1998 – Relator Min. Demócrito Reinaldo – Zênite/ILC-Informativo de Licitações e Contratos/ JURISPRUDÊNCIA/Julho/1998/p.672/673

"ASSUNTO: Princípio da vinculação ao instrumento convocatório – Excesso de formalismo – Desnecessário rigor prejudicial ao interesse público."

"EMENTA: Direito Público – Mandado de segurança – Procedimento licitatório – Vinculação ao edital – interpretação das cláusulas do instrumento convocatório pelo Judiciário, fixando-se o sentido e o alcance de cada uma delas e escoimando exigências desnecessárias e de excessivo rigor prejudiciais ao interesse público – Possibilidade – Cabimento do mandado de segurança para esse fim – Deferimento."

Observação 273 – Anulação/Revogação – Tribunal de Contas da União – Decisão n. 756/97 – Relator Min. Adhemar Paladini Ghisi – Zênite/ILC-Informativo de Licitações e Contratos/TRIBUNAIS DE CONTAS/Fevereiro/1998/p.168/175

"ASSUNTO: Licitação – Anulação em razão da incompatibilidade do ramo de atividades da empresa vencedora com os serviços a serem contratados."

"EMENTA: Representação contra irregularidades em licitação promovida para a contratação de empresa para execução de serviço de manutenção de cadeiras e estofados – Contratação de empresa que desempenha atividades inerentes a outro ramo de atividade – Procedência – Determinação para que sejam adotadas medidas visando o exato cumprimento da Lei, consistentes na anulação do certame e do contrato decorrente, admitindo-se sua subsistência pelo prazo necessário à elaboração do novo procedimento licitatório – Fixação de prazo para ciência ao Tribunal – Comunicação ao interessado."

Observação 274 – Anulação/Revogação – Superior Tribunal de Justiça – Acórdão em MS 4690/DF (199600545367) 178228 Mandado de Segurança – Relator Min. José Dantas – DJ de 15.12.1997 – LSTJ 102/p.64

"Administrativo. Prestação de serviços. Licitação. Nulidade. Como tal se configura a licitação em cuja interrupção se tornaram conhecidos os preços dos concorrentes."

Observação 275 – Anulação/Revogação – Tribunal de Justiça do Estado de São Paulo – Apelação Cível n. 30.453-5 – Relator

Des. Jovino de Sylos – 18.10.1999 – V.U. – Jurisprudência Informatizada Saraiva/JUIS/EDIÇÃO N. 24/1º TRIMESTRE/2001

"MANDADO DE SEGURANÇA – Licitação – Edital de concorrência pública – Alegações de abuso e ilegalidade na sua confecção – Possibilidade de anulação pelo Judiciário – Prestação jurisdicional devida – Aptidão do pedido e da causa de pedir – Irrelevância de questão semântica invocada – Cassação de sentença terminativa – Prosseguimento da ação para prolação de decisão de mérito – Recurso provido."

Observação 276 – Anulação/Revogação – Tribunal de Justiça do Estado de Minas Gerais – Apelação Cível n. 28.190/7 – j.22/9/94 – Relator Des. Murilo Pereira – RT 720/p.206

"AUTARQUIA – Decisão que não acolheu o pedido de desentranhamento de contestação por intempestiva, oferecida pelo DER, autarquia estadual – Acerto da decisão, posto que contra Fazenda Pública não há revelia, justificando-se a indisponibilidade de seus direitos."

"EMENTA OFICIAL: Ainda que intempestiva a contestação oferecida pela autarquia estadual, é correta a decisão do Juiz que não acolhe o pedido de desentranhamento daquela peça, uma vez que contra Fazenda Pública não há revelia, dada a indisponibilidade de seus direitos."

"LICITAÇÃO – Revogação de procedimento licitatório pela Administração do DER, dependente de manifestação do governador do Estado – Requerida a nulidade de revogação por licitante que queria revigorar a Deliberação da Comissão Permanente de Licitação, a qual o proclamou primeiro colocado no procedimento – Inadmissibilidade – Exercício do controle de seus próprios atos pela Administração – Revogação e simultânea renovação do procedimento licitatório que permite ao apelante competir sob edital livre de defeitos – Ato da Administração que visa o interesse público – Recurso improvido."

"Constatadas irregularidades nas regras e dados apresentados pelos licitantes, pode a Administração revogar o procedimento de licitação pública, para que outra se promova, sob novo edital, tendo em vista que o faz por motivo de interesse público e com amparo legal."

Observação 277 – Anulação/Revogação – Tribunal de Justiça do Estado do Mato Grosso do Sul – Apelação Cível n. 48.580-7

– j.16/4/1997 – Relator Des. Nelson Mendes Fontoura – Zênite/ILC/INFORMATIVO Licitações e Contratos/Jurisprudência/Novembro/1998/p.1.010/1.015

"ASSUNTO: Revogação – Desfazimento do processo licitatório que exige procedimento administrativo com oportunidade de ampla defesa e contraditório – Alegação de vício ou interesse público que não se mostra suficiente para invalidar o certame."

"EMENTA: O desfazimento da licitação deve ser precedido de procedimento administrativo com oportunidade de ampla defesa e contraditório, não bastando a simples alegação de vício ou interesse público, sendo necessário que a administração demonstre o motivo invalidatório."

Observação 278 – Anulação/Revogação – Tribunal de Justiça do Rio Grande do Norte – Acórdão n. 99.000303-5 – j.14.4.2000 – V.U. – Relator Des. Judite Nunes – Boletim AASP n. 2203/p.1755

"Constitucional, Administrativo e Processual Civil – Mandado de Segurança – Apelação Cível – Licitação – Tomada de Preço – Único Licitante – Revogação do Certame – Admissibilidade – Previsão no Edital de Licitação – Prevalência do interesse público diante do particular – Conhecimento e improvimento do recurso – 1. A licitação com apenas um licitante ofende o interesse público, diante da impossibilidade de selecionar a proposta de melhor preço, no caso da Tomada de Preços. 2. Possibilidade da revogação do certame diante do interesse público, por motivo superveniente (artigo 49 da Lei n. 8.666/93), havendo, inclusive, previsão editalícia. 3. Ausência de direito líquido e certo. Manutenção do *decisum* que denegou a segurança."

Observação 279 – Anulação/Revogação – Superior Tribunal de Justiça – Mandado n. 4.482 UF:DF – Relator Min. Humberto Gomes de Barros – 21.8.1996 – Zênite/ILC/INFORMATIVO Licitações e Contratos/Jurisprudência/Julho/1997/p.558/562

"ASSUNTO: Licitação – Revogação em razão da inexistência de recursos orçamentários no exercício financeiro."

"EMENTA: Administrativo – Licitação – Revogação (Lei n. 8.666/93, art. 49) – Procedimento que ultrapassou o exercício financeiro – Ausência de previsão orçamentária no orçamento relativo ao ano subseqüente – Se o procedimento de licitação ultrapassou o exercício financeiro e no orçamento para o ano seguinte não existe reserva de verba, para enfrentar a despesa com a aquisição do bem objeto da concorrência, é lícito à Administração declarar extinto o certame – A inexistência de reserva orçamentária é mais que um motivo justo para revogar-se a licitação (Lei n. 8.666/93). Nela se traduz um impedimento absoluto ao avanço do procedimento."

Observação 280 – Anulação/Revogação – Tribunal de Contas do Estado de Minas Gerais – Processo n.113076 – Relator Cons. Moura Castro – RTCE/MG 26/p.177

"Licitação. Constatação de insuficiência de recursos orçamentários posterior à adjudicação. Incabível a revogação. Nulidade. Observância do art. 7º, § 2º, III, da Lei n. 8.666/93, c/c seu § 6º. Aplicação de multa ao adjudicante."

Observação 281 – Anulação/Revogação – Tribunal Regional Federal – 1ª Região – Apelação Cível n. 9401.00936-8-DF – 11.11.1997 – Relator Juiz Eustáquio Silveira – JSTJ e TRF 106/p.378

"Administrativo. Licitação. Edital. Vinculação. Indenização. I – as normas do procedimento licitatório, veiculadas no edital, vinculam ambas as partes. II – o descumprimento de qualquer delas, seja pelo contratante, seja pela empresa-licitante, autoriza a revogação da autorização da efetivação do contrato. III – a administração, induzida a erro por proposta temerária da licitante, tem direito à indenização."

Observação 282 – Anulação/Revogação – Tribunal de Contas do Estado do Rio de Janeiro – Processo n. 200.907-5/95 – Relator Cons. Paschoal Cittadino – 23.7.1996 – RTCE/RJ 33/p.139

"Licitação. Revogação. Discricionariedade. Tribunal de Contas. A revogação de procedimento licitatório é ato discricionário do Administrador Público, nos termos do art. 49 da Lei n. 8.666/93, devendo ser remetido ao Tribunal de Contas devidamente publicado."

Observação 283 – Anulação/Revogação – Tribunal de Contas do Estado do Rio de Janeiro – Concorrência Pública DER n. 07/93 – Relator Cons. Reynaldo Sant' Anna – RTCE/RJ 26/p.255

"Concorrência. Os atos revogatórios de licitações somente se legitimam quando embasados e acompanhados de documentação que comprove as razões de interesse público originário de fatos supervenientes."

Observação 284 – Anulação/Revogação – Tribunal de Justiça do Estado de São Paulo – Apelação n. 257.446-1/9 – 2ª C UF:SP – 17.9.1996 – Zênite/ILC/INFORMATIVO Licitações e Contratos/Jurisprudência/Julho/1997/p.563/564

"ASSUNTO: Licitação – Vícios – Adjudicação do objeto do certame a outro licitante – Descabimento – Hipótese de anulação da licitação."
"EMENTA: Em se tratando de licitação ou ela é válida ou não. Se válida, o vencedor do certame tem o direito de não ser preterido na contratação, mas não tem, em hipótese alguma, direito de contratar. Se inválida ninguém pode contratar com a Administração. Se ocorrentes vícios no processo licitatório, a solução é a de anular a licitação e os contratos que se lhe seguiram. Não se pode, em hipótese alguma, reconhecer-se o vício e adjudicar o objeto da licitação a outro licitante."

Capítulo 7
Minutas de convite/edital e de contratos

Os modelos para a elaboração das minutas de convite, editais e contratos encontram-se no CD anexo. Os arquivos devem ser preenchidos e organizados segundo esquema na página 298.

Observação 285 – Convite (um envelope) do tipo "menor preço" para compras de material divisível, ensejando cotação de quantidade máxima do objeto licitado, bem como da quantidade mínima estabelecida, nos termos da Lei n. 9.648/1998.

Observação 286 – Convite (dois envelopes) e tomada de preços para aquisição de materiais/equipamentos, envolvendo o tipo de licitação "menor preço" por item

Observação 287 – Convite (dois envelopes) "menor preço" e tomada de preços do tipo "técnica e preço", para aquisição de produtos de informática (microcomputadores/impressoras)

Observação 288 – Convite, tomada de preços e concorrência do tipo "menor preço", para obras e serviços de engenharia, envolvendo cálculo de exeqüibilidade/inexeqüibilidade da proposta, necessidade ou não da garantia adicional e cálculo da garantia adicional, se devida, nos termos da Lei n. 9.648/1998.

Conteúdo do CD

Observação 285
Obs285-convite
Obs285-anexo I
Obs285-anexo II
Obs285-anexo III
Obs285-anexo IV

Observação 286
Obs286-convite
Obs286-anexo I
Obs286-anexo II
Obs286-anexo III
Obs286-anexo IV

Pasta técnica
    Obs286-Pasta técnica-capa
    Obs286-Pasta técnica-sumário
    Obs286-Pasta técnica-anexo I
    Obs286-Pasta técnica-anexo II
    Obs286-Pasta técnica-anexo III
    Obs286-Pasta técnica-anexo IV
    Obs286-Pasta técnica-anexo V
    Obs286-Pasta técnica-anexo VI
    Obs286-Pasta técnica-anexo VII
    Obs286-Pasta técnica-anexo VIII

Observação 287
Obs287-convite
Obs287-anexo I
Obs287-anexo II
Obs287-anexo III
Obs287-anexo IV
Obs287-anexo V

Pasta técnica
    Obs287-Pasta técnica-capa explicações
    Obs287-Pasta técnica-sumário
    Obs287-Pasta técnica-anexo I
    Obs287-Pasta técnica-anexo II
    Obs287-Pasta técnica-anexo III
    Obs287-Pasta técnica-anexo IV
    Obs287-Pasta técnica-anexo V
    Obs287-Pasta técnica-anexo VI

Obs287-Pasta técnica-anexo VII
Obs287-Pasta técnica-anexo VIII
Obs287-Pasta técnica-anexo IX
Obs287-Pasta técnica-anexo X

Observação 288

Pasta técnica

Obs288-Convite

Obs288-Pasta técnica-convite-capa
Obs288-Pasta técnica-convite-sumário
Obs288-Pasta técnica-convite-anexo I
Obs288-Pasta técnica-convite-anexo II
Obs288-Pasta técnica-convite-anexo III
Obs288-Pasta técnica-convite-anexo IV
Obs288-Pasta técnica-convite-anexo V
Obs288-Pasta técnica-convite-anexo VI
Obs288-Pasta técnica-convite-anexo VII
Obs288-Pasta técnica-convite-anexo VIII
Obs288-Pasta técnica-convite-anexo IX
Obs288-Pasta técnica-convite-anexo X
Obs288-Pasta técnica-convite-anexo XI
Obs288-Pasta técnica-convite-anexo XII
Obs288-Pasta técnica-convite-anexo XIII
Obs288-Pasta técnica-convite-anexo XIV

Obs288-Tomada de preços

Obs288-Tomada de preços-capa
Obs288-Tomada de preços-sumário
Obs288-Tomada de preços-anexo I
Obs288-Tomada de preços-anexo II
Obs288-Tomada de preços-anexo III
Obs288-Tomada de preços-anexo IV
Obs288-Tomada de preços-anexo V
Obs288-Tomada de preços-anexo VI
Obs288-Tomada de preços-anexo VII
Obs288-Tomada de preços-anexo VIII
Obs288-Tomada de preços-anexo IX
Obs288-Tomada de preços-anexo X
Obs288-Tomada de preços-anexo XI
Obs288-Tomada de preços-anexo XII
Obs288-Tomada de preços-anexo XIII
Obs288-Tomada de preços-anexo XIV
Obs288-Tomada de preços-anexo XV
Obs288-Tomada de preços-anexo XVI

Obs288-Concorrência
    Obs288-Concorrência-capa
    Obs288-Concorrência-sumário
    Obs288-Concorrência-anexo I
    Obs288-Concorrência-anexo II
    Obs288-Concorrência-anexo III
    Obs288-Concorrência-anexo IV
    Obs288-Concorrência-anexo V
    Obs288-Concorrência-anexo VI
    Obs288-Concorrência-anexo VII
    Obs288-Concorrência-anexo VIII
    Obs288-Concorrência-anexo IX
    Obs288-Concorrência-anexo X
    Obs288-Concorrência-anexo XI
    Obs288-Concorrência-anexo XII
    Obs288-Concorrência-anexo XIII
    Obs288-Concorrência-anexo XIV
    Obs288-Concorrência-anexo XV

Referências bibliográficas

AMARAL, Antônio Carlos Cintra do. *Ato administrativo, licitações e contratos administrativos*. São Paulo. Malheiros Editores, 1995.

_____. *Licitações nas empresas estatais*. São Paulo: MacGraw-Hill do Brasil Ltda., 1979.

_____. Principais Alterações da Lei n. 8.666/93 – Lei 9.648, de 27.05.1998. In: *Licitações e contratos administrativos* – Temas atuais e controvertidos. São Paulo: Editora Revista dos Tribunais, 1999.

BANDEIRA DE MELLO, Celso Antônio. *Curso de Direito Administrativo*. 11.ed. São Paulo: Malheiros Editores, 1999.

_____. Seminário Nacional sobre Licitação. Fundação Dom Cabral. Belo Horizonte, "O Lutador." s.d.

_____. *Licitação*. São Paulo: *Revista dos Tribunais*, 1980.

BARBOSA, Rui. *Oração aos moços*. 8.ed. Guanabara: Elos, 1962.

BAZILLI, Roberto Ribeiro. *Contratos administrativos*. São Paulo: Malheiros Editores, 1996.

BAZILLI, Roberto Ribeiro; MIRANDA, Sandra Julien. *Licitação à luz do direito positivo*. São Paulo: Malheiros Editores, 1999.

BITTENCOURT, Sidney. *Licitação passo a passo*. 3.ed. Rio de Janeiro: Lúmen Júris, 1998.

_____. *Questões polêmicas sobre licitações e contratos administrativos*. Rio de Janeiro: Temas & Idéias Editora, 1999.

BLANCHET, Luiz Alberto. *Licitação* – O edital à luz da nova lei. Curitiba: Juruá, 1993.

CITADINI, Antônio Roque. *Comentários e jurisprudência sobre a lei de licitações públicas*. 3.ed. São Paulo: Max Limonad Ltda., 1999.

CRETELLA JUNIOR, José. *Das licitações públicas*. 8.ed. Rio de Janeiro: Forense, 1995.

DI PIETRO, Maria Sylvia Zanella. *Direito Administrativo*. 4.ed. São Paulo: Atlas, 1994.

_____. Obras e serviços. Obtenção de recursos financeiros. Restrição. In: *Temas polêmicos sobre licitações e contratos*. 3.ed. São Paulo: Malheiros Editores, 1998.

_____. Convite. Menos do que três licitantes. In: *Temas polêmicos sobre licitações e contratos*. 3.ed. São Paulo: Malheiros Editores, 1998.

DIAS, Eduardo Rocha. *Sanções administrativas aplicáveis a licitantes e contratados*. São Paulo: Dialética, 1997.

ESCOBAR, João Carlos Mariense. *Licitação* – Teoria e prática. Porto Alegre: Livraria do Advogado Editora, 1993.

FERRAZ, Luciano de Araújo. *Licitações* – Estudos e práticas: Procedimento da Lei n. 8.666/93, de acordo com a EC 19/98 e a Lei n. 9.648/98. Rio de Janeiro: Esplanada, 1998.

GASPARINI, Diógenes. *Direito Administrativo*. 4.ed. São Paulo: Saraiva, 1995.

_____. Qualificação Econômico-financeira: Balanço patrimonial e demonstrações contábeis. In: *BLC* – Boletim de Licitações e Contratos, maio 1995.

JUNGSTEDT, Luiz Oliveira Castro. *Licitação*. Rio de Janeiro: Thex Editora, 1999.

JUSTEN FILHO, Marçal. *Comentários à lei de licitações e contratos administrativos*. 5.ed. São Paulo: Dialética, 1998.

MARTINS, Sidney. *Licitações nos tribunais*. Curitiba: J.M. Editora, 1997.

_____. *Manual prático do licitador e do licitante*. Bauru: Edipro, 1997.

MEIRELLES, Hely Lopes. *Licitação e contrato administrativo*. 11.ed. São Paulo: Malheiros Editores, 1996.

_____. *Direito administrativo brasileiro*. 25.ed. São Paulo: Malheiros Editores, 2000.

MENDES, Renato Geraldo. *Lei de licitações e contratos anotada*. 3.ed. Curitiba: Znt Editora, 1998.

_____. *O novo regime jurídico das licitações e contratos de acordo com a Lei n. 9.648/98*. Curitiba: Znt Editora, 1998.

_____. Exame e aprovação jurídica do ato convocatório. In: *Informativo licitações e contratos*. Curitiba: Znt Editora, 1996.

MIRANDA, Sandra Julien. *Do ato administrativo Complexo*. São Paulo: Malheiros Editores, 1998.

MOREIRA NETO, Diogo de Figueiredo. *Curso de Direito Administrativo*. 4.ed. Rio de Janeiro: Forense, 1983.

MOTTA, Carlos Pinto Coelho. *Eficácia nas licitações e contratos*. 6.ed. Belo Horizonte: Del Rey, 1997.

MUKAI, Toshio. *Licitações*: As prerrogativas da administração e os direitos das empresas concorrentes. Rio de Janeiro: Forense Universitária, 1994.

_____. *O novo estatuto jurídico das licitações e contratos públicos*. 3.ed. São Paulo: Editora Revista dos Tribunais, 1994.

ORTEGA, Maria Lúcia Jordão. *Licitações à luz da Lei n. 8.666/93*. São Paulo: Edições Loyola, 1995.

PEREIRA JUNIOR, Jessé Torres. *Comentários à lei das licitações e contratações da administração pública*. Rio de Janeiro: Renovar, 1994.

QUEIROZ, Carlos Alberto Ramos Soares de. *Manual da cooperativa de serviços e trabalho*. 2.ed. São Paulo: Editora S.T.S., 1997.

RAMOS, Dora Maria de Oliveira. Desclassificação. Falhas de pequena proporção. In: *Temas polêmicos sobre licitações e contratos*. 3.ed. São Paulo: Malheiros Editores, 1998.

_____. Habilitação. Exigência de quantitativos nos atestados comprobatórios de qualificação técnica. In: *Temas polêmicos sobre licitações e contratos*. 3.ed. São Paulo: Malheiros Editores, 1998.

RIGOLIN, Ivan Barbosa; BOTTINO, Marco Tullio. *Manual prático das licitações*. São Paulo: Saraiva, 1995.

SANTOS, Márcia Walquíria Batista dos; CARRIJO, Maria Tereza Dutra. *Licitações e contratos*: Roteiro prático. São Paulo: Malheiros Editores, 1999.

SILVA, De Plácido e. *Vocabulário jurídico*. 3.ed. Rio de Janeiro/São Paulo: Forense, 1973. V.1/4.

SOUTO, Marcos Juruena Villela. *Licitações e contratos administrativos*. 2.ed. Rio de Janeiro: Esplanada, 1994.

SUNDFELD, Carlos Ari. *Licitação e contrato administrativo*. 2.ed. São Paulo: Malheiros Editores, 1995.

TOLOSA FILHO, Benedicto de; SAITO, Luciano Massao. *Manual de licitações e contratos administrativos*. Rio de Janeiro: Aide, 1995.

SOBRE O LIVRO

Formato: 16 x 23 cm
Mancha: 28 x 50 paicas
Tipologia: Iowan Old Style 10/14
Papel: Offset 75 g/m² (miolo)
Cartão Supremo 250 g/m² (capa)
1ª edição: 2004

EQUIPE DE REALIZAÇÃO

Coordenador Geral
Sidnei Simonelli

Produção Gráfica
Anderson Nobara

Edição de Texto
Nelson Luis Barbosa (Assistente)
Ada Santos Seles (Preparação de original)
Ada Santos Seles (Revisão)

Editoração Eletrônica
Lourdes Guacira da Silva Simonelli (Supervisão)
José Vicente Pimenta (Diagramação)